Catching Fire
요리 본능

CATCHING FIRE
: How Cooking Made Us Human
by Richard Wrangham

Copyright ⓒ 2009 by Richard Wrangham
All rights reserved.

Korean Translation Copyright ⓒ 2011 by ScienceBooks

Korean edition is published by arrangement with
Richard Wrangham c/o Brockman, Inc.

이 책의 한국어판 저작권은 Brockman, Inc.와 독점 계약한 (주)사이언스북스에 있습니다.
저작권법에 의해 한국 내에서 보호를 받는 저작물이므로 무단 전재와 무단 복제를 금합니다.

불, 요리, 그리고 진화

Catching Fire

요리 본능

리처드 랭엄 조현욱 옮김

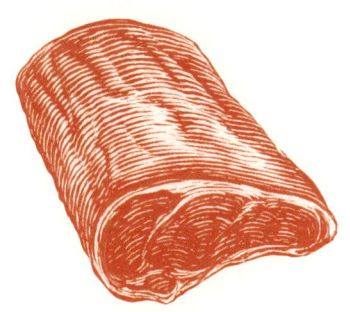

사이언스 북스
SCIENCE BOOKS

추천의 말

불의 발견에서 요리의 발명으로

　인간은 어느 날 갑자기 이 지구에 던져진 것이 아니라 태초의 바다에서 우연히 자기 복제를 할 줄 알게 된 참으로 기이한 화학 물질인 DNA 혹은 RNA의 탄생과 더불어 그 존재의 역사를 시작했다. 그런 다음 단세포와 다세포 생물의 단계를 거쳐 드디어 뭍으로 올라와 오늘에 이르렀다. DNA 분석 결과에 의하면 인간과 침팬지가 공동 조상으로부터 분화된 것은 지금으로부터 불과 500만 년 전의 일이다. 사실 500만 년이란 시간은 진화의 관점에서 보면 그리 긴 시간이 아니다. 지구의 역사를 하루에 비유한다면 1분도 채 되지 않는 짧은 시간이다. 현생 인류(*Homo sapiens*)가 탄생한 것은 그보다도 훨씬 최근인 약 20만 년 전의 일이고 보면 인간은 그야말로 순간에 "창조"된 동물이라 해도 과언이 아니다. 그 짧은 시간 동안에 현생 인류의 조상은 지극히 정교한 언어를 개발하고 농업 혁명과 산업 혁명을 일으켜 오늘날 이렇게 엄청난 기계 문명 사회를 이룩하게 되었다. 이 모든 일의 시작에 불을 발견하고 소유하게 된 사건이 있었다는 점에 토를 다는 학자는 없다. 그러나 이 책에서 저자 리처드 랭엄(Richard Wrangham)은 단순히 불의 소유가 아니라 불을 사용한 요리의 발견이 우리를 진정한 만물의 영장으로 만들어 주었다는 주장을 펼치고 있다.

리처드 랭엄은 침팬지 연구로 아프리카에서 일생을 바친 그 유명한 제인 구달(Jane Goodall) 박사의 학문적 적자 중의 한 사람이다.「탄자니아 곰비 국립 공원 침팬지들의 행동 생태학(Behavioural ecology of chimpanzees in Gombe National Park, Tanzania)」이라는 논문으로 1975년 역시 구달 박사가 그랬던 것처럼 영국 케임브리지 대학교에서 박사 학위를 받았다. 그 후 미국 미시간 대학교에서 교수 생활을 하던 중 이른바 '젊은 천재 상'이라 불리는 맥아더 상(MacArthur Award)을 수상하며 1991년 하버드 대학교로 자리를 옮겨 오늘에 이른다. 오랫동안 그는 인류학과에 몸을 담았었지만 최근에는 뜻을 같이 하는 몇몇 학자들과 함께 '인간 진화 생물학과(Department of Human Evolutionary Biology)'라는 새로운 학과를 만들어 독립했다. 하버드 대학교에 이처럼 새로운 학과가 만들어지는 것은 매우 이례적인 일이다. 개교 이래 375년 역사 동안 학과가 없어진 것은 1970년대 중반 지리학과가 폐과된 게 아마 유일한 일이고 새 학과를 만들기는커녕 학과 이름조차 바뀐 적이 거의 없다. 몇 년 전 화학과가 '화학 및 생물 화학과(Department of Chemistry and Chemical Biology)'로 개명한 것이 근래 내가 기억하는 유일한 일이다.

랭엄은 이 책 외에도 『사회 생물학의 제 문제(*Current Problems in*

Sociobiology)』(1982년), 『사회성 진화의 생태학적 측면(Ecology and Social Evolution: Birds and Mammals)』(1986년), 『영장류 사회(Primate Societies)』(1987년), 『침팬지 문화(Chimpanzee Cultures)』(1994년) 등의 편저를 펴냈으며, 《사이언스(Science)》, 《네이처(Nature)》 등 저명한 과학 학술지에 논문이 등재된 세계 영장류학계의 대표학자이다. 우리 독자들에게는 『악마 같은 남성(Demonic Males: Apes and the Origins of Human Violence)』(1996년)이라는 책으로 이미 친숙해진 저자이기도 하다.

인류의 진화에서 요리의 중요성을 강조한 학자로 랭엄이 결코 최초는 아니다. 이 책 1장의 서두에 인용된 제임스 보스웰(James Boswell)이 히브리디스 제도 여행기를 쓴 것이 1785년으로, "나에게 인간을 정의하라면 '불로 요리하는 동물'이라 하겠다. 동물도 기억력과 판단력이 있으며 인간이 지닌 능력과 정열을 모두 어느 수준까지는 가지고 있다. 그러나 요리하는 동물은 없다."라는 인용문은 이 책의 핵심 주제로서 손색이 없다. 조금 더 최근의 연구를 든다 하더라도 4장의 첫머리에 인용된 칼턴 S. 쿤(Carleton S. Coon)의 주장 역시 이미 1962년에 이뤄졌다. "우리를 기본적으로 동물적 존재로부터 보다 인간적인 존재로 도약할 수 있게 한 결정적인 요인은 아마 요리의 발견이었을 것이다." 이 책의 결론으로 이보다 더 결정적인 요약이 또 어디 있겠는가? 하지만 이 책에서 랭엄은 이전의 학자들이 여기저기 툭툭 던져 놓은 주장들에 조목조목 과학적인 근거들을 제시하며 '요리 본능 학설'을 훌륭하게 정립했다. 이 책을 읽고 난 다음 요리와 인간을 분리하여 생각하기는 어려울 것이다.

구달 박사가 아프리카 곰비에서 야생 침팬지를 연구하기 시작한 것이 2010년으로 50주년을 맞았다. 그의 침팬지 연구는 두 가지 발견으로 일약 세계적인 주목을 받았다. 하나는 침팬지도 인간처럼 도구를 사용할 줄 안다는 발견이었고, 다른 하나는 침팬지가 뜻밖에 육식을 좋아한다는 사실이었다. 그들의 가장 가까운 사촌인 우리 인간이 육식을 즐기는 걸 보면 그리 놀랄 일도 아니다. 오히려 더 놀라운 것은 우리 인간이 상당한 육식 동물임에도 불구하고 작은 입과 빈약한 턱, 그리고 다른 육식 동물들에 비해 턱없이 작은 치아를 갖고 있다는 사실일 것이다. 질긴 날고기를 씹어 먹기에는 전혀 어울리지 않는 진화적 적응 조건이다. 랭엄의 논리는 바로 여기에서 출발한다.

나는 이 책에서 랭엄이 주장하는 논리가 기존의 학설들과 가장 두드러지게 다른 부분은 음식의 화학성 못지않게 물리성도 중요하다는 설명이라고 생각한다. 소화와 관련된 거의 모든 분석은 주로 열량(calorie)을 기준으로 이뤄진다. 우리가 섭취하는 음식은 그저 단순히 연쇄 생화학 반응을 기다리는 영양 '용액'이 아니라 치아에 씹히고 장에서 분쇄되어야 하는 '끈적끈적한 3차원의 근육 덩어리'라는 점을 이해하면 요리를 둘러싼 상당히 다른 관점이 드러난다. 1980년대 진화 생태학 분야에서 가장 왕성한 연구가 진행되었던 '최적 섭이(最適攝餌, optimal foraging)' 이론도 처음에는 완벽하게 열량 계산에 의존했다. 동물의 섭식 행동은 오로지 보다 많은 열량을 확보하기 위한 전략적 진화의 결과라는 전제하에 모든 연구가 진행된 것이다. 하지만 시간이 흐름에 따라 야외 생물학자들은 차츰 이 이론의 예측에 어긋나는 행동들을 발견하기 시작했다. 예를 들면, 말코손바닥사슴(moose)은 종종 육상 식물에 비해 열량 성분이 현저하게 낮은 수생 식물을 섭취한다거나 침팬지를 비롯한 영장류들이 가끔 열량도 낮고 심지어는 독성 성분이 들어 있는 식물의 이파리를 일부러 찾아 먹는 행동들을 관찰하게 된 것이다. 분석해 보니 말코손바닥사슴은 수생 식물로부터 필수 미네랄을 얻고 있었고, 침팬지는 몸이 아플 때 약용 식물을 복용하는 것이었다. 이 책의 저자 랭엄은 바로 이 침팬지의 약용 식물 섭취 연구를 주도한 장본인이기도 하다.

개인적으로 이 책을 읽으며 한 가지 아쉬움이 있다. 요리가 전적으로 여성의 영역이고 그로 인해 남성이 일종의 해방을 만끽하게 되었다는 랭엄의 설명이 예를 들어 중국 문화권에서는 남성이 요리를 하는 전통이 확립된 배경이라든가 요즘 들어 부쩍 남성 요리사의 인기가 하늘을 찌르게 된 이유 등에까지 이어졌더라면 하는 아쉬움이다. 나와 함께 이 책의 추천사를 쓴 우리나라가 낳은 세계적인 셰프 에드워드 권의 인기는 그저 한 인기인의 탄생 그 이상의 의미를 지닌다. 현대 여성들이 남성에게서 보고 싶어 하는 가장 훌륭한 매력 포인트 중의 하나가 바로 요리를 할 줄 아는가 하는 점이다. 이런 현상이 그저 최근에 생겨난 것인지, 수렵 채집 시대에는 전혀 없던 일이었는지 좀 더 세밀한 분석을 해 보고 싶어진다. 하루 종일 밭에서 일해야 하는 농경 사회의 남성에 비해 매일 사냥을 하러 나가는 것도 아니고 허구한 날 빈손으로 돌아온 남성들이 전혀 요리에 가담하지 않았을까 하는 의구심이 든다. 나는 지금 요리와 성 선택(sexual selection)의 관계에 대해 얘기하고 있다. 앞으로 충분히 연구해 볼 만한 주제라고 생각한다.

나는 앞으로 이 책을 읽고 난 독자들은 더 이상 음식을 우습게 보지 않으리라 생각한다. 이미 일일이 수치를 따지기 시작한 열량에 관한 관심은 말할 것도 없지만, 음식의 물리적 속성과 요리의 진화적 중요성 등에 대해 생각하고 또 대화를 나누게 될 것이다. 음식에 대한 분석이 혹여 입맛을 저하시키지 않을까 약간 두렵긴 하지만, 그럴 때면 그 음식을 준비한 요리사를 떠올리시기 바란다. 우리 인간을 인간으로 만들어 준, 그래서 가장 인간다운, 가장 아름답고 매력적인 사람일 테니 말이다. 맛있는 음식이 한가득 들어 있는 입으로 말하기가 어려우면 요리사를 향하여 그냥 엄지를 치켜세우면 된다. Thumbs Up to the Chef!

최재천(이화 여자 대학교 에코 과학부 교수)

추천의 말	불의 발견에서 요리의 발명으로	5
머리말	태초에 요리가 있었다	13
1장	생식주의자를 찾아서	33
2장	요리하는 유인원	59
3장	가열 조리의 엄청난 효능	81
4장	요리가 처음 시작되던 날	115
5장	화식, 뇌 성장의 원동력	143
6장	요리가 인간을 자유롭게 하리니	169
7장	요리하는 인간의 결혼 생활	191
8장	요리, 인류 진화의 불꽃	229
후기	요리의 진화, 요리의 물리학	249
감사의 말		265
주(註)		269
참고 문헌		303
옮긴이 후기		327
사진 저작권		334

머리말

태초에 요리가 있었다

> [불은] 추운 밤 온기를 제공한다. 날로 먹는 것은 몇몇 과일뿐이고, 그들은 음식을 불로 익혀 준비한다.…… 인간이 현재의 상태에 이를 수 있었던 것은 불을 소유한 덕분이며 인간을 동물과 구분 짓는 것도 바로 이 점이라고 안다만 제도 사람들은 믿는다.
>
> — A. R. 래드클리프브라운(A. R. Radcliffe-Brown), 『안다만 제도 사람들: 사회 인류학적 연구(The Andaman Islanders: A Study in Social Anthropology)』

오래전부터 내려오는 의문이 있다. 우리는 어디에서 왔는가? 고대 그리스인들은 신들이 진흙으로 인간의 형상을 주조했다고 믿었다. 하지만 오늘날 우리는 인간의 육체가 자연 선택을 통해 주조되었으며 인류의 기원은 아프리카라는 사실을 알고 있다. 아주 오래전, 그러니까 인류가 문자를 사용하거나 땅을 경작하거나 배를 이용하기 훨씬 전에 우리 조상들은 수렵과 채집을 하며 살았다. 화석화된 뼈를 보면 100여만 년 전의 아프리카인들이 우리와 친척 관계이며, 생긴 것도 우리와 흡사했다는 것을 알 수 있다. 하지만 더 깊게 파고 들어가 보면 우리의 인간됨에 대한 기록은 점차 희미해진다. 약 200만 년 전으로 거슬러 올라가면 이미 인류라고 부를 수 없는 선행 인류의 시대가 된다. 이 지점에서 우리에게는 하나의 의문이 주어진다. 과연 무엇이 우리를 인간으로 만들었는가? 이 질문에 대해 지금까지 존재한 모든 문화는 각기 다른 답을 내놓아 왔다. 하지만 정답을 제시할 수 있는 것은 오직 과학뿐이다.

무엇이 생명의 역사에서 가장 중요한 변이의 하나인 호모속(屬, 종(種) 바로 위의 분류 단계 ─ 옮긴이)을 탄생시켰는가? 이 책은 새로운 답을 제시한다. '전환의 계기를 제공한 것은 불의 사용과 익힌 음식의 등장이다.' 나는 그렇게 믿는다. '불로 요리하기'는 우리가 먹는 양식의 가치를 높이고 우리의 몸과 두뇌, 시간 사용 방법, 사회생활 방식에 변화를 가져왔다. 이 때문에 우리는 외부 에너지 소비자가 되었고 그럼으로써 땔감에 의존하며 자연과 새로운 관계를 맺는 유기체가 되었다.

지금의 우리와 같은 모습으로 진화하기 전의 우리 조상들은 어떤 모습이었을까? 화석 기록에 의하면[1] 이들은 직립 보행을 했다는 점 외에는 주로 비인간 유인원의 특징을 많이 가지고 있었다. 우리는 이들을 오스트랄로피테쿠스라고 부른다. 몸집은 침팬지만 했고 나무를 잘 탔으며 유인원과 비슷한 크기의 복부와 유인원 같이 튀어나온 입을 가지고 있었다. 뇌 용량 또한 침팬지보다 별로 크지 않았다. 이로 볼 때, 이들은 숲에서 자신들과 함께 살아가던 다른 동물들처럼 스스로의 존재 이유에 대해 고민하지는 않았으리라 추정할 수 있다.

만약 오늘날 오스트랄로피테쿠스가 아직도 아프리카 어딘가의 외딴 지역에 살고 있다면 우리는 그들에게 매료될 것이다. 하지만 그들의 뇌가 유인원의 뇌만 하다는 점으로 판단해 볼 때, 우리는 그들에게 법적인 권리를 주고 식사에 초대하기보다는 국립 공원에서 관찰하거나 동물원에 집어넣기 십상일 것이다.

이처럼 오스트랄로피테쿠스는 오늘날의 우리와 현저하게 달랐지만 사실 크게 보면 그들이 살았던 시기는 그리 오래전이 아니다. 예컨대 6만 석 규모의 경기장에서 열리는 운동 경기를 구경하러 간다고 상상해 보자. 당신은 할머니와 함께 일찍 도착해서 먼저 자리에 앉는다. 그리고 당신의 할머니 옆에는 증조할머니, 고조할머니, 태증조할머니, 태고조할머니……의 순으로 연이어 앉게 한다. 이렇게 모계를 거슬러 올라가는 조상의 유령으로 경기장을 채우기 시작한 지 1시간이 지나자 경기장에 앉아 있는 모두의 선조가 되는 할머니가 당신 바로 옆 좌석에 앉는다. 그녀가 팔꿈치를 슬쩍 건드리는 바람에 고개를 돌린 당신은 인간이라 부를 수 없는 낯선 얼굴과 마주하게 된다. 납작한 이마와 큰 상안와융기(눈 위의 뼈가 돌출한 부분 — 옮긴이) 아래에 밝은 갈색 눈이 있고, 그 밑으로는 커다란 턱이 자리 잡고 있다. 근육질의 긴 팔과 짧은 다리를 보니 나무 타기에 선수급일 것으로 짐작된다. 그녀가 바로 당신의 조상이자 오스트랄로피테쿠스이다. 그녀는 자판기에서 땅콩을 훔치기 위해 경기장의 철제 들보를 차례로 움켜쥐며 관중들의 머리 위로 이동해 간다. 당신의 할머니가 흔쾌히 친구 삼으려 할 것 같지는 않은 존재다.

그녀는 아프리카의 무성하고 위험한 숲 속에서 양식을 찾아온 300만 년이 넘는 기간을 통해 당신과 연결된다. 대부분의 오스트랄로피테쿠스는 결국 멸종했지만 그녀의 계보는 점진적인 변화를 겪으며 살아남았다. 진화적으로 보면 그녀는 행운아 중의 하나다.

변이의 첫 번째 신호는 에티오피아에서 발굴된 약 260만 년 전의 날카로운 돌 박편들에 나타난다.[2] 이들 박편은 도구를 만들기 위해 자갈을 일부러 부딪쳐서 만든 것으로 확인되었다. 이 조악한 칼들은 죽은 영양의 혀를 잘라 내거나 동물의 사지에서 힘줄을 가르고 고깃덩어리를 떼어 내는 데 사용됐다. 뼈 화석에 나 있는 절단 자국을 보면 이를 알 수 있다. 도구를 이용하는 것은 매우 효과적인 행동으로(코끼리 가죽을 얼마나 빨리 벗겨 낼 수 있었을 것인가.), 침팬지가 고기를 먹을 때 보이는 그 어떤 행동보다도 숙련된 것이었다. 칼을 만들 수 있었다는 것은 계획을 세우고 인내할 줄 알 뿐 아니라 서로 협동하고 조직화된 행동을 할 수 있었음을 의미한다.

오래된 뼈 이야기는 계속된다. 약 230만 년 전쯤 하빌리스라는 새로운 종이 출현해 있었음을 잠정적으로 뒷받침하는 증거가 있다(보통 '호모 하빌리스'로 부르지만 과연 호모속으로 분류할 수 있는지 저자는 의심한다. — 옮긴이). 아직 완전히 이해되지 않은 하빌리스는 유인원과 인간 사이의 '잃어버린 고리'다.

화석은 1960년 탄자니아의 올두바이 협곡에서 비로소 발견되었다. 고생물학자 루이스 리키(Louis Leakey)와 고고학자 메리 리키(Mary Leakey)의 22살 난 아들인 조너선 리키(Jonathan Leakey)가 턱뼈와 두개골, 손뼈를 발굴하기 전까지 하빌리스는 진정 잃어버린 고리였다. 현재까지도 하빌리스의 뇌 크기를 파악할 수 있는 두개골 화석은 6개밖에 출토되지 않았고, 팔다리의 모습을 짐작할 수 있도록 해 주는 그런대로 완전한 표본도 2개밖에 되지 않는다. 그 때문에 이들 중간적 존재에 대한 우리의 그림은 희미하기만 하다. 하빌리스의 체구는 오스트랄로피테쿠스처럼 작았던 것으로 보인다. 긴 팔과 돌출된 얼굴을 가지고 있어 일부에서는 유인원으로 분류하기도 한다. 그러나 이들은 돌칼을 만든 것으로 여겨질 뿐 아니라, 뇌 크기가 오늘날 유인원의 2배에 이르렀다. 그 때문에 다른 일부에서는 이들을 진정한 호모속으로 분류하고 인류라 부른다. 간단히 말해 하빌리스는 인류와 선행 인류의 특징을 혼합해서 지녔다. 이들은 큰 뇌를 가지고 직립 보행하는 침팬지 비슷했다. 침팬지처럼 털이 무성하고 나무를 잘 탔을 것으로 생각된다.

하빌리스가 출현하고 진화의 변속 장치가 또 한번 빠르게 돌아가기까지는 수십만 년이 걸렸다. 그러나 190만~180만 년 전 두 번째의 결정적 변이가 일어났다. 일부 하빌리스가 직립 원인으로 진화한 것이다.[3] 이들의 도래로 말미암아 세상은 새로운 미래를 맞이하게 되었다.

직립 원인의 정신적 능력은 의문에 싸여 있다. 그들이 원시적인 형태의 언어를 사용했는지, 어느 정도로 감정을 조절할 수 있었는지 우리는 알지 못한다. 하지만 외관은 그 이전에 존재했던 다른 어떤 종보다 훨씬 더 우리와 닮았다. 그들은 오늘날 우리가 가진 특유의 걸음걸이로 우리만큼 잘 걷고 뛸 수 있었던 것으로 여겨진다. 직립 원인은 100만여 년 이후의 네안데르탈인을 포함해 다양한 후손을 남겼는데, 이들의 키와 겉모습은 모두 동일하다. 만일 직립 원인이 타임머신을 타고 현대 도시를 방문한다면 길에서 사람들이 흘깃거릴지는 몰라도 일반 옷가게에서 맞는 옷을 찾는 게 어렵지는 않을 것이다. 해부학적 특징이 우리와 너무나 흡사해서 일부 인류학자들은 이들을 호모 사피엔스라고 부르기도 한다.[4] 하지만 오늘날의 우리보다 뇌가 작고 이마가 납작하기 때문에 대부분의 학자들은 직립 원인이라는 독자적인 명칭을 부여한다. 우리가 뭐라고 부르건, 직립 원인은 인류의 신체적 형태의 원류이다. 이들은 심지어 성인으로의 발육 및 성장 속도도 오늘날 우리처럼 느렸던 것으로 보인다. 일단 직립 원인이 등장하고 나면 현생 인류의 출현(약 20만 년 전) 문제는 간단해진다. 시간이 흐르고 뇌가 커지는 일만 남다시피 하는 것이다.

그래서 인류의 기원은 다음의 질문과 직접 연결된다. '오스트랄로피테쿠스로부터 직립 원인이 튀어나오게 만든 힘은 무엇인가?' 인류학자들에게 1950년대 이래 가장 널리 받아들여지는 견해에 따르면,[5] 직립 원인으로의 진화를 촉발한 힘으로 추정되는 것은 단 하나, '육식'이다.

지금까지 기술된 수렵 채집 문화의 종류는 수백 가지에 달하는데, 이들 모두 영양 섭취의 상당 부분을 육류로 해결했다. 섭취 열량의 절반이나 그 이상을 육류에 의존한 경우도 흔하다. 고고학적 증거가 시사하는 바에 따르면 200만 년도 더 된 도살자 하빌리스로 거슬러 올라가는 기간 내내 육식은 항상 중요한 위치를 차지했던 것으로 보인다. 반면 하빌리스의 선조인 오스트랄로피테쿠스의 육식 양상은 침팬지와 크게 다르지 않았던 것 같다. 침팬지는 기회가 있으면 원숭이, 새끼 돼지, 작은 영양 등을 기꺼이 잡아먹지만 몇 주나 몇 달간 육류를 전혀 섭취하지 않는 경우도 있다. 이에 비해 인류는 확고한 육식 동물이라는 점, 그리고 큰 동물들의 사체에서 고기를 얻는다는 점에서 영장류 중 유일한 종이다(영장류란 척추동물문(門) 포유강(綱) 영장목(目)에 속하는 170종의 동물을 아울러 일컫는 이름이다. 유인원이란 영장목 사람상과(上科) 동물의 총칭으로 꼬리가 없는 게 특징이다. 사람상과는 다시 긴팔원숭이과와 사람과로 나뉘는데, 인간과 더불어 침팬지, 보노보, 고릴라, 오랑우탄 등이 사람과에 속한다. '비인간 유인원'이란 사람과에서 인간을 제외한 나머지 유인원과 긴팔원숭이를 아우르는 표현이다. ― 옮긴이).

 뇌가 작았던 우리의 선조들은 위험한 동물들과 대면하지 않고서는 고기를 얻을 수 없었을 것이다. 때때로 신체적 능력이 부족하다는 게 드러나기도 했을 것이다. 최초로 고기를 먹은 사람들은 분명 동작도 느리고 체구도 작았을 것이다. 게다가 이빨이나 손발은 무기로서는 빈약했고, 사냥 도구는 자연 상태의 돌이나 몽둥이와 별반 다르지 않았을 것이다. 그러다가 머리 쓰는 능력이 발달하고 육체적 능력이 개선되면서 사냥의 성공률이 높아졌을 것이다. 이들은 영양이 지쳐서 쓰러질 때까지 오랜 시간 달리기로 쫓아갔을지 모른다. 어쩌면 독수리가 급강하하는 장소를 관찰하고 그곳에서 동물의 사체를 발견했을 수도 있다. 검치사자 등의 포식자는 더 큰 난관이 되었을 것이다. 이런 상황에서는 협동 작업이 필요했을지 모른다. 일부 팀원이 돌을 던져서 무서운 동물이 다가오지 못하게 하는 동안 다른 팀원들이 재빨리 사체에서 고깃덩어리를 잘라 낸 다음, 모두가 안전한 장소까지 도망쳐서 고기를 나눠 먹는 방식이 그런 예다. 따라서 육식의 출현과 함께 장거리 여행, 큰 몸집, 발달된 지능, 지속적인 협동 등과 같은 인간의 특징이 진화했을 것이라고 쉽게 상상할 수 있다.

이런 이유 때문에 많은 인류학자들은 오스트랄로피테쿠스에서 인간에 이르는 변화를 설명하는 이론으로 사냥꾼 인간 가설(Man-the-Hunter hypothesis)이라고도 불리는 육식 가설(The meat-eating hypothesis)을 지지해 왔다.

하지만 사냥꾼 인간 가설은 불완전하다. 채집한 양식이 제공하는 경제적 지원 없이 어떻게 사냥이 가능했는지를 설명하지 못하기 때문이다. 수렵 채집 사회에서 채집은 주로 여성들의 몫이며 채집 식량이 그 공동체에 공급되는 전체 열량의 절반을 차지하는 경우도 흔하다. 채집은 사냥만큼이나 중요할 수도 있다. 수렵에 나선 남자들이 빈손으로 돌아오기라도 하는 날에는 가족 전체가 채집 식량에 의존해야 하기 때문이다. 그런데 채집을 하기 위해서 필요한 능력, 예컨대 커다란 양식 꾸러미를 운반하는 능력 등은 오스트랄로피테쿠스에게는 없는 것으로 간주된다. 그렇다면 채집은 언제, 그리고 왜 시작되었을까? 모종의 획기적인 기술 덕분에 여성들이 채집을 할 수 있게 되었을까? 아니면 하빌리스는 교환 경제(채집 식량과의 — 옮긴이) 없이도 고기를 구할 수 있었을까? 사냥꾼 인간 가설은 이러한 질문에 대한 해답을 제시하지 못하고 있다.

이보다 훨씬 더 심각한, 다른 종류의 난점도 있다. 유인원에서 인류로 진화하는 과정은 오스트랄로피테쿠스 → 하빌리스 → 직립 원인의 두 단계를 거쳤다. 하지만 사냥꾼 인간 가설은 마치 오스트랄로피테쿠스 → 직립 원인인 것처럼 설명하고 있는 것이다.

두 단계의 진화는 서로 다른 종류인데다 수십만 년이라는 시차를 두고 일어났다는 점이 문제다. 하빌리스는 약 250만 년 전에, 직립 원인은 약 190만~180만 년 전에 출현했다. 두 단계의 진화 모두가 동일한 원인에 의해 발생했다는 것은 이치에 맞지 않는다.

이중 첫 단계인 오스트랄로피테쿠스 → 하빌리스는 육식으로써 순조롭게 설명할 수 있다. 침팬지 비슷한 오스트랄로피테쿠스는 육식 덕분에 더 큰 뇌를 갖고 칼을 사용하는 하빌리스로 급격히 진화했다. 이 과정에서 유인원 같은 신체는 그리 변화하지 않아서 오스트랄로피테쿠스가 그랬던 것처럼 효율적으로 식물성 먹을거리를 채집하고 소화할 수 있었다. 이처럼 육식은 오스트랄로피테쿠스 → 하빌리스 진화를 설명할 수 있다. 하지만 두 번째 단계인 하빌리스 → 직립 원인 진화는 설명하지 못한다. 하빌리스와 직립 원인이 고기를 획득하는 방식이 해부학적으로 다르게 진화하는 결과를 낳을 정도로 많이 달랐을까? 이에 대해 일부에서는 하빌리스가 기본적으로 썩은 고기를 먹는 중인 반면, 직립 원인은 숙련된 사냥꾼이었을 것이라고 말한다. 비록 고고학적 자료로 직접 검증할 수는 없지만 꽤나 그럴듯한 발상이다. 그러나 이 같은 아이디어로는 직립 원인의 턱과 치아가 작다는 문제를 해결하지 못한다. 이것은 핵심적인 문제다. 턱과 치아가 작아졌다는 것은 직립 원인이 사냥한 동물의 질긴 날고기를 먹는 데 적응하지 못했다는 것을 의미한다. 사냥 능력이 더 좋아졌다는 것으로는 직립 원인의 약한 구강 구조를 설명할 수가 없다. 무언가 이와는 다른 일이 벌어지고 있었음에 틀림없다.

지구에 불이 있다는 것은 얼마나 큰 행운인가. 이처럼 놀라운 일이 일어날 수 있는 것은 건조하고 뜨거운 식물성 물질이 연소하는 덕분이다. 바위와 동물과 살아 있는 식물이 가득 찬 세상에서 가연성의 마른 나무는 우리에게 온기와 빛을 선사한다. 이런 혜택이 없었다면 우리 종은 다른 동물과 마찬가지 방식으로 삶을 영위할 수밖에 없었을 것이다. 불이 없었다면 인류의 삶은 과연 어땠을까? 밤은 춥고 어둡고 위험해서 우리는 해가 뜨기만을 의지할 데 없이 기다려야 했을 것이고, 먹는 음식은 모두가 날것이었을 터이다. 그러고 보면 우리가 난롯가에서 편안함을 느끼는 것은 전혀 놀랄 만한 일이 아니다.

오늘날 우리에게는 항상 불이 필요하다. 생존 교범을 봐도 야외에서 길을 잃을 경우 가장 먼저 해야 할 행동으로 불 피우기를 꼽고 있다. 불이 우리에게 제공해 주는 것은 온기와 빛뿐만이 아니다. 뜨거운 음식과 안전한 물, 마른 의복, 위험한 동물로부터의 보호, 친구에게 신호

할 수 있는 수단, 심지어 마음의 평안까지도 제공한다. 현대 사회에서 불은 우리의 시야에서는 사라졌을지 몰라도 지하실의 보일러나 자동차의 엔진, 전력을 공급하는 발전소 등 곳곳에 숨어 있다. 우리는 여전히 불에 전적으로 의존하고 있는 것이다. 이러한 인간과 불의 관계는 모든 문화에서 발견된다. 인도 안다만 제도의 수렵 채집인에게 불은 "여행을 떠날 때 가져가려고 고려하는 첫 번째 대상"이자 "사회생활이 이루어지는 중심"이며 그 소유 여부로 인간과 동물을 구별하는 기준이기도 하다. 동물에게는 음식과 물과 쉴 곳이 필요하다. 그러나 인간에게는 이 모두에 더해 불이 있어야 한다.

그렇다면 우리가 불을 필요로 한 지는 얼마나 되었을까? 이 문제에 대해 생각해 본 사람은 그리 많지 않다. 심지어 찰스 다윈(Charles Darwin)조차도 이 문제를 파고들지 않았다. 관심을 가질 이유가 수없이 많았는데도 말이다. 다윈은 5년에 걸쳐 세계를 여행하는 동안 야생 환경에서 굶주린다는 것이 어떤 것인지를 배웠다. 포클랜드 제도의 축축한 습지와 같이 거친 땅에서 야영을 할 때 그는 나무 꼬챙이를 비벼서 불을 피웠다. 그리고 흙으로 만든 화덕에서 불로 뜨겁게 만든 돌을 이용해 음식을 익혀 먹었다. 다윈은 불 피우는 기술에 대해 "아마도 언어를 제외하고 인간이 이룩한 가장 위대한 [발견]"이라고 평가한 바 있다.[6] 황량한 곳에서의 거친 생활을 통해 그는 "딱딱하고 질긴 뿌리는 소화할 수 있는 것으로, 독성이 있는 뿌리나 풀도 무해한 것으로 만들 수 있다."는 사실을 터득했다. 불에 익힌 음식의 가치를 이해했던 것이다.

하지만 그러한 다윈도 인류가 언제부터 불을 사용하기 시작했는가에 대해서는 관심을 갖지 않았다. 진화 연구에 열중했던 그는 불이 인류의 진화와 관련이 없다고 보았다.

다윈의 생각은 대부분의 사람들과 다르지 않았다. 우리 조상들은 불을 처음 제어하기 시작했을 무렵 이미 인간이었을 것이라고 가정한 것이다. 다윈은 동료 진화론자인 앨프리드 러셀 월리스(Alfred Russel Wallace)의 말을 인용하면서[7] 그의 견해를 지지했다. "인간은 정신적 능력을 통해서, 변하지 않은 신체를 유지하면서도 변화하는 세계에 조화롭게 적응할 수 있는 능력을 갖추게 되었다." 즉, 불의 관리는 변하지 않은 신체가 숙달된 정신적 능력을 이용해 자연의 도전에 대응하는 많은 수단 중 하나에 불과하다는 것이다. "인간은 추운 지방으로 이주하면 옷을 껴입고 오두막을 지으며 불을 피운다. 날로는 소화시킬 수 없었을 음식을 불의 도움으로 익힌다.…… 한편 동물의 경우 크게 달라진 환경 조건에서 살아남으려면 신체 구조를 바꾸는 방법밖에 없었을 것이다."

선사 인류가 "변하지 않은 신체"를 가지고 생활을 보다 편리하게 해 주는 방안을 고안해 냈다는 인식은 대체로 옳다. 인류의 해부학적 특징은 약 200만 년 전 직립 원인이 출현한 이후 거의 변하지 않았다. 문화는 인류가 환경에 적응할 수 있도록 해 주는 만능열쇠다. 그리고 200만 년이라는 인류 역사에 비추어 볼 때 대부분의 문화적 혁신은 아주 최근에 일어난 것이다. 가까이 20만 년 전만 보아도 고고학에 기록된 주요 혁신은 석기와 창에 불과했다. 예술, 낚시 도구, 장식용 목걸이, 돌촉 무기 등은 모두 그 후에 출현한 것이다. 인간이 이보다 더 오래전부터 불을 사용했다고 볼 근거가 어디에 있는가? 대부분의 인류학자들은 다윈의 가정을 따랐다. 불로 음식을 익히는 것은 인간의 기술 중 최근에 추가된 것이며, 소중한 전통이기는 하지만 생물학이나 진화론의 관점에서는 아무런 중요성이 없다는 것이다. 다윈은 다음과 같이 생각한 듯하다. '인간은 불을 사용한다. 하지만 만약 꼭 그래야 한다면 불 없이도 살아남을 수 있다.' 화식(火食, 불에 익힌 음식을 먹는 것 — 옮긴이)은 생물학적으로 볼 때 별로 중요하지 않다고 시사한 것이다.

그로부터 한 세기 후에 문화 인류학자 클로드 레비스트로스(Claude Lévi-Strauss)는 인류의 여러 문화에 대한 획기적인 분석을 내놓았는데, 여기에도 화식이 생물학적으로 중요치 않다는 가정이 암암리에 들어 있었다. 브라질 원주민 신화의 전문가였던 그는 자연에 대한 인간의 통제를 상징하는 데 화식이 원용되는 것에 깊은 인상을 받았다. 레비스트로스는 1960년대에 출간한 『날것과 익힌 것(The Raw and the Cooked)』에서 다음과 같이 기술했다. "화식은 동물과 인간의 차이를 확립한다.…… 화식은 자연으로부터 문화로의 이행을 나타낼 뿐만 아니라, 인간 상태의 모든 속성은 화식을 통해서, 그리고 화식을 수단으로 해서 규정할 수 있다." 화식에 인간성을 규정하는 측면이 있다는 레비스트로스의 통찰은 예리하다. 그러나 놀랍게도 그 중요성이 오직 심리적인 측면에만 있다고 본 듯하다. 인류학자 에드먼드 리치(Edmund Leach)는 동료 레비스트로스의 견해를 또렷하게 표현했다. "[사람들이] 음식을 반드시 익혀 먹어야 하는 것은 아니다. 스스로가 사람이지 동물이 아니라는 사실을 보여 준다는 상징적인 의미에서 그렇게 할 뿐이다."⁸⁾ 레비스트로스는 엘리트 인류학자였고 화식은 생물학적 의의를 갖지 않는다는 그의 암시는 널리 전파됐다. 그의 문화 분석 중 이 부분에 이의를 제기한 사람은 아무도 없었다.

이처럼 불이 인류의 진화에 무슨 역할을 했다는 데 대해서는 회의적인 견해가 널리 퍼져 있다. 하지만 여기에 반대 의견을 가진 사람도 일부 있다. 이들은 인간의 속성에 '불로 요리하기'가 핵심적 영향을 미쳤다고 주장한다. 가장 강한 주장은 음식과 식사를 공부하는 사람들에게서 나왔다. 프랑스의 저명한 미식가였던 장 앙텔므 브리야사바랭(Jean Anthelme Brillat-Savarin)은 다윈이 아직 10대에 불과했던 1825년에 진화론적으로 보이는 주장을 폈다. "인간이 자연 그 자체를 길들인 것은 불을 통해서다."⁹⁾ 고기는 익히면 먹기가 더 쉬워진다는 사실을 경험으로 깨달은 그는 다음과 같이 주장했다. '우리 선조들이 불로 요리하기 시작한 뒤로 고기는 더욱 탐나고 귀중한 대상이 되었고, 그 결과 사냥이 새로운 중요성을 지니게 되었다. 사냥은 주로 남성의 활동이었기 때문에 요리하는 역할은 여성이 맡았다.' 브리야사바랭은 '불로 요리하기'와 가구의 탄생 간의 연관성을 추적하는 선견지명이 있었지만 그의 아이디어들은 이후 체계적으로 발전되지 못했다. 그가 넌지시 제시한 생각들은 방대한 저작 속에 숨겨져 있었고 누구도 이를 진지하게 받아들이지 않았던 탓이다.

불의 사용이 인간의 행태나 진화에 영향을 미쳤을 가능성은 지난 반세기 동안 체질 인류학(칼턴 쿤(Carleton Coon)과 로링 브레이스(Loring Brace)), 고고학(카트린 페를레스(Catherine Perlès)), 사회학(요프 후드스블롬(Joop

Goudsblom)) 등 여러 분야의 저자들에 의해 제기됐다.[10] 하지만 이들의 주장은 잠정적인 분석에 그쳐 요리라는 특수 분야 역사의 몫으로만 남았을 뿐 브리야사바랭처럼 과감한 사상을 내놓는 데는 이르지 못했다. 그러던 중 1998년에 이르러 요리 역사가 마이클 시먼스(Michael Symons)가 다양한 학문 분야의 지식을 접목했다. 그는 영양 섭취에서 사회 구성에 이르는 삶의 많은 측면에 요리가 영향을 미친다는 생각을 바탕으로, 이전의 어느 누구보다도 강력한 주장을 내세웠다. 그는 다음과 같이 결론지었다. "'불로 요리하기'는 잃어버렸던 고리다.…… 인간의 핵심을 규정한다.…… 나는 우리 인간성의 책임을 요리사에게 지운다." 이와 유사하게 2001년 역사학자 펠리페 페르난데스아르메스토(Felipe Fernandez-Armesto)는 요리의 역사에 관한 책에서 "불로 요리하는 것은 인류의 인간됨의 지표다."라고 선언했다. 하지만 불에 익히면 음식의 영양학적 질이 어떻게 달라지는지를 이해한 사람은 단 한 사람도 없었다. 위의 학자들은 물론이고 요리의 중요성을 강조한 모든 학자들 중에서도 말이다. 그래서 다음과 같은 핵심적 질문들이 아무도 손대지 않은 채 남게 되었다. '인류는 '화식'에 진화적으로 적응했는가?, '불로 요리하기'는 우리를 인간으로 만드는 데 어떤 방식으로 영향을 미쳤는가?, 화식은 언제 진화했는가?' 그 결과 흥미롭기는 하지만 생물학적인 실체와 동떨어진 일련의 견해들이 나오게 되었다. 이 견해들은 우리의 현재 모습을 형성한 것이 익힌 음식이라고 하지만 '왜', '언제', '어떻게'에 대해서는 전혀 언급이 없다.

다윈이 시사한 대로 화식에 생물학적인 중요성이 전혀 없는지, 아니면 시먼스가 단언하듯 화식이 인간성의 핵심 요소인지를 알아내는 방법이 있다. 그러자면 먼저 우리는 불로 익히는 것이 어떤 일을 하는지를 알아야만 한다. 음식을 익히면 음식이 더 안전해지고 맛이 더 진하고 좋아지며 변질이 덜 된다. 그뿐만 아니라 질긴 음식도 속을 드러내고 자르고 으깨기 쉬운 상태로 변한다. 하지만 이 모든 장점은 여태껏 높은 평가를 받지 못했던 다음의 측면에 비하면 그다지 중요하지 않다. '음식을 익히면 우리가 그로부터 얻는 에너지의 양이 늘어난다.'

최초로 음식을 익혀 먹은 사람들은 이처럼 추가된 에너지 때문에 생물학적으로 매우 유리해졌다. 생존율과 번식률이 높아져 유전자를 더 널리 퍼뜨릴 수 있게 된 것이다. 그들의 신체는 익힌 음식에 생물학적으로 적응했고, 새로운 식단을 최대로 이용하려는 자연 선택의 힘에 의해 형태를 갖추어 나갔다. 이어서 해부학적 구조, 생리 작용, 생태, 생활사, 심리, 사회에 변화가 일어났다. 화석 증거에 따르면 익힌 음식에 이처럼 의존하는 현상은 수만 년 전이나 심지어 20만~10만 년 전에 일어난 것이 아니다. 그 시기는 지구에 인류가 출현해 진화를 시작한 바로 그 시점으로 거슬러 올라간다. 나중에 직립 원인으로 진화한 하빌리스로부터 시작되었던 것이다. 우리가 불로 자연을 길들였다고 한 브리야사바랭과 시먼스의 말은 옳았다. 우리 인간성의 책임은 실제로 요리사에게 지워야 한다.

위와 같은 주장들이 화식 가설(The cooking hypothesis, 요리 가설)을 구성한다.[11] 이에 따르면 인류는 익힌 음식을 먹는 데 적응했다. 암소가 풀을 먹는 데, 벼룩이 피를 빠는 데, 그리고 다른 모든 동물들이 각자 고

유의 음식을 먹는 데 적응한 것과 동일한 방식으로 말이다. 우리는 화식에 적응했고 거기서 벗어날 수 없다. 그리고 그 영향은 우리의 육체에서 정신에 이르는, 삶의 모든 분야에 두루 미치고 있다. 우리 인류는 불로 요리하는 유인원이며, 불의 피조물이다.

1 생식주의자를 찾아서

나에게 인간을 정의하라면 '불로 요리하는 동물'이라 하겠다. 동물도 기억력과 판단력이 있으며 인간이 지닌 능력과 정열을 모두 어느 수준까지는 가지고 있다. 그러나 요리하는 동물은 없다.…… 음식을 맛있게 차려 먹는 것은 오직 인간만이 가진 능력이다. 모든 인간은 직업에 관계없이 어느 정도는 요리사다. 자신이 먹는 음식에 스스로 양념을 친다는 점에서 말이다.

— 제임스 보스웰(James Boswell), 『새뮤얼 존슨과 함께한 헤브리디스 제도(스코틀랜드 서쪽 해상의 군도 — 옮긴이) 여행기(*Journal of a Tour to the Hebrides with Samuel Johnson*)』

동물은 날것을 먹고 잘 살아간다. 인간도 그럴 수 있을까? 그럴 수 있다는 것이 그동안의 통념이었으며, 논리적으로도 명백해 보였다. 동물은 날것을 먹고 산다. 인간은 동물이다. 따라서 인간도 날것을 먹고 잘 살 수 있어야 한다. 사과, 토마토, 굴에서 육회, 여러 가지 생선에 이르기까지 날로 먹을 수 있는 음식은 얼마든지 있다. 생식을 했다는 사람들의 이야기도 부지기수다. 마르코 폴로(Marco Polo)에 따르면, 13세기 몽골 전사들은 한번도 불을 피우지 않은 채 열흘간 말을 타고 행군할 수 있었다고 한다.[12] 말의 정맥을 찔러 거기서 흘러나온 생피를 먹은 몽골 기병대는 요리를 하지 않음으로써 시간을 절약했을 뿐 아니라 적에게 위치를 노출할 위험이 있는 연기를 피우지 않을 수 있었다. 이들이 생피를 좋아한 것은 아니어서, 행군 속도가 그다지 중요치 않을 때는 익힌 음식을 먹기를 고대했다. 하지만 그 때문에 고통을 받았다는 말은 없다. 이런 이야기들은 불로 요리하기가 생물학적으로 우리에게 꼭 필요하다기보다는 사치라는 인상을 갖게 만든다.

그러나 여기서 '진화 식단(Evo Diet)' 실험을 주시해 볼 필요가 있다. 2006년 고혈압 고위험군에 속하는 자원자 9명이 12일 동안 유인원처럼 식사하며 지낸 실험[13]이 영국 BBC 방송을 통해 공개되었다. 자원자들은 영국 페인턴 동물원에 천막을 쳐서 조성한 공간에 살면서 거의 모든 식사를 날것으로 했다. 이들이 먹은 것은 후추, 멜론, 상추, 토마토, 당근, 브로콜리, 포도, 대추야자, 호두, 바나나, 복숭아 등 50여 종의 과일, 야채, 견과류였다. 실험 2주차에 이들은 기름기 많은 익힌 생선을 약간 먹었고, 그중 한 사람은 초콜릿을 몰래 먹었다. 여기에 '진화 식단'이라는 이름이 붙은 것은 이 식단에 포함된 먹을거리들이 우리 몸이 섭취하도록 진화한 음식을 대표하기 때문이다. 침팬지나 고릴라라면 매우 좋아했을 식단이기도 하다. 하지만 야생 조건에서 찾을 수 있는 식량에 비하면 확실히 질이 높은 탓에 이 음식들을 섭취했다면 비만해졌을 것이다. 이들은 많게는 하루 5킬로그램씩 배가 부르도록 먹었다. 음식 섭취량은 영양학자가 계산하여 남성은 일일 적정량인 2,300칼로리를, 여성은 2,000칼로리를 얻을 수 있도록 했다.

참가자들의 목표는 건강해지는 것이었다. 실험 막바지에 이르자 콜레스테롤 수치는 4분의 1이나 떨어졌고 평균 혈압은 정상으로 내려갔다. 건강해지고자 하는 이들의 의학적 목표는 이루어졌다. 그런데 예상치 못한 부수 효과가 나타났다. 체중이 평균 4.4킬로그램, 다시 말해서 매일 0.37킬로그램씩 줄어든 것이다.

우리에게 어떤 식단이 필요한가 하는 문제는 인간의 적응을 이해하기 위한 핵심 요소이다. 문제는 이것이다. 우리는 익힌 음식의 맛과 안전성을 우연히 즐기게 되었지만 어떤 측면에서도 익힌 음식에 의존하지는 않는 보통 동물에 불과한가? 아니면 생물학적 필요에 의해, 즉 충분한 에너지를 육체에 공급하기 위해 익힌 음식에 의존하는 특수한 종인가? 이 문제를 풀기 위해 진지한 과학적 실험이 설계된 일은 없다. '진화 식단'은 비공식적 단기 실험이었을 뿐이다. 비교적 체계적인 자료를 우리에게 제공해 주는 것은 오랜 기간 생식을 해 온 사람들에 대한 몇몇 연구다. 그 결과는 '진화 식단' 실험과 유사하다.

생식주의자란 가능한 한 식단의 100퍼센트를 익히지 않은 상태로 섭취하는 사람을 말한다.[14] 그들의 체중에 대한 연구 사례는 3건밖에 없지만 결론은 모두 동일하다.[15] 생식을 하면 몸이 야윈다. 이중 가장 포괄적인 것은 독일의 영양학자 코리나 쾨브닉(Corinna Koebnick) 팀이 수행한 기센 생식 연구(Giessen Raw Food study)이다. 이 연구는 식단의 70~100퍼센트를 익히지 않은 것으로 하는 생식주의자 513명에게 설문지를 돌리는 방식을 택했다. 응답자들은 생식을 하는 목적으로 '건강해지기 위해서', '질병을 예방하려고', '오래 살고 싶어서', '자연에 맞춰 살려고' 등을 꼽았다. 이들의 '생식' 식단에는 익히지 않은 채소를 위주로 하면서 가끔 고기를 섭취하는 경우뿐 아니라, 비가열 압착 방식으로 추출한 기름과 꿀, 약간의 가열 과정을 거친 마른 과일, 고기, 생선 등도 포함되었다. 비만도를 재는 척도로는 키와 몸무게의 관계를 측정하는 체질량 지수(Body Mass Index, BMI)를 사용했다. 연구 결과, 익히지 않은 음식의 비율이 올라갈수록 체질량 지수는 내려갔고, 화식에서 생식으로 바꿨을 때 평균적으로 여성은 12킬로그램, 남성은 9.9킬로그램의 체중 감소가 있었다. 순수 생식파(31퍼센트) 중 거의 3분의 1은 체중을 근거로 판단했을 때 만성적 에너지 결핍으로 추정되었다. 과학자들이 내린 결론은 명백했다. "엄격한 생식을 하면 적절한 에너지 공급을 보장할 수 없다."

 기센 연구의 응답자들이 고기를 얼마나 먹었는지에 대해서는 자료가 없다. 하지만 생식주의자가 대체로 고기를 적게 먹는 것은 사실이다. 응답자들의 에너지 섭취가 부족해진 것은 고기를 적게 먹어서라고 할 수 있을까? 물론 그랬을 수도 있다. 하지만 화식을 하는 사람들을 보면 채식주의자와 육식을 하는 사람 간에 체중의 차이가 나타나지 않는다.[16] 불로 익힌 음식을 먹는 한 채식주의자의 식단에서도 고기를 많이 먹는 전형적인 미국식 식단에서 얻는 만큼의 열량을 공급받을 수 있다. 체중이 감소하는 것은 오로지 생식을 할 때뿐이다.

화식을 중단함으로써 에너지가 부족해진 신체가 나타내는 반응은 한결같다. 언론인 조디 마르데시치(Jodi Mardesich)는 생식을 시작했을 때 이렇게 말했다. "배가 고프다. 요즘은 거의 항상 배고픔을 느낀다."[17] 그녀의 일과는 아침 7시에 밀싹 2온스(약 57그램)를 갈아서 주스로 만드는 것으로 시작한다. 그리고 8시 30분이 되면 "해바라기 새순과 발효시킨 밀 음료(상한 레모네이드 비슷한 맛이 나는)를 상온에서 섞은 에너지 수프" 한 사발을 먹는다. 여기에 맛을 좀 내기 위해 파파야 조각을 두어 숟가락 첨가한다. 점심에는 샐러드를 먹는데, 재료는 해바라기 새순과 싹을 낸 호로파(콩과 식물 — 옮긴이) 씨, 브로콜리 싹, 발효시킨 양배추, 싹을 낸 해바라기 씨와 마른 해초, 그리고 약간의 채소이다. 저녁 식단은 더 많은 새싹과 아보카도 덩어리, 파인애플, 붉은 양파, 올리브유, 생 식초, 천일염으로 구성된다. 저녁을 먹고 1시간이 지나면 그녀는 다시 배가 고파졌다. 사진 속 그녀는 확연히 말랐지만 행복해 보였다. 스스로도 에너지가 넘치는데다 정신이 맑고 마음도 평온하다고 했다. 그럼에도 불구하고 생식 6개월째가 되자 그녀는 피자를 먹으러 슬그머니 외출했다. 체중은 그동안 8.2킬로그램이나 빠져 있었다. 엄격한 생식이 어렵다는 것을 알게 된 사람은 비단 마르데시치만이 아니었다. 기센 연구에서 밝혀진 바에 의하면, 장기적으로 생식을 하는 사람 중 82퍼센트가 불로 조리한 음식을 약간씩 먹는다고 한다.[18]

그렇다면 생식주의자가 겪는 에너지 결핍은 생물학적으로 심각한 문제일까? 이를 판단하기 위해서는 생식으로 인한 체중 감소 때문에 신체의 주요 기능에 이상이 있는지 여부를 알아야 한다. 우리의 진화적 과거와 동일한 조건에서 살고 있는 집단에서 이를 확인할 수 있다면 가장 이상적일 것이다. 기센 연구에서 밝혀진 바에 따르면 여성은 생식을 많이 할수록 체질량 지수가 낮아졌고 생리가 완전히 중단되거나 불순해질 가능성이 컸다. 완전 생식을 하는 여성의 경우 50퍼센트는 생리가 완전히 끊겼고 약 10퍼센트는 생리 불순을 겪었다. 이렇게 되면 임신이 어렵다. 이러한 수치는 화식을 하는 여성과 비교할 때 훨씬 높은 것이다. 화식을 하는 건강한 여성은 채식주의자건 아니건 간에 생리를 거르는 일이 거의 없다.[19] 다만, 마라톤 선수나 신경성 무식욕증 환자처럼 극단적인 에너지 고갈을 겪는 여성의 경우 배란 기능이 저하되리라는 것은 예상할 수 있는 일이다.

생식을 하는 남성 또한 성 기능에 영향을 받는다는 것이 보고되었다. 크리스토퍼 웨스트라(Christopher Westra)는 『놀라운 건강과 성공을 누리면서 생식 다이어트를 하는 법(How To Do the Raw Food Diet with Joy for Awesome Health and Success)』에서 이렇게 말했다. "생식을 시작하자 성 기능에 전혀 예상치 못했던 변화가 나타났다. 생식을 한 지 몇 주 지나지 않아 하루 중 섹스에 대해 생각하는 횟수가 확 줄어들었다." 정액 배출이 우리 몸에서 독소를 내보내는 기능을 한다고 믿은 그는 몇 주간 생식을 한 덕분에 독소 섭취가 줄어들어 사정이 필요 없는 수준에 이른 것이라고 말했다. 이와 유사하게 일부 생식주의자들은 여성의 생리도 독소 배출 기작이라고 생각하여 생리 중단을 자신들의 식단이 건강에 좋은 것이라는 신호로 받아들인다. 몸 안의 독소가 사정이나 생리로 배출된다는 주장을 지지하는 의학적 근거는 전혀 없다는 점을 새삼 지적할 필요는 없을 것이다.

생식을 하면 번식 기능이 저하된다는 사실은[20] 진화의 역사에서 생식주의가 화식을 하는 것보다 훨씬 성공률이 낮았으리라는 것을 의미한다. 기셴 연구에서 나타났던 50퍼센트 이상의 불임률이 원시 상태의 자연적 인구 집단에서 나타났다면 끔찍한 재앙이었을 것이다. 기셴 연구 참가자들은 도시에서 편안하게 중산층으로 생활하는 사람들이었는데도 번식 기능이 극적으로 떨어졌다. 만일 야생에서 생존을 위해 먹을거리를 찾아야 하는 처지에 있었다면 그 결과는 훨씬 더 심각했을 것이다.

대부분의 생식주의자들은 에너지 가치를 높이기 위해 약한 열을 가하거나, 섞고 갈고 싹을 내는 등 음식을 공들여 준비한다. 갈거나 부숴서 음식 입자의 크기를 줄이면 에너지 흡수율이 높아지게 마련이다. 기셴 연구의 생식주의자들은 이밖에도 산업 공정을 거쳐 상업적으로 생산된 기름을 먹는다는 이점이 있었다. 쾨브닉 팀이 밝혀낸 바에 따르면 이들이 얻은 열량의 30퍼센트가 이처럼 상업적으로 생산된 지질(기름과 지방 — 옮긴이)에서 왔는데, 이는 수렵 채집인은 이용할 수 없는 귀중한 에너지원이다. 이처럼 유리한 조건에서도 기셴 연구에 참여한 여성 중 절반 이상이 식사로부터 얻는 에너지가 너무 부족한 탓에 생리적으로 임신을 할 수 없는 상태가 되었다.

기셴 연구의 생식주의자들에게는 추가로 열량을 섭취할 수 있었다는 점 외에 또 다른 유리한 점이 있었다. 바로 원시 채집 경제에 속한 여성들과 달리 육체적 노동을 많이 하지 않았다는 점이다. 인류학자 엘리자베스 마셜 토마스(Elizabeth Marshall Thomas)가 아프리카 칼라하리 사막에 사는 부시먼 여성들의 생활을 묘사한 것을 보자.[21] 이들은 저녁에 지칠 대로 지쳐서 숙소로 돌아온다. 그도 그럴 것이 여러 시간 동안 쪼그려 앉고, 땅을 파고, 걷고, 많은 양의 음식과 나무를 손에 들거나 아이들을 안고 이동해야 했던 것이다. 화식을 하는 집단에서조차 이 같은 수준의 활동은 번식 기능에 영향을 미칠 수 있다. 기센 연구의 생식주의자들이 매일 야외에서 양식을 채집하는 힘든 삶을 영위해야 했다면 에너지 소비량도 크게 늘어났을 것이고, 그 결과 50퍼센트보다 훨씬 높은 비율의 여성이 불임이 되었을 것이다.

여기에 기센 연구의 생식주의자들이 먹을거리를 얻는 곳이 슈퍼마켓이라는 사실 또한 추가해야 한다. 슈퍼마켓에서 판매하는 식재료는 전형적인 현대 농업의 산물로, 과일, 씨앗, 채소 모두 최고로 맛있는 종자를 골라서 키운 것이다. 여기서 '맛있다'는 말은 에너지 함량이 높다는 뜻이다. 사람들이 좋아하는 음식은 소화가 안 되는 섬유질이 적고 당분 등의 수용성 탄수화물 함량이 높은 것들이기 때문이다. 슈퍼마켓에서 파는 사과, 바나나, 딸기 등은 농업 기술의 발전 덕분에 그 품질이 원시 품종에 비해 매우 높다. 하버드 대학교에 있는 우리 실험실에서 공동 연구를 하고 있는 영양 생화학자 낸시루 콩클린브리테인(NancyLou Conklin-Brittain)의 분석에 의하면, 우리가 먹는 당근에는 우간다의 키발레 국립 공원에서 침팬지가 먹는 야생 과일에 평균적으로 들어 있는 정도의 당분이 들어 있다.[22] 하지만 당근조차도 전형적인 야생 열대 과일보다 품질이 더 높다. 섬유질이나 독성 화합물이 더 적기 때문이다.

만일 기센 연구의 생식주의자들이 야생에서 채취한 양식을 먹어야 했다면 어땠을까? 아마도 에너지 섭취량과 번식 능력이 쾨브닉 팀의 연구 결과보다 훨씬 더 낮아졌을 것이다.

또한 이들은 1년 내내 슈퍼마켓에서 최고의 음식을 구할 수 있기 때문에 계절적 양식 결핍을 겪지 않아도 되었다. 반면에 채집 경제에 의존하는 원시 집단은 어려운 시기를 피해 갈 방법이 없다. 달콤한 과일, 꿀, 고기가 어쩌다 운이 좋아야 구할 수 있는 사치품이 되는 시기가 오는 것이다. 심지어 목숨을 부지할 양식조차 구하기 어려워질 수 있다. 인류학자 조지 실버바우어(George Silberbauer)의 보고를 보면,[23] 중앙 칼라하리 사막에 사는 G/wi 부시먼들은 초여름이 되면 모두가 야위었으며 목마름과 배고픔을 호소했다. 물론 칼라하리 사막 같은 곳에서의 삶은 특히나 팍팍한 것일 수도 있지만, 주기적인 에너지 부족은 현존하는 모든 수렵 채집인이 일상적으로 겪는 일이다.[24] 열대 우림에 사는 침팬지와 마찬가지로 말이다. 고인류 집단의 유골과 치아에 관한 여러 연구를 보면 미세 구조에 영양학적 스트레스의 흔적이 나타나는 것을 알 수 있다. 이는 그 시대에도 에너지 부족이 보편적 현상이었다는 것을 의미한다. 농경이 발달하기 전까지 인류의 숙명은 배고픈 시기를 대개 1년에 몇 주씩 주기적으로 겪는 것이었다. 화식을 했음에도 그러했다.

생식주의의 인기는 점점 높아지고 있는 듯하다. 앞서 살펴본 것처럼 생식이 그리 만만치 않은 일인데도 사람들이 좋아하는 이유는 무엇일까? 생식주의자들이 열광하는 것은 『자기 치유력! 당신 안의 위대한 힘을 이끌어 내는 법(Self Healing Power!: How To Tap Into the Great Power Within You)』[25]과 같은 책에서 볼 수 있듯이 생식의 건강 증진 효과이다. 이들은 생식의 결과, 신체 기능이 좋아지고 행복하다는 느낌이 들었으며 육체적 고통의 감소, 활력 증가, 감정적 활동과 사회적 활동의 개선 등을 느낀다고 주장한다.[26] 류머티스성 관절염이나 섬유 조직염 증상이 좋아졌고 치아 부식도 줄었으며[27] 항산화제를 더 많이 받아들인다고 주장하는 사람들도 있다. 이는 대부분 과학적으로 검증되지 않은 내용이지만, 혈청 콜레스테롤과 트리글리세리드(동맥 경화를 일으키는 혈중 지방 성분 – 옮긴이) 수치가 좋아졌다는 연구 결과는 보고된 바 있다.

철학적 근거를 제시하는 생식주의자들도 있다. 생식주의의 대중적 입문서인 『자연의 첫 번째 법칙(Nature's First Law)』을 저술한 스티븐 아를린(Stephen Arlin), 푸아드 디니(Fouad Dini), 데이비드 울프(David Wolfe)는 "자연스러운 영양은 익히지 않은 것"이라고 단언한다.[28] "불로 조리한 음식은 독이다. 과거에도 그랬고 앞으로도 마찬가지이다." 채식주의자 에드워드 하월(Edward Howell)은 1946년 저서에서 식물은 "살아 있는" 또는 "활성인" 효소를 가지고 있어서 이를 생식하면 우리 몸속에서 이로운 작용을 한다는 이론을 제시했다.[29] 그 때문에 하월을 신봉하는 이들은 음식을 요리할 때 효소의 "생명력"이 파괴되지 않도록 섭씨 45~48도 이하로 가열한다. 과학자들이 볼 때 음식에 들어 있는 효

소가 체내의 소화나 세포 작용에 기여한다는 것은 허튼소리에 불과하다. 효소 분자 자체가 위와 소장에서 소화되기 때문이다. 설사 식물 효소가 체내에서 소화되지 않는다 하더라도 이들 효소의 대사 기능은 특화되어(해당 식물에 맞게 ─ 옮긴이) 있기 때문에 우리 체내에서는 아무런 기능도 할 수 없다. 그러나 생리학자들이 "살아 있는 음식"에 들어 있는 "생명력"이라는 이론을 인정하지 않음에도 불구하고 많은 생식주의자들은 이 활성 효소 이론에 설득당해 날것을 고집한다. 게다가 하월의 철학은 저온 가열을 어느 정도 허용함으로써 완전 무가열에 비해 '날먹을거리'를 어느 정도 맛있고 조리하기 쉬우며 소화가 잘되게 만들어 준다.

한편 도덕적 신념을 따르는 생식주의자들도 있다.[30] 시인 퍼시 비시 셸리(Percy Bysshe Shelley)는 1813년 육식이 많은 사회악의 원인이 되는 끔찍한 습관이라고 주장했다.[31] 인간에게는 날카로운 발톱이 없고 치아가 뭉툭하며 날고기를 싫어한다는 점으로 미루어 볼 때 육식은 명백히 자연에 반한다는 것이다. 그는 다음과 같이 결론지었다. 불을 이용하는 요리 탓에 인간이 육식을 하게 되었으며, 그 때문에 "폭정, 미신, 상업, 불평등"과 같은 문제들이 생겨났고 따라서 인간은 화식을 하지 않아야 잘 살 수 있다.

생식주의 내부의 소수파 가운데는 본능 요법가도 있다.[32] 인간은 유인원과 매우 가깝기 때문에 식사 행태도 이를 따라야 한다고 믿는 사람들이다. 2003년 나는 『유전자에 걸맞은 영양(Genefit Nutrition)』을 쓴 로만 드비보(Roman Devivo), 안트제 스포르스(Antje Spors)와 함께 점심 식사를 한 적이 있다. 그들의 책은 인간이 불로 익힌 음식에 적응하지 못했기 때문에 이를 먹는 것은 건강에 해롭다는 주장을 담고 있다. 저자들은 날씬하고 건강했다. 음식의 선호도 명확하여, 모든 음식을 단순히 익히지 않은 것이 아니라 아예 아무런 가공도 하지 않은 상태로 먹었다. 샐러드도 재료를 자르고 섞었다는 이유로 사양했다. 이들은 우리에게 자연스러운 방식이란 침팬지가 하는 그대로 하는 것이라고 말했다. 유인원이 어느 나무에서 한 종류의 과일만을 먹듯이 우리도 식사 때 한 종류의 음식만 먹어야 한다는 것이다.

자신들의 식사 습관을 보여 주기 위해 이들과 또 다른 친구 하나는 다양한 유기농 식품이 들어 있는 바구니를 가져왔다. 이들은 한 번에 하나씩 과일의 냄새를 맡았다. 가장 이로운 과일을 몸이 스스로 결정하도록(이들은 "본능적으로"라고 표현했다.) 하기 위해서라는 것이다. 한 명은 사과를, 다른 한 명은 파인애플을 고르고 나서 그 과일만 먹었다. 세 번째 사람은 단백질이 풍부한 음식을 먹기로 결정하고, 냉동 버펄로 스테이크와 버펄로 넓적다리뼈 여러 조각을 가져왔다. 그날은 골수를 먹는 날이었다. 골프공 크기의 뼛속에는 딸기 아이스크림처럼 보이는 차갑고 걸쭉한 죽 같은 것이 들어 있었다. 그는 찻숟가락으로 여러 조각의 뼈에 들어 있는 골수를 깨끗하게 떠먹었다. 생식주의 철학은 우리에게 매우 이상하게 보인다. '식물 효소를 살아 있는 채로 섭취해야 한다, 폭력을 줄이는 방식으로 먹어야 한다, 유인원처럼 먹어야 한다……' 하지만 생식주의자에게는 도움이 된다. 원칙에 강하게 헌신할 수 있는 받침대가 되어 주기 때문이다. 생식은 사회생활에 지장을 주

고 부엌에서 많은 시간을 보내게 만들며 화식을 하고 싶은 욕망에 저항할 강한 의지를 요구한다. 생식은 개인적 문제를 일으킬 수도 있다. 짜증스러울 정도로 자주 소변을 보게 되는 것이 한 예다. 또한 고기를 생식하는 경우 불에 익히면 파괴됐을 독소나 병원균을 먹게 될 위험이 커진다. 그밖에도 건강상의 많은 위험을 무릅쓰게 만든다. 최근의 연구에 따르면 생식주의자의 등뼈와 엉치뼈 골 밀도가 낮은 것은 생식 때문이다.[33] 생식은 낮은 수준의 비타민 B_{12} 및 HDL 콜레스테롤(좋은 콜레스테롤), 높은 수준의 호모시스테인(심혈관 질환의 위험 물질로 추정된다.) 수치와도 관련이 있다.

이론적으로는 기센 연구의 참가자들이 겪은 에너지 부족 현상이 잘못 해석된 것일 수도 있다. 생식 자체에 문제가 있는 것은 아니지 않을까? 현대의 생식주의자들이 영양학적 지혜로부터 너무 멀리 떨어지게 된 나머지 음식을 제대로 조합하지 못한 것일 뿐이 아닐까? 그렇다면 산업화하지 않은 문화에서 생식을 하는 경우도 조사해 보아야 하지 않을까?

우선 기존에 보고된 수많은 생식 사례를 살펴보자. 19세기 말, 미국 국립 지리 협회 회장이자 미국 인류학회 공동 창립자인 인류학자 윌리엄 맥기(William McGee)는 멕시코 북서부의 수렵 채집인 세리(Seri)족이 고기와 썩은 고기를 주로 날로 먹는다고 주장했다. 4,000년 전 우르(Ur) 제3왕조 시대의 수메르인들은 서부 사막의 베두인(bedouin)족이 음식을 익혀 먹지 않는다고 주장했다. 2007년 국립 우간다 신문에는 우간다의 루웬조리 산맥에 사는 피그미들이 음식을 날로 먹는다는 기사가 실리기도 했다. 플루타르코스(Plutarchos, 『플루타르코스 영웅전』의 저자로 널리 알려진 고대 그리스 시대의 철학자, 정치가 겸 작가—옮긴이)에서 19세기 식민지 시대의 선원에 이르는 많은 작가들이 이와 비슷한 주장을 펼쳤지만 모두가 사실이 아닌 것으로 밝혀졌다. 이런 주장 중에는 인종주의적 편견이 작용한 것으로 보이는 경우도 많다. 심지어 18세기의 한 백과사전은 다음과 같이 비웃고 있다. "오직 야만인만이 자연이 제공한 그대로 양념도 하지 않고 먹는 데 만족할 수 있다." 1870년 인류학자 에드워드 타일러(Edward Tylor)는 이러한 주장을 모조리 조사해 보았지만 사실이라는 증거는 단 하나도 없었다. 그는 지금까지 알려진 모든 인간 사회는 화식을 하고 있다는 결론을 내렸다. 한편 세계 모든 지역의 사회에서 조상들이 불 없이 살았다는 이야기가 전승되어 온다. 선사 시대에 불이 없었다는 설화들을 조사한 인류학자 제임스 프레저(James Frazer)의 연구를 보자. 그는 모든 설화들이 앵무새가 불을 가져왔다느니, 어느 여성의 성기에서 불을 발견한 뒤 길들였다느니 하는 환상으로 가득 차 있다는 공통점을 발견했다. 결론은, 불을 제어하고 화식을 하는 것은 인류 사회의 보편적 현상이라는 것이다.[34]

그럼에도, 이론상으로는 식사에서 불로 익힌 음식이 차지하는 비중이 극히 작은 사회가 존재할 수 있다. 별종 영양학자인 하월이 바로 이러한 생각을 가졌다.[35] 그는 1940년대에 생식이 이롭다는 이론을 펴면서 전통적인 이누이트(에스키모)의 식사는 주로 생식이라고 서술했다. 이 주장은 이후의 생식 운동에서 중요한 버팀목이 되었다.

그러나 하월의 주장 역시 과장된 것으로 드러났다. 서구화하지 않은 이누이트족의 식사에 대해 가장 상세한 연구를 수행한 빌얄무르 스테판손(Vilhjalmur Stefansson)을 보자.[36] 그는 1906년부터 여러 차례 코퍼 이누이트(Copper Inuit, 캐나다 북부의 수목 한계선 너머에 사는 이누이트의 일파 ― 옮긴이)족을 탐방했다. 이들의 식단에는 사실상 식물이 없었다. 주식은 바다표범이나 순록의 고기였고 보조식으로 연어 비슷한 큰 생선을, 가끔 고래 고기를 먹었다. 그리고 저녁마다 불로 요리를 하는 것이 관례였다. 아내는 남편이 사냥에서 돌아올 즈음 실속 있는 식사를 준비해 두어야 했다.

겨울에는 사냥 나갔던 남편이 일찍 집에 돌아오는데 그 시간은 아내가 예상할 수 있었다. 남편은 이글루에 들어서면서 바다표범 고기를 삶고 수프를 끓이는 냄새를 맡을 수 있었다. 반면, 여름은 낮이 길어서 남편의 귀가 시간을 예측할 수가 없다 보니 아내가 먼저 잠자리에 드는 일이 잦았다. 이때 남편 몫으로 고기 요리를 준비해 놓지 않으면 큰일이 났다. 스테판손의 탐사에 동행했던 인류학자 다이아몬드 제니스(Diamond Jenness)는 이렇게 묘사했다. "종일 고기잡이와 사냥을 하고 온 남편에게 곧바로 식사를 내놓지 않고 기다리게 한 아내에게 화 있을진저! …… 남편은 아내를 때리거나 눈 바닥에서 짓밟을 것이다. 심지어 가재도구를 집어던지면서 집에서 영원히 나가라고 할지도 모른다."[37]

북극 지방은 땔감이 부족하기 때문에 불로 요리하기는 것이 그리 쉽지 않았다. 여자들은 여름에는 잔가지로 불을 피우고 겨울에는 바다표범이나 고래의 기름으로 불을 땐 돌 냄비에 요리를 했는데, 겨우 불을 피워 눈을 물로 녹인 다음에도 고기를 익히는 데 또 1시간 이상이 걸렸다. 이렇게 요리가 어려웠지만 고기는 늘 푹 익혔다. 스테판손은 1910년에 남긴 기록에서 이렇게 말했다. "도시 사람들은 피가 뚝뚝 흐르는 스테이크를 게걸스럽게 먹지만 이누이트가 덜 익은 고기를 먹는 것을 나는 본 적이 없다."

이처럼 시간이 많이 걸리고 땔감도 부족하기 때문에 사냥을 나간 남자들은 불로 음식을 요리하기가 힘들었다. 그래서 낮에는 신선한 생선을 날로 먹는 일도 가끔 있었는데, 이때 작은 생선은 살코기, 큰 생선은 창자를 먹었다. 저장소를 만들어 남는 생선을 보관해 두었다가 나중에 먹기도 했다. 이렇게 저장해 둔 생선은 익히지 않고 상당 기간 보관되어 있었기 때문에 "들떠서", 즉 약간 부패해서 냄새가 났다. 대부분의 이누이트는 이 과정에서 생겨난 강한 풍미를 좋아했다. 다음은 제니스의 목격담이다. "저장한 지 1년이 넘은 순록 고기는 부패되어 있다. 한 남자가 거기서 꺼낸 뼈를 쪼갠 뒤 구더기가 버글버글 달라붙어 있는 골수를 음미하면서 먹는다."

음식을 날로 먹는 것은 그게 편해서일 경우가 많았지만 일부러 선택하는 경우도 있었다. 특히, 고래나 바다표범의 비계는 날로 먹는 것을 선호하는 경우가 많았는데, 너무 부드러워서 고기 위에 버터처럼 얇게 바를 수도 있었다. 바다표범의 간이나 콩팥, 순록의 간과 같이 날로 먹는 다른 고기도 모두 부드러운 부분이었다. 이보다 이국적인 식사 취향도 있다. 스테판손에게 숙소를 제공한 이누이트 사람들은 멸리 떨어진 곳에 사는 푸이플리르미우트 이누이트(Puiplirmiut Inuit)의 식사 행태를 전해 듣고 충격을 받았다. 눈 위에 떨어진 순록의 언 똥을 주워 모아 딸기처럼 먹는 것으로 알려졌기 때문이다. 이들의 반응은 훌륭한 똥을 낭비하는 "정말 혐오스러운 습관"이라는 것이었다. 이들 똥은 물에 끓이면, 특히 동물의 피를 재료로 한 수프를 걸쭉하게 만들어 주는 정말 좋은 음식이라고 했다. 코퍼 이누이트족이 규칙적으로 섭취하는 유일한 식물성 음식은 순록이 먹어서 반쯤 소화된 이끼였다. 여름에는 죽인 순록의 해체 작업을 하는 도중에 반추위(反芻胃)에서 곧바로 꺼내 먹고, 가을이 되면서 기온이 떨어지면 이끼가 들어 있는 위를 그대로 얼린 뒤 조금씩 얇게 베어 먹었다. 이누이트족은 동물성 양식을 날로 섭취하는 일이 다른 사회에서보다 더 많을 것이다. 하지만 다른 문화에서와 마찬가지로 하루의 주된 식사인 저녁은 불로 익혀 먹었다. 인류학자 다나카 지로(Jiro Tanaka)가 칼라하리 사막의 쿵(!Kung)족에게서 본 것도 이와 마찬가지였다. 이들은 아침은 가볍게, 점심은 간단한 군것질로, 저녁은 제대로 먹는 전형적인 수렵 채집인의 식사 행태를 보였다. "마침내 해가 지기 시작하자 여자들이 각자의 오두막 옆에서 화톳불을 피우고 요리를 시작한다.…… 사냥꾼들은 날이 어둑해질 무렵에 집으로 돌아오고, 저마다 가족들과 불가에 둘러앉아 저녁을 먹을 때는 날이 완전히 어두워진 후다.…… 온 가족이 한자리에 모여 든든한 식사를 하는 것은 저녁때뿐이다. 하루 식사량의 대부분을 이때 해결한다. 유일한 예외는 큰 사냥에 성공해 대량의 고기를 가져올 때로, 이럴 때에는 고기가 없어질 때까지 하루 몇 차례고 배가 터지도록 먹는다."[38]

이누이트족이 생식을 하는 것은 주로 숙소를 떠나 가벼운 식사를 할 때인데, 이는 채집 경제를 영위하는 사회에서 볼 수 있는 전형적인 행태이다. 1987년 인류학자 제니퍼 아이작스(Jennifer Isaacs)는 오스트레일리아 원주민들이 어떤 음식을 날로 먹고 어떤 음식을 익혀 먹는지 기술한 바 있다. 이들은 관목 숲에서 불을 피워 펄게(mud crab, 특히 좋아하는 음식) 같은 것을 익혀 먹기도 했지만 동물성 양식은 대부분 숙소로 가져와 익혀 먹었다. 단, 맹그로브(mangrove, 열대, 아열대의 갯벌이나 하구에서 무리 지어 자라는 나무 — 옮긴이) 벌레 등 몇몇 종류는 숙소로 가져오지 않고 항상 날로 먹었다. 익혀 먹기도 하고 날로 먹기도 하는 음식은 세 종류가 있다고 아이작스는 보고했다. 거북 알, 굴, 위체티굼벵이(witchetty grub)다. 캠프를 떠나 있을 때는 날로 먹고 캠프에 있을 때는 익혀 먹는다. 이밖에도 대부분의 과일은 날로 먹는 것을 선호해서 숲에서 바로 먹지만 뿌리채소, 씨앗, 견과류 등은 숙소로 가져와 불로 익혀 먹었다.[39] 어떤 문화를 둘러보아도 보편적인 규칙은 집에서 익혀 먹는 것이다. 대부분의 먹을거리에 있어 익히지 않고 날로 먹는 것은 상황에 따라 어쩔 수 없이 택하는 차선이다.

길 잃은 탐험가, 난파된 사람, 고립된 모험가와 같이, 음식을 익힐 수 없는 야생의 환경에서 살아남기 위해 생식을 해야만 하는 사람들에게는 어떤 일이 일어날까? 이들이 바로 인간이 날먹을거리를 얼마나 잘 활용할 수 있는지에 판단 근거를 제공해 줄 세 번째 시금석이다. 어쩔 수 없이 날것만 먹어야 하는 경우, 사람들은 맛이 없다고 투덜댈지는 몰라도 별다른 문제는 없을 거라 생각할 수도 있다. 하지만 나는 인간이 이러한 방식으로 장기간 생존한 사례를 어디에서도 발견하지 못했다.

동물성 양식을 익히지 않고 먹으면서 생존한 사례 중 가장 오랜 기간은 몇 주에 불과했다. 1972년 영국인 선원이던 두걸 로버트슨(Dougal Robertson)과 그의 가족은 태평양에서 범고래의 공격을 받아 배를 잃고 38일 동안 구명정에서 지냈다.[40] 그들은 처음에는 약간의 과자와 오렌지, 사탕으로 버텼지만 7일째부터는 낚시로 잡은 것을 먹어야만 했다. 특히 마지막 31일 동안은 거북 고기, 거북 알, 생선을 날로 먹으면서 버텨야 했다. 가끔 별미로 상어의 간이나 심장 같은 것을 씹어 먹는 경우도 있었지만 주식은 말린 거북 고기를 빗물과 육즙, 거북 알과 섞어서 수프 비슷하게 만든 것이었다.

이들은 다 먹지 못할 정도로 많은 양식을 잡았고 원기왕성하게 살아남았다. 사실 이 식단은 이들에게 너무나 잘 맞아서 로버트슨은 조난 생활이 끝날 무렵에는 처음 항해를 시작했을 때보다 몸 상태가 오히려 좋아졌다고 말했다. 배가 난파했을 때 입은 상처도 나았고 신체 기능도 좋았다. 그런데 9살짜리 닐에게 문제가 생겼다. 다른 사람보다 더 많은 양의 골수를 먹었음에도 심하게 야윈 것이었다.

그리고 모두 배가 고팠다. "우리는 날먹을거리의 냄새를 즐겼다. 하지만 이는 오직 굶어 죽기 직전인 사람들에게만 가능한 일이었다." 이들은 온종일 음식 생각만 했다. 24일째 되는 날 로버트슨은 이렇게 기록했다. "처음 우리가 꿈꾼 것은 아이스크림과 과일이었다. 하지만 이제는 달라져서 뜨거운 스튜, 오트밀 죽, 고기 파이, 핫포트(hotpot, 쇠고기에 감자를 넣어 찐 음식 — 옮긴이), 찌개 등이 상상 속에서 향긋한 김을 내뿜었다. 우리는 입으로는 질긴 음식을 씹으면서 먹고 싶은 요리를 서로에게 상세하게 묘사했다. 그러면 풍부한 육즙을 실제로 맛보는 듯했다." 이처럼 날먹을거리는 로버트슨 가족의 생존을 도와주었지만 동시에 굶어 죽을 것처럼 허기진 느낌도 함께 주었다.

먹을거리가 풍부한 덕분에 로버트슨 가족은 끔찍한 상황에서도 건강을 유지할 수 있었다. 허기진 느낌이 들고 조금 야위었을지는 몰라도 위험할 정도로 굶주리지 않은 것은 분명했다. 로버트슨 가족의 사례는 양이 풍부하기만 하다면 날로 섭취하는 동물성 양식만으로 적어도 한 달 이상 살아남을 수 있다는 것을 보여 준다. 하지만 식수만 있다면 한 달 동안 아무것도 먹지 못해도 살아남는 사람들도 간혹 있다. 이보다 장기적으로 야생의 날먹을거리만 먹고 생존한 사례가 없다는 것을 고려할 때, 인간은 극단적인 상황에서조차 익힌 음식이 필요하다고 말할 수 있을 것이다.

야생의 환경에서 날먹을거리만으로 장기 생존에 가장 근접한 사례는 엘레나 발레로(Helena Valero)의 경우다.[41] 극단적인 예외에 속하는 이 여성은 유럽계 브라질 사람으로, 1930년대에 약 7개월 동안 외딴 숲에서 생활한 것으로 전해진다. 그녀는 12살 때 야노마모(Yanomamö) 인디언에게 납치되어 부족의 일원이 되었지만 삶이 쉽지만은 않았다. 그러던 어느 날 발레로는 생명에 위협을 받는 일을 겪고 그들로부터 도망치게 되었다. 정글을 잘 알고 있던 그녀는 음식을 익혀 먹기 위해서 나뭇잎으로 감싼 불씨를 가져갔다. 하지만 며칠 후 큰 비가 내려 불씨가 꺼져 버렸고 야노마모족에게 돌아가기 싫었던 그녀는 주린 배를 움켜쥐고 혼자 헤매기 시작했다. 운 좋게도 버려진 바나나 농장을 찾았는데, 그곳에서는 바나나가 빽빽하게 자라고 있었다. 그녀는 거기서 익히지 않은 바나나를 먹으며 버텼다. 달이 차고 이지러지는 횟수를 세어 보니 그 기간은 7개월이었다고 한다. 그녀는 도망 기간 끝머리에 자신의 상태가 어땠는지는 기록하지 않았다. 그녀는 결국 야노마모족에게 발견되어 마을로 되돌아갔고, 두 차례 결혼해서 네 자녀를 낳았지만 35살 즈음에 자녀들의 삶이 걱정된 나머지 다시 도망쳤다. 그녀는 브라질 사회에서 결코 행복을 느끼지 못했다고 한다.

발레로의 이야기는 검증이 불가능하지만 야생의 환경에서 날먹을거리만 먹고 생존하려면 고열량의 재배 과일을 풍부하게 얻는 등의 행운이 필요하다는 것은 분명하다. 바나나는 흔히 자연이 제공하는 가장 완벽한 음식으로 평가되지 않던가.

하지만 보통 야생의 환경에서 날것만 먹게 되면 급속한 아사 위험에 처하는 것이 일반적이다. 1940년대에 인류학자 앨런 홀름버그(Allan Holmberg)가 볼리비아의 외딴 곳에 있는 선교 시설에 묵었을 때의 경험을 살펴보자.[42] 어느 날 시리오노(Siriono)족 수렵 채집인 7명이 매우 굶주리고 쇠약한 상태로 숲에서 나타났다. 이들 중 한 사람은 만일 이곳에 도착하지 못했다면 모두 죽었을지 모른다고 홀름버그에게 말했다. 이들은 열대 우림에서 어떻게든 살아가고 있던 집단의 일부였다. 그런데 정부에서 학교 시설에 강제로 수용해 버리자 조상들의 땅으로 되돌아가기 위해 도망친 것이었다. 정부 측에 붙잡히지 않기 위해 빠른 속도로 이동을 해야 했던 이들은 폭우 속에서도 행군을 강행하다가 덮개를 제대로 씌우지 않은 탓에 불씨를 꺼트려 버렸다. 그 후 구조되기까지 3주 동안 야생 식물을 날로 먹는 수밖에 없었던 그들은 하루에 5마일(약 8킬로미터)도 채 걷지 못했다. 숲에 대해 잘 알고 있어 먹을 식물을 찾아내는 데는 어려움이 없었지만 거기서 충분한 에너지를 얻지는 못했다. 그중 2명은 활을 가지고 있었고 사냥감도 많아서 고기를 먹을 수도 있는 상황이었다. 하지만 어떤 경우에도 날고기를 먹어서는 안 된다는 금기 때문에 이들은 익히지 않은 식물성 양식에 의존하는 수밖에 없었다. 이와 대조적으로, 불로 익혀 먹을 수만 있다면 수렵 채집인들은 몇 주씩 고기를 거의 먹지 않고도 흔히 잘 살아간다. 시리오노족의 이야기에서 우리는 생식이 충분한 에너지를 제공하지 않기 때문에 위험하다는 것을 알 수 있다.

 1860년 오스트레일리아의 남부에서 출발해서 북부까지 가는 원정대를 이끌었던 로버트 버크(Robert Burke)와 윌리엄 윌스(William Wills)는 불행한 결말을 맞았다.[43)] 양식이 떨어진 그들은 얀드루완다(Yandruwnadha) 원주민에게 도움을 청했다. 얀드루완다족은 주식으로 네가래(nardoo, 진흙에 사는 작은 수생 식물 – 옮긴이)과 식물의 씨를 가루로 만든 다음 물에 씻어서 불에 익혀 먹었다. 원정대는 이 가루를 좋아했지만 씻고 익히는 과정을 생략한 것이 분명했다. 그 결과 끔찍한 일이 일어났다. 버크와 윌스가 굶주림이나 중독 때문에, 혹은 두 가지가 겹쳐서 사망한 것이다. 죽기 전 윌스는 "나는 어느 때보다 더 허약해졌다.

식욕도 왕성하고 가루를 아주 맛있게 먹고 있지만 영양은 전혀 섭취하지 못하는 것 같다."는 기록을 남겼다. 원정대 중 살아남은 대원 하나는 얀드루완다 마을에서 합류했다. 그는 그곳에서 불에 익힌 네가래 가루를 아주 많이 먹었다. 10주 후에 구조되었을 당시 그의 건강은 아주 좋은 상태였다.

사실 지금껏 열거한 사례들은 매우 예외적이다. 야생에서 익히지 않은 것만 먹고 생존하고자 시도하는 사람조차 드물기 때문이다. 선사 시대의 이주 경로에 대한 자신의 이론을 입증하기 위해 원시적인 뗏목으로 태평양 횡단 여행을 시도한 토르 헤위에르달(Thor Heyerdahl)을 보자. 그는 휴대용 석유난로를 챙기고, 요리사를 승무원의 일원으로 데리고 뗏목에 올랐다. 1972년 칠레 안데스 산맥에 여객기가 추락했을 때 27명이 71일 동안 살아남은 사례를 보아도 생존자들은 시신의 인육을 불에 익혀 먹었다. 포경선 에식스호가 태평양에서 침몰했을 때 승무원들은 작은 구명정에서 서로를 잡아먹었는데, 이때도 고기는 돌을 바닥에 깔고 불로 익혀서 먹었다. 제2차 세계 대전이 끝나고 나서 일본군 여러 명이 정글에서 살아남은 경우도 마찬가지이다. 그중 요키오 쇼이치(Shoichi Yokio)는 괌의 숲 속에서 과일, 달팽이, 뱀장어, 들쥐 등을 먹으며 1972년까지 생존하였는데, 그 역시 음식을 날로 먹지는 않았다. 그는 고집쟁이 은둔자들의 삶이 대개 그러하듯이 지하 동굴에서 연기를 차단한 화덕에 의존해 살았다.[44]

실제 난파자 중에서 가장 유명한 사람은 아마도 로빈슨 크루소(Robinson Crusoe)의 실제 주인공인 알렉산더 셀커크(Alexander Selkirk)일 것이다. 그는 1704년 선장과 말다툼을 벌인 뒤 무모하게도 무인도 해변에 내려 달라고 요구했다. 그 후 그는 칠레 서부 해안에서 670킬로미터나 떨어진 마사티에라 섬에서 4년이 넘는 기간 동안 홀로 살았다. 가진 것이라곤 성경과 머스킷 소총, 1파운드(약 0.45킬로그램)의 화약, 수학 계산용 기구, 손도끼와 칼, 목공 도구 몇 가지가 전부였다. 그는 섬 생활 말년에는 자신이 길들인 염소, 고양이와 함께 춤을 추고, 외관상으로 사람으로 보이지 않을 정도로 야생으로 돌아갔다. 그러나 소총 화약이 거의 떨어지자 그는 "무릎 위에 파이멘토 나무 조각 2개를 서로 비벼서 불을 피웠다."고 한다.[45] 섬에서 혼자 사는 내내 불에 익힌 음식을 먹을 수 있었던 것이다.

생식주의자가 잘 살아가기 어려운 것은 분명한 사실이다. 그들이 번성할 수 있는 것은 품질이 예외적으로 높은 음식을 손쉽게 구할 수 있는 현대 환경에서뿐이다. 그러나 동물들은 야생의 먹을거리를 날로 먹으면서도 잘 살아간다. 진화 식단의 단점에서 시작된 의심은 옳았다. 이것이 의미하는 바는 명백하다. 우리에게는 무언가 이상한 점이 있다. 우리는 다른 동물들과 다르다. 대부분의 환경에서 우리는 익힌 음식을 필요로 한다.

2 요리하는 유인원

인간이 불을 이용하게 된 것은 아마도 문화뿐 아니라 신체의 발달에 도 영향을 미쳤을 것이다. 자연 선택의 압력이 어떤 분야에서는 높아진 반면 또 다른 분야에서는 낮아지게 되었을 것이기 때문이다. 날고기와 생야채만으로 구성된 식단이 익힌 음식으로 대체되면서 씹고 소화시키고 영양을 흡수하는 양상이 완전히 달라졌다.

— 케네스 오클리(Kenneth Oakley), 『초기 인류의 사회생활(Social Life of Early Man)』

현대 인류는 익히지 않은 먹을거리로 연명해서는 잘 살아갈 수 없다. 하지만 과거 어느 땐가의 우리 조상들은 그렇지 않았을 것이 분명하다. 숲의 과일과 신선한 야채, 날고기 등 자연의 산물을 유인원 못지않게 효율적으로 이용했을 것이다. 무엇으로 이 같은 변화를 설명할 수 있을까? 날먹을거리에서 많은 에너지를 섭취하는 능력이 있으면 유리하다는 점은 명백하다. 인류는 이 같은 능력을 왜 잃어버리게 됐을까?

이론적으로는, 진화 과정에서 일어난 작은 사고 때문이라고 설명할 수도 있다. 말하자면 외부 환경에 맞추어 잘 적응되어 있던 소화 체계의 유전적 정보가 진화 과정에서 우연히 소실되었다는 것이다. 하지만 요리와 같이 온 지역에 퍼져 있는, 노동 집약적인 행위에 관련해서는 진화적 적응에 실패했다는 것은 믿기 어려운 설명이다.

대체로 자연 선택이 만들어 내는 것은 정교하고 성공적인 디자인이다. 우리의 창자처럼 중요하고 정기적으로 사용되는 기관의 경우 특히 그렇다.

그런데도 우리가 날먹을거리를 효율적으로 이용하는 능력을 잃게 되었다면 그것을 보상할 만한 어떤 다른 이득이 생겼어야 한다.

진화에서 트레이드오프(trade-off, 무언가를 얻으려면 반드시 다른 것을 희생해야 하는 경제 관계 — 옮긴이)는 흔한 현상이다. 일례로 우리는 침팬지만큼 나무를 잘 타지 못하는 대신 보행에 능하다. 우리가 나무에서 서투른 원인 중의 일부는 다리가 길고 발바닥이 평평하기 때문이다. 그러나 우리는 이런 다리와 발 덕분에 다른 유인원보다 더 효율적으로 걸을 수 있다. 인류가 익히지 않은 먹을거리를 소화하는 효율이 낮다는 현상도 이와 유사하게 볼 수 있다. 그 원인은 소화계가 우리의 사촌인 유인원에 비해 상대적으로 작다는 데 있다. 하지만 그 덕분에 우리는 익힌 음식을 예외적인 고효율로 소화할 수 있게 된 것 같다.

익힌 음식이 갖는 장점은 해당 종이 화식에 적응했느냐의 여부에 따라(사람이냐 아니냐에 따라 — 옮긴이) 두 가지로 나누어 생각해 볼 수 있다. 첫째, 익힌 음식은 날것보다 소화하기 쉽다. 이는 거의 모든 종이 그 진화의 역사와 관계없이 자연스럽게 누릴 수 있는 혜택이다.[46] 송아지, 어린 양, 새끼 돼지 등 가축의 예를 보더라도 익은 사료를 먹을 때 더 빨리 성장한다. 소 역시 익은 사료를 먹일 때 우유를 더 많이 만들고 유지방 함량도 더 높아진다. 마찬가지로 물고기 사육장에서도 연어에게 날사료를 줄 때보다 익힌 사료를 줄 때 더 빨리 크는 것을 볼 수 있다.[47] 이처럼 익힌 음식이 소화가 더 잘되고 성장을 촉진하기 때문에 농부들이 가축에게 곡물 사료나 꿀꿀이죽을 익혀서 먹이는 것이다.

사람에게 길든 애완동물이 쉽게 비만해지는 것도 상업적으로 생산된 개, 고양이 사료가 모두 익힌 것이기 때문이다. 비만한 애완동물을 가진 주인이 이런 연관성을 알게 되면 익힌 사료를 건강의 적으로 여기게 된다. 살을 빼 주기 위해 날먹을거리를 주는 경우도 생긴다.

'BARF', 즉 '생물학적으로 적절한 야생 사료(Biologically Appropriate Raw Food, BARF)'라는 것이 있다. BARF가 개의 건강에 좋다며 광고하는 것을 들어 보면 핵심은 '자연스럽다'는 데 있다.[48] 생식주의자들이 인간에게 날것이 좋다며 매달리는 이유와 똑같은 명분이 등장한다. "지구상에 살고 있는 모든 동물에게는 생물학적으로 적절한 식사가 필요합니다. 생각해 보세요. 익힌 음식을 먹도록 진화한 동물은 지구상에 단 한 종도 없습니다. 이 사실이 의미하는 바는 분명합니다. BARF 사료야말로 우리가 애완동물에게 먹여야 하는 음식입니다." 인간 생식주의자의 경험을 연상시키는 선전은 계속된다. "생식을 하는 개들은 바로 알아볼 수 있어요. 더 건강해 보이고 힘과 생기가 넘치며 날씬하거든요." BARF 사료를 먹인 지 일주일도 지나지 않아 털에 윤기가 돌기 시작한 골든리트리버의 주인이 광고에서 하는 말이다.

익힌 음식이 소화하기 쉽다는 장점은 심지어 곤충에게도 해당되는 것 같다.[49] 농해충(農害蟲)을 연구하는 사람들은 대상 곤충들을 대량으로 사육하는데, 이들은 곤충별 사료를 각기 다른 조리법으로 익혀서 제공한다. 배추좀나방(diamondback moth) 애벌레의 주식은 맥아, 유단백, 굵은 콩가루, 양배추 가루를 섞은 뒤 구운 것이고, 줄바구미(black vine weevil)의 주식은 푹 삶은 리마 콩이다. 가축이든 야생 동물이든, 포유동물이든 곤충이든, 익충이든 해충이든 상관없이 날먹을거리에 적응한 동물들도 익힌 음식을 먹으면 더 잘 사는 것이다.

익힌 음식이 갖는 두 번째 장점은 인간에게만 해당되는 것으로, 익힌 음식에 적응한 덕분에 별도의 진화적 이점을 갖게 되었다는 것이다. 그 이론적 배경은 이렇다. 소화는 에너지 소모가 큰 고비용의 처리 과정으로, 이동하는 데 드는 만큼의 에너지가 소모되기도 한다. 그런데 우리 조상들이 익힌 음식을 매일 먹기 시작한 후로 자연 선택은 창자가 작은 개체들을 선호하게 되었다. 더 적은 에너지를 소모하면서도 소화를 잘 시킬 수 있었기 때문이다. 그 결과 종 전체의 에너지 이용 효율이 높아지게 되었다.

익힌 음식에 적응한 데 따른 진화적 이점은 인간의 소화계를 침팬지 등 다른 유인원과 비교해 보면 더욱더 명확해진다. 가장 두드러지는 차이점은 인간의 소화 기관이 모든 면에서 왜소하다는 것이다. 즉, 턱이 약하며 입과 치아, 위장과 결장(대장은 맹장, 결장, 직장으로 구성되어 있는데 소화가 이루어지는 곳은 결장이다. ― 옮긴이)을 포함한 소화관 전체의 크기가 다른 유인원에 비해 작다. 신체 기관의 크기가 이렇게 비정상적으로 작아진 이유는 무엇일까? 과거에는 그 이유로 육식을 하게 된 데 따른 진화적 영향을 들었다. 하지만 인류의 소화기 계통은 날고기가 아니라 익힌 음식을 먹는 데 적응한 결과라고 볼 때 더 효율적으로 설명될 수 있다.

믹 재거(Mick Jagger, 롤링스톤스의 멤버로, 입이 크기로 유명하다. ― 옮긴이)가 아무리 크게 하품을 한다 해도 침팬지의 입에는 비교도 되지 않는다. 대형 유인원은 돌출한 주둥이와 넓은 입을 가졌는데, 그중에서도 침팬지를 보면 식사할 때 보통 입을 인간의 2배 크기만큼 벌린다. 만일 당신이 개구쟁이 침팬지의 키스를 받게 된다면 이를 확실히 알 수 있을 것이다.

입이 소화관의 입구라는 점을 고려할 때 인간의 입은 그 체구에 비해 놀라울 정도로 작다.[50] 인간처럼 체구에 비해 소화관의 입구가 유독 작은 영장류는 몸무게가 1.4킬로그램에도 미치지 않는 다람쥐원숭이(squirrel monkey)처럼 몸집이 아주 작은 종에서나 찾아볼 수 있다. 인간의 입은 작게 벌어질 뿐더러 그 용량도 우리 몸무게의 3분의 2밖에 되지 않는 침팬지와 비슷할 정도로 작다. 동물학자들은 인간에 대해 이야기할 때 흔히 털 없는 유인원, 두 발로 걷는 유인원, 뇌가 큰 유인원이라는 표현을 사용하면서 그 특징을 규정짓는데, 이에 덧붙여 작은 입 유인원이라고 불러도 전혀 문제가 없을 것이다.

여기에 입술까지 고려하면 입 크기의 차이는 더욱 뚜렷해진다. 침팬지는 인간과 비교할 때 상대적으로 입이 크고 훨씬 더 크게 벌어질 뿐만 아니라 근육이 발달한 두꺼운 입술을 가지고 있다. 그 덕분에 인간보다 훨씬 많은 양의 먹을거리를 한입에 넣을 수 있다. 과일이나 고기처럼 즙이 많은 먹이를 먹는 침팬지를 보면 많은 양의 먹이를 입술로 붙잡고 이빨 쪽으로 강하게 눌러서 즙을 짠다.

침팬지는 먹이를 삼키기 전에 몇 분 동안 이와 같은 과정을 반복할 수 있다. 강한 입술은 과일을 먹는 데 적응한 결과로 추정된다. 왜냐하면 과일박쥐도 이와 유사하게 크고 근육이 강한 입술을 지니고 있기 때문이다. 이 입술은 과일을 붙잡고 이빨 쪽으로 강하게 밀어붙이는 역할을 한다. 이보다 상대적으로 작은 인간의 입술은 작은 양의 음식을 한 번에 입에 넣기 적당한 크기다.

인간의 소화 기관이 갖는 두 번째 특징은 턱이 약하다는 점이다. 음식을 씹는 데 사용하는 저작근, 즉 관자근과 교근이 작다는 것은 실제로 턱을 움직여 보면 쉽게 느낄 수 있다. 다른 유인원의 경우 이와 같은 근육이 턱에서 두개골까지 뻗어 있는 경우도 흔하다. 심지어 두개골에 시상 봉합 융기라 불리는 뼈가 있어 턱 근육을 잡아 주는 경우도 있다 (이것이 이 뼈의 유일한 기능이다.). 이와 대조적으로 인간의 턱 근육은 관자놀이에 겨우 미칠 뿐이다. 실제로 이빨을 악물었다 힘을 뺐다 해 보면 관자근이 귀 꼭대기 정도까지만 이어지는 것을 느낄 수 있을 것이다. 이는 당신이 고릴라가 아니라는 증거이기도 하다. 인간의 턱에 있는 근섬유 또한 매우 작아서 짧은꼬리원숭이(macaque)의 8분의 1에 불과하다. 인간의 턱이 이렇게 약해진 것은 근단백질인 미오신을 만드는 유전자에 인간에게 고유한 돌연변이가 일어났기 때문이다. MYH16이라 불리는 이 돌연변이 유전자가 약 250만 년 전 우리 조상들 사이에 널리 퍼진 이후 인간은 유난히 약한 근육을 갖게 된 것으로 여겨진다.[51] 이처럼 작고 약한 인간의 턱 근육은 질긴 날먹을거리가 아니라 연하게 익힌 음식을 씹는 데 적응한 형태다.

인간은 씹는 치아인 어금니도 신체 크기와의 비율로 볼 때 영장류 중 가장 작다.[52] 우리의 씹는 힘이 약하고 치아가 작은 이유는 음식을 불에 익힐 때 일어나는 물리적 변화로써 다시 한번 손쉽게 설명될 수 있다. 부드러운 음식을 주로 먹이는 실험의 대상이 된 동물들은 심지어 유전적인 진화가 없는 상태에서도 턱과 이빨이 작게 자란다.

형질 인류학자 피터 루커스(Peter Lucas)가 계산한 바에 따르면,[53] 익은 감자를 쪼개는 데 필요한 치아의 크기는 날감자의 경우보다 56~82퍼센트 작았다. 따라서 치아의 크기가 줄어들었다는 것은 환경에 잘 적응했다는 것을 의미한다.

신체 속으로 더 깊이 들어가 보면 인간은 위도 상대적으로 작다. 인간의 위 표면적을 비슷한 체중의 다른 포유동물과 비교하면 3분의 1 이하에 불과하고,[54] 다른 대부분의(97퍼센트) 영장류와 비교해도 그 크기가 작은 것을 알 수 있다. 음식을 익히면 열량의 밀도가 높아지므로 소화를 담당하는 위가 작아질 수 있는 여유가 생긴다.

대형 유인원의 체중당 음식 섭취량은 인간의 2배쯤 될 것이다. 그들의 양식에는 소화가 안 되는 섬유질이 잔뜩(무게로는 30퍼센트쯤) 들어 있기 때문이다. 이에 비해 인간의 음식에 들어 있는 섬유질은 5~10퍼센트 이하다.[55] 불에 익히면 음식의 열량 밀도가 높아지는 덕분에 우리는 대형 유인원만큼 많이 먹지 않아도 되는 것이다.

이제 위장에서 더 아래로 내려가 소장으로 가 보자. 지금까지 살펴본 소화 기관들과 달리 인간의 소장은 신체의 크기를 고려한 예상치보다 아주 약간 작다.[56] 이는 소장이 소화와 흡수가 일어나는 주된 장소이며 인간의 체중 대비 기초 대사율이 다른 영장류와 같다는 것을 나타낸다.[57] 그러나 대장, 특히 소화가 일어나는 결장의 크기는 우리와 체중이 비슷한 다른 영장류에게서 볼 수 있는 수준의 60퍼센트에도 미치지 못한다.[58] 대장은 식물 섬유를 발효시켜 지방산을 만드는 장소로,[59] 거기서 만들어진 지방산은 신체에 흡수되어 에너지 생산에 이용된다. 대장이 상대적으로 작다는 사실은 두 가지를 의미한다. 첫째, 다른 대형 유인원이 하는 만큼 많은 양의 섬유질을 담아 둘 수 없다. 둘째, 그러므로 식물 섬유를 유인원처럼 효과적으로 양식으로 활용할 수 없다. 하지만 이것이 우리에게 그다지 문제가 되지 않는다. 우리가 먹는 익힌 음식은 열량 밀도가 높기 때문에 대형 유인원처럼 큰 발효 능력이 필요하지 않은 것이다.

인간은 위와 소장, 대장을 아우르는 전체 소화관의 부피 역시 지금까지 측정된 모든 영장류의 그것과 비교할 때 상대적으로 작은 것으로 나타난다. 우리 소화관의 무게는 같은 체중의 영장류에서 예상할 수 있는 무게의 60퍼센트에 불과하다.[60] 소화 기관을 따로 떼어 볼 때뿐 아니라 소화계 전체로 보아도 다른 영장류와 몸집을 고려하여 비교할 때 훨씬 작은 것이다.

지금까지 살펴본 인간의 작은 입과 치아, 소화관은 부드럽고 열량이 높으며 섬유질의 함량이 낮고 소화가 잘되는 익힌 음식의 특성에 제대로 적응한 결과이다. 부드럽고 영양가 높은 음식을 씹는 데 입이나 치아가 클 필요는 없고, 줄어든 턱 근육은 익힌 음식을 먹기에 적합하도록 작은 힘을 내는 데 유리하다.[61] 소화 기관의 크기가 줄어들면서 효율을 높이고 대사에 드는 에너지를 불필요하게 낭비하지 않을 수 있게 된 것이다. 게다가 치아가 작으면 치아 손상이나 그에 따른 치아 질환이 줄어드는 이점도 있다.

형질 인류학자 레슬리 아이엘로(Leslie Aiello)와 피터 휠러(Peter Wheeler)는 대형 유인원과 비교할 때 인간은 장이 작아진 덕분에 하루 에너지 소모량의 10퍼센트를 절약할 수 있게 되었다고 했다.[62] 소화 기관에 조직이 많을수록 그만큼 대사 에너지가 더 소모되게 마련이다. 익힌 음식 덕분에 대형 유인원이 주식으로 하는 섬유질이 많은 음식이 우리에게는 더 이상 유용하지 않게 되었으니 인간의 소화계에 일어난 이러한 일련의 변화는 지극히 합리적인 것으로 보인다.[63]

그런데 인간의 소화계 구조가 불에 익힌 음식의 성질과 딱 들어맞는다는 가설이 혹시 오해나 잘못된 추론에서 비롯된 것은 아닐까? 볼테르(Voltaire)의 희곡 「캉디드(Candide)」의 등장인물 팡글로스(Pangloss)

는 코가 안경을 효과적으로 지탱해 준다는 점을 근거로 삼아 인간의 코가 안경을 걸치기 위해 설계된 것이라고 주장했다. 그러나 사실은 안경이 코에 맞도록 설계된 것이다. 팡글로스의 추론 방식을 따르자면, 인간의 창자는 원래 다른 종류의 식단에 적응하여 진화했지만 마침 익힌 음식도 잘 맞는 것이라고 주장할 수도 있을 것이다.

여기서 말하는 다른 종류의 식단으로 가장 먼저 꼽을 수 있는 것은 고기이다. 사냥꾼 인간 가설에 따르면 우리 조상들은 원래 식물성 양식을 섭취했고, 비교적 적은 양의 고기를 섭취한 가장 마지막 종이 오스트랄로피테쿠스이다(이후로는 고기를 더 많이 먹었고 그래서 '사냥꾼 인간'이 진화했다는 뜻 — 옮긴이). 오스트랄로피테쿠스가 먹던 식물성 양식은 대형 유인원의 먹이처럼 열량이 낮고 섬유질 함량이 높은 것이 대부분이었을 것이다. 따라서 이들 고대 유인원의 소화계는 오늘날의 침팬지나 고릴라처럼 그 크기가 컸을 것으로 예상할 수 있다. 이는 화석을 통해 뒷받침된다. 오스트랄로피테쿠스의 화석을 보면 엉덩이는 펑퍼짐하고 흉곽은 돌출해서 허리 쪽으로 벌어져 있는데,[64] 이런 체형은 아래에서는 엉덩이뼈가 지지하고 옆으로는 흉곽으로 둘러싸인 큼직한 장이 존재했음을 가리킨다. 사냥꾼 인간 가설은 약 200만 년 전 오스트랄로피테쿠스에서 진화한 하빌리스와 이들의 후손이 고기를 더 많이 먹게 되면서 입과 소화계가 그에 맞게 적응해 진화했다고 주장한다.

2004년 형질 인류학자 피터 웅가르(Peter Ungar)의 보고에 따르면 초기 인류의 씹는 이, 즉 어금니는 조상인 오스트랄로피테쿠스보다 조금 더 날카로웠다고 한다.[65] 이는 인류가 날고기와 같이 질긴 음식을 먹는 데 적응했을 가능성을 보여 준다. 개와 같은 육식 동물의 경우(아마 늑대나 하이에나도 마찬가지겠지만) 대형 유인원에 비해 소화관이 작으며,[66] 특히 열량 밀도가 높고 섬유질은 적은 고기의 소화에 맞게 대장이 작은 경향이 있다. 이런 힌트들은 인류의 신체가 육식에 맞게 설계되었다는 해석을 낳는다. 하지만 우리의 입과 치아와 턱은 고기를 먹는 데 잘 적응한 형태가 아닌 것이 분명하다. 익힌 고기를 먹는 것이 아니라면 말이다.

사실 사냥한 동물에서 잘라 낸 날고기는 매우 질기다. 불에 익히는 것이 그토록 중요한 이유 중 하나도 이것이다. 심지어 육식 가설을 추종하는 사람들조차도 인간은 이처럼 질긴 날고기를 먹기에는 입과 치아가 작고 턱이 약하여 다른 육식 동물들과 차이가 난다고 지적했다.

몸 안에서 음식이 이동하는 경로를 보면 문제는 더욱 복잡해진다. 육식 동물의 경우, 고기가 위장에서 머무는 시간이 길다. 그동안, 위벽의 근육이 강하게 수축하면서 날고기를 작은 입자로 분해함으로써 빨리 소화될 수 있게 한다. 음식이 위장에 머무는 시간을 보면 개는 2~4시간, 고양이는 5~6시간으로, 그 후에는 음식을 소장으로 보내 빠르게 통과시킨다.[67] 이와 달리 인간의 경우에는 음식이 위장에 머무는 시간이 다른 영장류처럼 짧아서, 대체로 1~2시간이 지나면 음식을 소장으로 보내 서서히 통과시킨다. 인간에게는 육식 동물처럼 음식을 위장에 오래 잡아 두는 소화 체계가 없기 때문에 날고깃덩어리를 처리하는 능력이 떨어진다.

이처럼 인간의 입이나 치아, 턱, 위장의 형태 및 구조를 볼 때 날고깃

덩어리를 먹는 데 적응한 것은 아닌 듯하다. 그렇다면 혹시 큰 덩어리가 아니라 다른 방법으로 처리된 날고기를 소화시키는 데 적합하도록 설계된 것은 아닐까? 어쩌면 날고기를 충분히 두들겨서 씹기 좋게 만들었는지도 모른다.[68] 세균 감염의 위험이 덜한 추운 지방에서라면 날고기를 상하게 만들었을 수도 있고,[69] 아니면 날고기를 말렸을 수도 있다. 하지만 이런 생각들은 그렇다면 식물성 양식은 어떻게 먹었는가 하는 질문에 답을 제시해 주지 못한다.

문제는 열대 지방의 수렵 채집인은 식사의 절반 이상을 식물성 양식으로 해결해야 하는데, 우리 조상들이 채집해서 먹었을 식물들은 익히지 않고 먹어서는 쉽게 소화시킬 수 없는 종류였다는 데 있다. 여기서 육식 가설은 한계에 부딪힌다. 직립 원인이 작은 치아와 소화관을 가진 이유를 육식으로 설명하려다 보니, 소화 능력이 줄어든 상태에서 어떻게 식물성 양식을 효율적으로 소화시킬 수 있었는지를 설명할 수가 없는 것이다.

인간에게는 다량의 탄수화물과 지방이 필요하기 때문에 탄수화물 공급원인 식물은 생존에 꼭 필요한 양식이다(지방은 몇몇 동물성 음식에서 얻을 수 있다.). 탄수화물과 지방이 없을 때 인간은 에너지원으로 단백질에 의존할 수밖에 없는데, 과다한 양의 단백질을 섭취하면 일종의 중독 증상이 일어날 수 있다. 단백질 중독이 일어나면 혈중 암모니아 독성이 높아지고 간과 콩팥이 손상되며 탈수 및 식욕 부진을 겪다가 결국은 죽게 된다.

빌얄무르 스테판손은 북극에서 실제로 끔찍한 경험을 하고 글로 남겼다. 동물성 지방이 워낙 귀한 계절이라 (극지인 탓에 탄수화물을 제공하는 식물성 음식은 원래 없었다.) 식사에서 섭취할 수 있는 영양분은 거의 단백질뿐일 때의 일이었다.

"평소에 지방을 정상적으로 섭취하는 식사를 하다가 갑자기 살코기만을 먹어야 하는 상황에 처하면, 처음 며칠간은 점점 더 많은 양을 먹게 된다. 그렇게 일주일쯤 지나면 하루에 몇 파운드씩, 첫날보다 3~4배나 되는 양의 음식을 위에 집어넣는다. 이때쯤 되면 아사 증상과 단백질 중독 증상이 동시에 나타난다. 식사는 셀 수도 없을 만큼 자주 하지만 식사를 마칠 때마다 배고픔을 느끼고, 너무 많은 음식 때문에 위가 늘어나서 거북하고 막연한 불만감을 느끼기 시작한다. 단백질만 섭취하기 시작한 지 7~10일 사이에 설사가 시작되는데, 설사는 지방을 섭취하기 전에는 멈추지 않는다. 그 상태가 지속되면 몇 주 후에는 죽음을 맞는다."[70]

인간이 안전하게 섭취할 수 있는 단백질의 최대 비율은 전체 열량의 약 50퍼센트까지이다. 나머지는 고래기름 같은 데서 얻는 지방이나 과일 및 식물 뿌리에서 얻는 탄수화물로 섭취해야 한다. 북극이나 티에라델푸에고 제도(남아메리카 남단의 군도 — 옮긴이)와 같이 위도가 높은 지역에서는 추위를 견디기 위해 두꺼운 지방층을 진화시킨 바다 포유동물로부터 얻는 지방이 훌륭한 에너지원이다. 반면, 열대 지방 포유동물 고기의 지방 함량은 이보다 훨씬 낮아서 평균 4퍼센트 정도에 불과하다. 그나마 지방 함량이 높은 골수나 뇌 같은 부위는 늘 공급량이 부족하게 마련이다. 따라서 적도 지방에 살았던 우리 조상들은 부족한 열량을 식물로부터 얻어야 했을 것이고, 열대 지방의 수렵 채집인에게 식물은 없어서는 안 되는 필수 식품이었을 것이다. 특히 건기처럼 먹을거리가 부족한 시기에는 고기의 지방 함량이 1~2퍼센트 수준까지 떨어졌을 것이므로 식물성 음식이 제공하는 탄수화물은 더욱더 중요한 역할을 담당했을 것이다.

하지만 초기 인류가 우리처럼 작은 소화관을 가지고 있었다면 익히지 않은 식물을 먹어서는 탄수화물을 충분히 섭취하기 어려웠을 것이다. 앞에서 살펴본 기센 연구에서 도시 생식주의자들의 신진대사가 나빴다는 점을 상기해 보라. 이들의 양식은 높은 품질의 재배 작물이었고 소화가 잘되도록 싹을 내거나 갈고, 심지어 화덕에서 저온 가열까지 한 것이었다. 그럼에도 에너지 섭취량이 너무 낮아서 번식 기능이 심각하게 손상되지 않았던가.

만일 인류의 초기 조상이 정말로 식물을 익히지 않고 섭취했다면, 우리가 가진 기술보다 훨씬 뛰어난 식품 처리 방법을 찾아야 했을 것이다. 하지만 석기 시대 사람들이 불에 익히는 것 외에 다른 방법으로 오늘날의 전기 믹서보다 더 효율적으로 식품을 가공할 수 있었으리라고는 생각하지 않는다.

익히지 않은 먹을거리로 연명하는 수렵 채집인들이 아보카도, 올리브, 호두처럼 열량이 예외적으로 높은 식물성 음식을 가끔 찾아냈을 수도 있다. 그러나 이러한 양식이 1년 내내 풍부하게 나는 곳은 현대 세계에는 존재하지 않는다. 물론 오랜 과거에는 매우 비옥한 야생 과수원이 몇 군데 있었을 가능성도 있다. 나중에 이런 곳은 중동의 비옥한 계곡들이 그러했듯이 농경지로 바뀌었을 것이다. 그러나 180만 년 전 인류의 조상들은 아프리카, 유럽, 아시아 등지에 걸쳐 넓게 분포해 있었고, 가끔가다 있는 비옥한 땅에서 나는 식량으로 이처럼 넓은 지역에 분포한 인류를 먹여 살린다는 것은 말이 되지 않는다. 게다가 계절적으로 양식이 부족해지는 것은 어디서든 일어나게 마련이라는 점을 고려해야 한다. 그러한 시기에는 사람들이 열량이 낮은 음식, 예컨대 식물의 뿌리 등을 먹어야만 했을 것이다.

항상 엄청난 소출을 내는 산지가 있었으리라는 생각은 비현실적이다. 오늘날의 인류와 같은 해부학적 특징을 가진 사람들이라면 홍적세(Pleistocene epoch)에 익히지 않은 음식을 먹으면서 번성할 수는 없었을 것이다.[71]

식품을 불로 익혀 먹으면 치아와 소화관의 크기가 줄어드는 효과만 생기는 것이 아니다. 우리의 소화 체계도 다양한 영향을 받을 수밖에 없었을 것이다. 불에 익히면 음식의 화학적 구조가 달라진다. 전에 없던 독소가 생기기도 하고, 있던 독소가 없어지기도 한다. 이를 먹는 우리의 소화 효소에도 변화가 생길 수밖에 없다. 오늘날 인간의 해독 체계와 효소 화학이 대형 유인원들과 어떻게 다른지에 대해 알려진 바는 극히 적다. 하지만 연구를 계속하면 결국은 시금석, 즉 인간의 신체는 익힌 음식을 먹는 데 적응했다는 가설을 검증해 볼 방법이 나타날 것이라고 나는 믿는다.

예컨대 복소고리식 아민(heterocyclic amine)과 아크릴아마이드(acrylamide) 같은 메이야르 화합물(Maillard compounds, 1910년 곧이어 설명하는 반응 과정과 그 결과물을 발견한 화학자 루이카미유 메이야르(Louis-Camille Maillard)의 이름을 따서 명명함— 옮긴이)을 살펴보자.[72] 이들 복합 분자는 당분과 아미노산(특히 리신)의 결합으로 시작하는 화학 반응에서 생성된다. 메이야르 화합물은 신체 내에서 자연적으로 만들어지는데, 나이가 들수록 더 많이 생긴다.

이 화합물은 자연 상태의 식품에서는 낮은 농도로 발견되지만 불로 익히거나 연기로 그을리는 등 가열 과정을 거치면 그 농도가 매우 높아진다. 구운 돼지 껍데기나 빵 껍질이 갈색을 띠는 것은 바로 이 물질 때문이다. 메이야르 화합물은 박테리아에 돌연변이를 일으키는 물질이며 인체 내에서는 몇몇 암을 유발한다는 의심을 받고 있다. 또한 만성 염증을 유발하기도 하는데, 생식주의자들은 바로 이 가능성을 뿌리 뽑은 덕분에 자신들의 건강이 좋아진 것이라고 주장한다. 하지만 화식 가설은 다른 설명을 내놓는다. 인간은 오랜 진화의 역사를 통해 메이야르 화합물에 노출되어 왔기 때문에 다른 포유동물보다 그 피해에 대한 저항력이 커졌다는 것이다. 이는 주목할 만한 논점이다. 다른 동물들에게는 암을 일으키는 것으로 알려진 메이야르 화합물이 우리가 먹는 많은 가공식품에 들어 있기 때문이다. 한 예로 아크릴아마이드를 들 수 있다. 2002년, 포테이토칩과 같이 상업적으로 생산되고 있는 감자 가공식품에 아크릴아마이드가 흔히 들어 있다는 것이 확인되었다. 만약 아크릴아마이드가 다른 동물에서처럼 인간에게도 암을 일으킨다면 이는 매우 위험한 일일 것이다. 하지만 그렇지 않다면 인간이 불로 익힌 음식에 오랫동안 노출되어 메이야르 화합물에 적응했다는 증거로 볼 수 있을지도 모른다.

　인간이 불에 익힌 음식에 진화적으로 적응했다는 가설은 인간이 왜 다른 유인원보다 독소에 대한 저항력이 낮은지(그렇게 보인다.) 또한 설명해 준다. 영장류가 먹는 야생 먹을거리 표본을 많이 채취해 본 내 자신의 경험을 얘기하겠다. 야생 침팬지의 먹이는 원숭이의 먹이에 비해서는 훨씬 낫긴 했지만 여전히 일부 과일과 씨앗, 잎 등은 너무 맛이 없어서 나로서는 삼키기도 힘들었다. 풍미가 매우 강하고 향이 독했는데,[73] 이는 영양가 없는 화합물들이 들어 있음을 의미한다. 이들 화합물 중 다수가 인간에게는 유독하지만 침팬지에게는 그 독성이 훨씬 약하게 작용하는 것으로 여겨진다.

　약효가 있는 껍질로 유명한 우간다녹심목(*Warburgia ugandensis*, 백계피목에 속하는 아프리카 원산 상록수 — 옮긴이)의 열매를 보자. 서양자두만 한 크기로 겨자기름 비슷한 향을 풍기는 화합물을 함유하여, 사람으로서는 한 개도 도저히 먹을 수 없을 정도로 그 맛이 맵고 고약하다. 하지만 침팬지는 이 열매를 다량으로 먹을 수 있을 뿐 아니라 더 없을까 하고 열심히 찾아다닌다.

　침팬지가 먹는 과일 중 많은 종류가 이처럼 인간의 입맛에는 맞지 않는다. 대개 입안이 말라붙는 것 같은 떫은맛이 나는데, 그 원인은 타닌(tannin)과 몇몇 화합물에 있다. 특히 말라붙는 듯한 느낌은 단백질과 결합해 이를 침전시키는 타닌의 성질 때문이다. 입안을 매끄럽게 하는 윤활유로 작용하는 침의 점액 단백질을 타닌이 침전시켜 입안과 혀가 마르는 느낌이 나는 것이다. 떫은 과일을 먹거나 타닌 함량이 높은 와인을 마실 때 혀와 입속에 태가 낀 듯한 느낌이 드는 것도 바로 그 때문이다. 미무솝스 박샤웨이(*Mimusops bagshawei*)나 수도스폰디아스 미크로카르파(*Pseudospondias microcarpa*)와 같은 과일 역시 침팬지는 좋아해서 1킬로그램도 넘게 씹어서 먹곤 하지만 우리가 먹어 보면 떫기만 하다. 이밖에도 침팬지가 즐겨 먹는 무화과 중 어떤 종류는 우리의 입에는 너무 써서 먹을 수가 없다. 맛뿐만 아니라 자메이카육두구(*Monodora myristica*)처럼 인간에게 특이한 감각을 느끼게 하는 과일도 있다. 이것을 먹어 보면 혀끝에 노보카인(novocaine, 마취제 — 옮긴이)이라도 핥은 듯한 마비감이 온 다음, 톡 쏘는 레몬 비슷한 맛이 난다. 나는 침팬지의 먹이를 수도 없이 맛보았지만 먹을 만한 것으로 떠오르는 것은 야생 나무딸기를 비롯한 극소수 종에 지나지 않는다. 나무딸기는 맛이 기막히지만 한 번에 한 줌 이상 찾아내는 일은 극히 드물다. 침팬지와 사람 간에 좋아하는 음식이 이렇게 다르다는 것은 독소나 타닌의 함량이 높은 음식에 대응하는 인간의 생리학적 저항력이 감소했다는 것을 의미한다. 음식을 익히면 많은 독소가 파괴되기 때문에 우리가 상대적으로 예민한 미각을 갖도록 진화한 것인지도 모른다.

만약에 우리가 익히지 않은 고기를 먹는 데 적응했다면, 우리는 고기에서 번식하는 세균이 만드는 독소에 저항력을 갖도록 진화했을 것이다. 그러나 이러한 가설을 뒷받침할 만한 증거는 없다. 오히려 우리는 고기를 익혀 먹을 때조차 세균 감염에 취약하다.[74] 미국 질병 통제 예방 센터에 따르면 살모넬라균에 의한 식중독 사고는 미국 내에서 보고된 것만 매년 4만여 건, 보고되지 않은 사례는 약 100만 건에 이를 것이라고 한다. 또한 해로운 세균의 상위 20종(포도상구균, 클로스트리듐, 캄필로박터, 리스테리아, 비브리오, 바실루스, 대장균 등)에 의한 식중독 사고의 총계는 매년 1000만 건에 이르는 것으로 추정된다. 세균 감염을 피하기 위해 가장 좋은 예방책은 고기나 생선, 달걀을 섭씨 60도 이상으로 익혀 먹고, 저온 살균하지 않은 우유나 달걀이 포함된 음식은 먹지 않는 것이다. 이에 대해 화식 가설은 우리 조상들이 일반적으로 고기를 불에 익혀 먹는 능력을 가지고 있었기 때문에 인류는 지금도 날고기에서 번식하는 세균에 취약하다고 말한다.

이와 달리 인류학에서 전통적으로 받아들여 온 사냥꾼 인간 가설은 오스트랄로피테쿠스가 인간으로 진화한 데는 고기를 더 많이 먹으려 하는 성향이 주된 원인으로 작용했다고 말한다. 인간의 진화와 영양을 논할 때 육식이 중요한 요소라는 점은 분명하다. 하지만 우리의 신체에 미친 영향력으로 말하자면 불에 익힌 음식 쪽이 더 크다. 우리는 날먹을거리에 의존해서는 잘 살아갈 수 없다. 그렇게 사는 문화도 전무하다. 그리고 우리 몸의 적응 양상은 우리가 왜 날먹을거리를 잘 섭취하지 못하는지를 설명해 준다. 우리는 육식 동물이라기보다 익혀 먹는 동물인 것이다. 그러고 보면 생식이 체중 감소에 좋은 방법이라는 것은 너무도 당연한 사실인 듯하다.

3 가열 조리의 엄청난 효능

> 오래된 속담이 있다. '사람은 그가 먹는 것에 의존해서 사는 것이 아니다. 그가 소화시키는 것으로 산다.'
>
> ─장 앙텔므 브리야사바랭, 『맛의 생리학: 또는 초월적 요리학에 대한 명상(*The Physiology of Taste: Or Meditations on Transcendental Gastronomy*)』

인간이건 동물이건 익힌 음식을 먹을 때 살도 더 찌고 번식도 더 잘한다는 사실이 의미하는 바는 너무도 명백하다. 열을 가한 음식이 더 많은 에너지를 내놓는다는 것이다. 그렇지만 권위적인 과학은 이 같은 생각에 확고하게 반대 입장을 취한다.[75] 대중이 음식과 영양에 관한 정보를 이용하는 주된 원천은 미국의 경우 농무부의 「국가 표준 식품 영양 데이터베이스(National Nutrient Database for Standard Reference)」, 영국의 경우 로버트 맥켄스(Robert McCance)와 엘시 위다우슨(Elsie Widdowson)의

81

『음식의 성분(The Composition of Foods)』이다. 수천 가지 음식의 영양 정보를 항목별로 제공하는 이들 자료에 따르면 쇠고기, 돼지고기, 닭고기, 오리고기, 근대 뿌리, 감자, 쌀, 귀리, 빵, 과자 등 수십 종의 음식은 불에 익혀도 그 에너지 함량이 거의 변하지 않는다. 평균 변화율이 0퍼센트이다. 이들 자료와 유사 편집본들에 따르면 불에 익히는 것이 중요한 효과를 내는 분야는 따로 있다. 수분 함량을 변화시키고, 비타민 함량을 줄인다는 것이다. 칼로리 함량은 변하지 않는 것으로 본다. 날로 먹으나, 삶거나 볶거나 구우나 마찬가지라는 얘기다.

    이와 같은 결론은 곤혹스럽지 않을 수 없다. 인간이나 동물이나 익힌 음식에서 더 많은 에너지를 섭취한다는 기존의 수많은 증거에 반하기 때문이다. 이는 또한 영양학에서 나온 서로 상반되는 결론들과도 배치된다. 한편에는 음식을 익히는 것은 "소화 과정의 일부를 외부에서 수행하는 기술적 방법"[76]이라는 인식이 널리 퍼져 있다. 음식을 익히면 체내에서 더 쉽게 소화시킬 수 있게 된다는 등의 이점이 생긴다는 것이다. 하지만 다른 한편에서는 익히면 음식의 에너지 가치가 떨어진다는 주장이 가끔씩 제기된다. 최근 나는 동네 슈퍼마켓에서 '신선한 최고급 아침용 소시지'[77]라는 제품을 보았다. 포장에는 열량이 성분별로 표시되어 있었는데, 소시지를 날로 먹고 싶어 할지도 모를 사람들을 묘하게 격려하는 듯하게 날로 먹었을 때와 익혀 먹었을 때의 열량을 모두 표시하고 있었다. "한 개가 한 끼용, 안 익혔을 때 130칼로리(지방 60칼로리), 익혔을 때 120칼로리(지방 60칼로리)." 놀랍게 들릴지 모르지만 음식을 불에 익히면 다양한 방식으로 열량이 줄어들 수 있다.

영양소가 포함된 액즙이 손실될 수도 있고, 메이야르 화합물처럼 소화시킬 수 없는 분자가 생성될 수도 있다. 메이야르 화합물을 만드는 데 소비된 당분이나 아미노산은 소화되지 못하는 손실분이 된다.

불로 익히는 과정에서 탄수화물이 타 버릴 수도 있다. 일류 영양학자 데이비드 젠킨스(David Jenkins)는 이 같은 영향을 매우 중요하게 생각하며 다음과 같이 말했다. "(조리의) 주된 효과는······ 단백질의 소화율을 줄이는 데 있다."[78]

이처럼 영양학자들의 말은 각기 다르다. 음식을 익히면 칼로리가 줄어든다느니 늘어난다느니, 아무 변화가 없다느니. 하지만 우리는 이런 혼란을 일소할 수 있다. 증거는 이미 나와 있다. 생식주의자들이 어떻게 됐던가. 익힌 음식을 먹은 많은 동물들이 즉각 효과를 보지 않았던가. 이들 증거가 가리키는 방향으로 볼 때, 불에 익히면 인체가 음식에서 획득할 수 있는 에너지의 양은 언제나 증가한다고 나는 믿는다. 음식을 익혀 먹었을 때 인체가 섭취하는 에너지가 증가하는 기작은 꽤 잘 알려져 있다. 이중 가장 중요한 것은 가열 조리가 녹말을 젤라틴화하고, 단백질을 변성시키며, 모든 것을 연하게 만든다는 사실이다(녹말은 젤라틴이 아니라 풀이 된다. 젤라틴은 동물성 단백질이다. 저자는 열을 가하면 콜라겐이 젤라틴으로 변하는 현상과 녹말이(수분이 있으면)걸쭉한 풀로 변하는 현상을 한데 묶어 표현하고 싶은 나머지 무리를 한 것으로 보인다. ─ 옮긴이).

녹말은 빵이나 케이크, 파스타 등 우리가 흔히 접하는 수많은 음식의 주성분으로, 전 세계의 거의 모든 식물성 주식이 녹말로 이루어져 있다.[79] 1988~1990년에 쌀과 밀 등의 곡물은 세계 식량 생산의 44퍼센트를 차지했고,[80] 여기에 다른 녹말 식품 몇 가지(뿌리채소, 구근, 플란테인, 마른콩)를 추가하면 63퍼센트에 달했다. 오늘날 열대 지방 수렵 채집인의 식단에서 이러한 녹말 식품의 비중이 절반 이상을 차지하는 것으로 볼 때, 아마도 아프리카 대초원에 살던 우리의 인류, 선행 인류 조상들도 이와 비슷한 비중으로 녹말을 섭취했을 것이다. 익힌 음식이 신체에 미치는 영향을 연구하는 직접적인 방법은 우리의 신체가 음식을 소화, 흡수하는 비율인 소화율을 측정하는 것이다. 예를 들어 소화율 100퍼센트인 녹말 식품이 있다면 완전식품이다. 이는 전부가 체내에서 유용한 분자로 바뀐다는 뜻이다. 만일 소화율이 0퍼센트라면 그것은 전혀 소화가 안 되고 영양가가 전혀 없다는 뜻이다. 그렇다면 불로 익히는 것은 녹말 식품의 소화율에 얼마나 큰 영향을 미칠까?

우리 몸에서 이루어지는 소화 과정은 크게 두 가지로 나누어 볼 수 있다. 첫째는 우리 자신의 신체가 직접 소화하는 것으로, 입에서 시작해 위로 이어지고 대체로 소장에서 마무리된다. 둘째는 400여 종의 세균과 원생동물이 우리의 대장에서 행하는 소화로, 엄격히 말하자면 발효라고 할 수 있다. 우리의 신체(입에서 소장까지)가 소화하는 음식은 완전히 우리에게만 유용한 열량을 만들어 내지만, 대장에서의 소화(발효)를 통해 생산되는 열량은 그 일부만이 우리에게 유용할 뿐이다. 녹말 같은 탄수화물로부터 생산된 열량은 약 절반만이 우리 몸에 흡수되고, 단백질의 경우는 전혀 도움이 안 된다.

이 같은 두 단계의 소화 구조를 감안할 때, 어떤 음식이 얼마나 많은 에너지를 제공하는지 측정하는 방법은 한 가지뿐이다. 바로 소장의 끝 부분인 회장(回腸)에서의 소화율을 계산하는 것이다. 이를 위해서는 회장 안에 든 내용물을 채취해야 하는데, 회장 절개 수술을 받은 환자들에게서 얻는 것이 가능하다. 이들은 대장을 잘라 내고 회장 끝 부분에 주머니를 달고 있기 때문에 여기서 회장을 통과한 물질을 꺼내어 분석할 수 있다.

회장 소화율을 연구한 결과를 보면, 인류가 익힌 녹말을 매우 효율적으로 이용한다는 사실을 알 수 있다.[81] 즉 귀리, 밀, 감자, 플란테인(plantain, 익혀서 먹는 녹색 바나나의 일종이다. 감자와 같은 취급을 받으며 실제 맛도 감자와 비슷하다. ─ 옮긴이), 바나나, 콘플레이크, 흰 빵, 일반적인 유럽식 또는 미국식 식단(녹말 음식과 유제품, 고기가 섞여 있다.)에 들어 있는 익힌 녹말은 회장에 도달할 즈음 95퍼센트 이상 소화된다. 이보다 소화율이 낮은 음식은 극소수인데 예컨대 집에서 익힌 강낭콩과 잘게 부순 보리의 회장 소화율은 약 84퍼센트에 불과하다.

이에 비해 익히지 않은 녹말 음식의 회장 소화율은 크게 떨어진다. 밀 녹말의 경우 71퍼센트, 감자 녹말은 51퍼센트, 플란테인 및 기타 익혀 먹는 바나나의 녹말은 48퍼센트의 소화율을 보인다. 이처럼 익히지 않은 녹말의 소화가 어렵다는 것은 다양한 식품을 대상으로 시행한 실험 결과와도 일치한다. 실제 실험 결과에 따르면 익히지 않은 녹말 음식의 소화율이 익힌 음식에 비해 절반밖에 되지 않는 경우가 많았다. 또한 익히지 않은 녹말을 그래뉼(미립자) 형태로 섭취할 경우 전혀 소화되지 않은 상태로 회장을 통과하여 대장으로 들어가는 경우도

흔히 목격된다. 이러한 실험은 익히지 않은 녹말 섭취가 가진 문제점을 명확히 보여 준다. 이로써 왜 우리가 녹말을 익혀 먹기를 좋아하는지, 왜 생식을 하면 체중이 감소하는지를 설명할 수 있을 것이다.

불로 조리하면 소화율이 높아지는 주된 이유는 녹말이 젤라틴화하기 때문이다.[82] 식물 세포 내의 녹말은 그래뉼이라 불리는, 저장 포도당이 밀집한 매우 작은 꾸러미의 형태로 존재한다. 이 그래뉼의 지름은 10분의 1밀리미터 이하로, 육안으로 볼 수 없을 만큼 작기 때문에 가루 식품으로 만들어도 전혀 손상을 입지 않는다.[83] 또한 화학적으로도 극히 안정적이어서 건조한 곳에서는 수만 년이 지나도 변하지 않는다. 하지만 수분이 있는 상태에서 가열하면 바로 부풀기 시작한다. 가장 많이 알려진 밀 녹말의 경우 섭씨 약 58도에서 이와 같은 반응이 일어나는데, 이는 열에 노출되면 포도당 중합체의 수소 결합이 약해지기 때문이다. 그 결과 단단한 결정 구조가 느슨해지고, 섭씨 90도에 이르면 그래뉼이 작은 조각으로 분해된다. 이때 포도당 사슬이 풀어지면서 젤라틴화하는 것이다.[84] 하지만 익힌 녹말이 항상 젤라틴 상태로 남아 있는 것은 아니다. 일례로 오래된 빵의 녹말은 본래 상태로 돌아가서 소화에 저항하는 성질을 되찾는다. 사람들이 묵은 빵을 생으로 먹는 대신 구워서 먹는 것은 바로 이런 이유 때문일 수 있다.

녹말은 불에 익히면 언제나 젤라틴화한다. 빵을 굽거나, 파이의 속을 아교처럼 부드럽고 끈적끈적하게 만들거나, 파스타를 만들거나, 녹말을 재료로 스낵을 만들거나, 설탕 조림을 걸쭉하게 만들거나 할 때 모두 그렇다. 야생 뿌리채소를 불 위에 올려놓을 때도 같은 작용이 일어나리라고 짐작할 수 있다. 녹말은 물이 존재하는 한(심지어 신선한 채소에 포함된 수분만으로도) 가열하면 할수록 더 잘 젤라틴화하는데, 녹말이 젤라틴화할수록 소화 효소와의 접촉이 많아져서 소화율이 더 높아진다. 익힌 녹말이 생녹말보다 많은 에너지를 내놓는 것은 바로 이 때문이다.

이와 같은 효과는 혈액 검사를 통해 쉽게 확인할 수 있다. 식사로 순수 포도당을 섭취한 사람은 30분 내에 혈중 포도당 수치가 극적으로 치솟는다. 그리고 이로부터 1시간이 지나면 혈중 포도당 농도는 다시 정상 수준으로 내려간다. 옥수수 녹말을 익혀서 먹는 경우도 혈중 포도당 농도에 미치는 영향은 거의 동일하다. 그러나 익히지 않은 옥수수 녹말을 섭취할 경우에는 혈중 포도당 수치가 낮은 수준에서 유지될 뿐만 아니라 최고 수치도 익힌 녹말을 섭취할 때에 비교하여 3분의 1에도 못 미친다.[85]

불로 익히는 것의 효과는 익힌 음식과 익히지 않은 먹을거리 간의 혈당 지수(Glycemic Index, GI) 비교에서도 확인할 수 있다. 혈당 지수는 음식이 혈중 당분 농도에 미치는 영향을 측정하는 영양학적 수단으로 널리 쓰인다. 정백당(흰 설탕)이나 흰 빵, 감자 등과 같이 혈당 지수가 높은 음식은 운동 후 에너지 공급원으로는 유용하지만 대부분의 사람들에게 과체중을 유발하기 쉽기 때문에 나쁜 음식으로 여겨진다. 게다가 이들 음식에는 단백질, 필수 지방산, 비타민, 무기질 등이 결여되어 있기 때문에 거기서 얻는 열량은 속빈 강정과도 같다. 반면 정백(精白)하지 않은 곡류로 만든 빵, 섬유질이 풍부한 곡류, 채소와 같이 혈당 지수가 낮은 음식은 살찌는 것을 막아 주고 당뇨 환자의 혈당을 개선시키며 콜레스테롤 수치를 낮춘다. 여기서 녹말 음식의 혈당 지수를 보면, 불로 익힐 때 항상 높아진다.[86]

우리의 식단에서 동물 단백질은 녹말만큼이나 중요하다. 진화의 역사에서 언제나 그랬으며 오늘날 우리에게도 매우 사랑받는 먹을거리이다. 하지만 불에 익히는 것이 고기에 미치는 영향, 즉 익혀 먹으면 더 많은 에너지를 얻을 수 있는가에 대해서는 공식적으로 연구된 바가 없다. 가열하면 고기의 복잡한 구조에 어떤 효과를 미치는지에 대한 연구가 특히 그렇다. 심지어 가열이 단백질에 어떤 영향을 미치는가 하는 문제조차 논쟁거리다. 얼마 전까지도 데이비드 젠킨스와 같은 일부 과학자들은 가열이 단백질의 소화를 어렵게 만든다고 한 반면, 다른 과학자들은 단백질을 가열하는 것은 소화에 유리하도록 만들거나 아무런 영향을 미치지 않는다고 했다.[87] 최근 달걀의 소화에 대한 연구 결과가 나옴으로써 이러한 논쟁이 해결되기 시작하고 있다. 이 연구에서 익힌 단백질이 익히지 않은 것보다 훨씬 더 완전하게 소화된다는 사실이 사상 처음으로 확인되었다.

과거에는 이와 정반대로 날달걀이 가장 이상적인 열량원이라는 주장이 많았다. 얼핏 논리적으로 보이는 이유에서였다. 생식주의자 몰리 크리스티안(Molly Christian)과 유진 크리스티안(Eugene Christian)은 1904년에 다음과 같이 말했다. "달걀은 절대로 익혀 먹어서는 안 된다. 자연 상태의 달걀은 쉽게 분해되고 사람의 모든 소화 기관에서 즉시 흡수된다. 그러나 익힌 달걀은 다르다. 소화하려면 다시 액체로 만드는 과정이 필요하기 때문에 이미 피로한 소화 기관이 불필요한 추가 노동을 해야 한다."[88] 보디빌딩을 하는 사람들은 이와 같은 주장을 수세대 동안 믿어 왔다.[89] 처음으로 일반 대중들 사이에서 인기를 누렸던 근육질 사나이는 1950년대 할리우드 영화 「헤라클레스(Hercules)」에 출연했던 스티브 리브스(Steve Reeves)였는데, 그는 매일 아침 식사로 날달걀을 먹은 것으로 유명하다. 찰스 아틀라스(Charles Atlas)나 아널드 슈워제네거(Arnold Schwarzenegger) 같은 유명 보디빌더들도 날달걀의 장점을 홍보하였는데, 특히 미스터 유니버스로 선발되기도 했던 슈워제네거는 날달걀을 진한 유지(乳脂)와 섞어서 먹는 모습을 보여 주기도 했다. 근육질 남성들의 날달걀 섭취 식습관은 대중문화에까지 번져서, 1976년 실베스터 스탤론(Sylvester Stallone)이 출연한 영화 「록키(Rocky)」를 보면 권투 영웅 록키 발보아가 몸을 만들기 위해서 날달걀을 먹는 장면이 나온다. 그로부터 30년 뒤에 나온 속편 「록키 발보아(Rocky Balboa)」에서도 주인공은 여전히 날달걀을 삼키고 있다. 이들 전설적인 명사들이 먹는 양은 무시무시할 정도로, 보디빌더들의 스승으로 널리 알려진 '철(鐵)의 지도자' 빈스 지론다(Vince Gironda)는 날달걀을 매일 36개까지 먹으라고 권장했다.

　날달걀은 씹을 필요가 없는 단백질이 들어 있는데다 화학적 조성도 완벽하기 때문에 훌륭한 영양 공급원으로 보일지도 모른다. 특히 달걀에 들어 있는 약 40종의 아미노산 조성비는 인체가 필요로 하는 비율과 거의 같기 때문에 달걀의 생물가(- 價, 음식의 단백질이 동물의 성장과 유지에 기여하는 비율을 측정한 값)는 다른 어떤 음식의 단백질보다 높다. 심지어 우유나 고기, 콩도 비교가 되지 않는다. 또한 날달걀은 단단한 껍질 덕분에 육류와 비교할 때 세균 감염 위험으로부터 더 안전하다는 자연적 이점을 지니고 있다. 오스트레일리아 북쪽 연안의 열대 해변에 사는 원주민들은 목이 마르면 거북의 둥지를 찾아 알의 흰자를 마신다.[90] 동물의 알은 가공하지 않은 동물성 식품 중 유일하게 상온에서 안전하게 몇 주씩 보관할 수 있는 것이다.

하지만 이처럼 동물의 알이 날로 먹어도 질도 높고 상대적으로 안전한 것으로 여겨짐에도, 수렵 채집인들은 익혀 먹는 것을 선호한다. 오스트레일리아 원주민들과 달리 티에라델푸에고 제도의 야간(Yahgan)족은 "알을 날로는 물론이고, 반숙으로도 절대 먹으려 하지 않는다." 이들은 알이 터지지 않도록 껍질에 구멍을 뚫은 뒤 불가에 묻어 두고 속이 단단하게 익을 때까지 뒤집어 준다. 오스트레일리아 원주민들도 목을 축이기 위해 알을 마실 때를 제외하고는 이와 비슷한 수고를 한다. 이들이 에뮤 알을 먹는 과정을 보면, 우선 깨지지 않은 상태에서 흰자와 노른자를 뒤섞기 위해 알을 공중으로 던진다. 이어서 뜨거운 모래나 재 속에 묻고 중간 중간 뒤집어서 고루 익히는데, 다 익는 데 20분 정도 걸린다.[91] 이처럼 신중하게 알을 익히는 것은 수렵 채집인들이 보디빌더들보다 분별력이 있다는 것을 보여 준다.

1990년대 후반 벨기에의 위장병학자들은 사상 처음으로 체내에 들어간 달걀 단백질의 행로를 추적하여, 불로 익히는 것이 달걀의 소화에 어떤 영향을 미치는지를 측정하는 데 성공했다.[92] 이들은 암탉에게 산소, 질소, 수소의 안정적 동위 원소가 풍부하게 함유된 사료를 먹임으로써 동위 원소라는 꼬리표를 달고 있는 원자들이 달걀에 들어가도록 했다. 이를 통해 사람이 그 달걀을 먹었을 때 단백질 분자들이 어떻게 움직이는지 추적할 수 있게 된 것이다. 체내에서 얼마만큼 소화, 흡수되는지 확인하기 위해서는 녹말 소화율 연구에서와 같이 소장의 끝 부분인 회장에 있는 음식물을 채집했다. 회장에 도달할 때까지 소화되지 않은 단백질은 이를 섭취한 사람의 체내 대사에서 쓸모가 없다. 대장에서 세균이나 원생동물에 의해 소화되는 단백질은 인체로 흡수되지 않기 때문이다.[93]

첫 번째 실험은 대장 절제 수술을 받은 환자들만을 대상으로 했지만 나중에는 이들의 실험 결과를 건강한 피실험자들의 실험 결과와 비교할 수 있게 되었다.[94] 실험에서는 대장 절제 환자 집단과 건강한 자원자 집단의 참가자들에게 각각 25그램의 단백질을 섭취하도록 날달걀이나 익힌 달걀을 약 4개씩 먹였다. 두 집단이 나타낸 결과는 비슷했다. 익힌 달걀의 경우, 단백질의 소화율은 91~94퍼센트였다. 훌륭한 음식으로서의 달걀 단백질의 명성을 고려할 때 이처럼 높은 수치는 예상된 대로였다. 그러나 날달걀의 경우 대장 절제 환자의 소화율은 51퍼센트에 불과했고, 건강한 자원자들은 이보다 조금 높은 65퍼센트의 소화율을 보였다. 이때 단백질의 소화율은 날숨에 들어 있는 동위 원소를 통해 측정했다. 이와 같은 결과는 섭취한 단백질의 35~49퍼센트가 대장으로 들어가는 지점에서 소화되지 않고 남아 있다는 것을 의미한다. 따라서 불로 익힘으로써 높아진 달걀의 단백가(-價, 단백질의 영양가를 나타내는 수치 — 옮긴이)는 약 40퍼센트에 달한다.[95]

연구를 수행한 벨기에 학자들은 영양 흡수율이 이처럼 극적으로 달라진 것은 가열에 의한 단백질 변성 때문이라고 결론지었다. 변성은 단백질의 내부 결합이 약해져서 분자 구조가 열릴 때 일어난다.[96] 그 결과 단백질 분자는 원래의 3차원 구조와 그에 따른 본래의 생물학적 기능을 잃게 되는 것이다. 연구자들은 이렇게 기술했다. 가열하면 단백질은 예상대로 변성하는데, 이로 인해 개방된 단백질 구조는 소화 효소에 더 많이 노출되기 때문에 소화율이 높아진다.

사실 벨기에 연구 이전에도 가열에 의한 단백질 변성이 소화율을 높일지 모른다는 것을 시사하는 연구는 있었다. 1987년 쇠고기의 소 혈청 알부민(bovine serum albumin, BSA)을 대상으로 한 실험이 그것이다.[97] 이 알부민이 선택된 것은 대표적인 식품 단백질이라는 이유에서였다. 이 실험에 따르면 트립신 효소에 의한 단백질의 소화율이 익히지 않은 경우에 비해 익힌 경우에 4배나 높았다. 연구자들은 가열에 의한 변성(단백질 분자가 풀어져서 원래의 수용성을 잃도록 하는)이라는 단순한 공정이 이러한 현상의 원인이라고 결론지었다.

가열은 단백질 변성을 일으키는 여러 원인 중 하나이다. 다른 원인으로는 산도나 염분, 습도의 변화가 있으며 인간은 이 모두를 각기 다른 방법으로 활용한다.

산은 일반적인 소화 과정에서 핵심적인 역할을 한다. 일례로 공복 시의 위장을 보자. 위장 속 산도는 매우 높다. 위벽에 줄지어 있는 10억

개의 산 생성 세포가 하루 1~2리터씩의 염산을 만들어 내기 때문이다. 위에 들어오는 음식물이 완충 역할을 하여 산도를 떨어뜨리면 위 세포는 여기에 신속하게 반응하여 수소 이온 농도(pH)가 원래의 수준인 2로 떨어질 때까지 염산을 다시 만들어 낸다(산도를 나타내는 pH가 7보다 높으면 알칼리성, 낮으면 산성을 의미한다. 수치가 1만큼 변할 때마다 산도나 알칼리도는 10배씩 변한다. ― 옮긴이). 이와 같은 강산은 소화 과정에서 음식물 속의 세균을 죽이고, 소화 효소인 펩신을 활성화시키며, 단백질을 변성시키는 기능을 하는데, 이중 특히 중요한 것은 변성이다.[98]

매리네이드(marinade, 식초 및 포도주에 향료를 넣은 양념 ― 옮긴이), 피클, 레몬즙 등은 산성을 띠기 때문에 고기나 가금류, 생선에 섞은 뒤 일정 시간이 지나면 단백질이 변성된다.[99] 그러니 우리가 세비체(seviche, 날생선을 감귤류 과일즙에 몇 시간 동안 재어 두었다가 먹는 음식)를 좋아하는 것은 어찌 보면 매우 자연스러운 일이다. 수렵 채집인들도 이와 유사하게 산성 과일을 저장 고기에 섞는 것으로 보고된 바 있다. 알래스카의 틀링기트(Tlingit) 족은 염소 고기 속을 블루베리로 채우고, 연어 알과 익힌 허클베리(월귤나무 일종의 열매 ― 옮긴이)를 함께 으깨어 저장했다. 북아메리카 지역의 다른 여러 원주민 부족도 말려서 두드린 고기와 여러 가지 장과류(berry)의 신 열매를 섞어 페미컨(pemmican, 인디언의 휴대용 식품 ― 옮긴이)을 만들고, 오스트레일리아 원주민들도 캥거루 고기와 뼈를 두드린 것을 야생 자두와 섞어서 먹었다.[100] 이처럼 고기에 산성의 과일을 섞는 것은 고기의 향이 좋아지고 더 오래 저장할 수 있게 된다는 장점으로 충분히 설명할 수 있을지도 모른다. 하지만 소화가 더 잘된다는 점도 이처럼 음식의 산도를 높이는 가공 방법이 널리 쓰이는 이유일 수 있다. 마찬가지로 생선과 같은 동물성 단백질도 소금에 절여 말리면 변성되어 소화하기 쉬워진다.[101] 우리가 생선 자반이나 쇠고기 육포를 좋아하는 것 역시 우리 몸이 소화시키기 쉽기 때문인지도 모른다.

고기를 불에 익히면 젤라틴화 및 변성과 같은 화학적 변화가 주로 생기지만, 물리적 변화도 나타나 음식이 내놓는 에너지에 영향을 미친다. 이에 대한 연구는 지금부터 200년도 채 되지 않은 과거에 일어난 한 불운한 사건으로부터 시작되었다. 1822년 6월 6일, 28세의 알렉시 생 마르탱(Alexis St. Martin, 캐나다 출신의 사냥꾼 — 옮긴이)이 우연히 1미터 거리에서 쏜 총에 맞는 사고를 당했다. 미국 미시간 주 포트매키낙에 있는 미국 모피 회사(American Fur Company)의 한 상점 안에서였다. 사건이 발생한 후 25분이 채 지나지 않아 인근에 있던 젊은 외과 의사가 달려와 피투성이 현장을 목격했다. 참전 경험으로 단련된 군의관 윌리엄 보몬트(William Beaumont)는 그로부터 11년 후 당시의 참상을 이렇게 묘사했다. "옆구리가 넓적하게 떨어져 나갔고 갈비뼈가 부러졌으며 흉강과 복부로 구멍이 나 있었는데, 그 틈으로 삐져나온 폐와 위는 크게 찢어지고 불에 탄 상태였다. 어느 모로 보나 생존할 가능성이 없는 섬뜩한 상처였다. 횡격막은 찢어졌고 복부에 생긴 구멍은 위를 관통해 그곳으로 음식물이 흘러나왔다."[102]

보몬트는 생 마르탱을 자신의 집으로 데려가 치료하기 시작했다. 모두의 예상과 달리 생 마르탱은 살아났고, 보몬트는 생 마르탱의 상태가 안정된 다음에도 계속 자기 집에 머물게 하면서 보살폈다. 몇 달이 지나자 생 마르탱은 예전의 활력을 되찾고 엄청나게 건강해졌다. 나중에는 카누에 온 가족을 태우고 미국 미시시피에서 캐나다 몬트리올까지 노를 저어 갔을 정도였다. 그러나 배에 뚫린 주먹만 한 구멍은 새살이 돋아 거의 채워지기는 했지만 완전히 막히지는 않아서 위장의 움직임을 그대로 볼 수 있었다. 생 마르탱은 여생을 그 상태로 살아야 했다.

야심가였던 보몬트는 아주 특별한 연구 기회를 잡았다는 것을 알아차리고, 1825년 8월 1일 실험에 착수했다. "낮 12시, 위에 뚫린 구멍을 통해 여러 가지 음식 조각을 명주실에 매달아 집어넣었다. 외부의 적당한 거리에 실을 고정시켜 생 마르탱에게 고통을 주지 않도록 했다. 투입한 음식 목록은 다음과 같다. 쇠고기 스튜, 소금 간을 하고 익히지 않은 돼지비계 한 조각, 소금 간을 하고 익히지 않은 쇠고기 한 조각, 소금 간을 한 삶은 쇠고기 한 조각, 곰팡내 나는 빵 한 조각, 얇게 저민 생양배추 한 묶음. 이들 각각의 무게는 2드램(약 3.5그램)으로 제한하였고, 실험을 하는 동안 생 마르탱은 평소대로 우리 집 잡역부 일을 하고 있었다."[103]

보몬트는 생 마르탱의 위를 상세하게 관찰했다. 음식물이 들어 있지 않을 때에는 위벽의 주름이 서로 겹쳐진 채 위가 조용히 휴식하고 있었다. 그러다 생 마르탱이 수프를 먹자 위는 처음에 느린 반응을 보였다. "주름이 부드럽게 수프를 감싸고 이를 위 속의 공간으로 천천히 분산시킨다."[104] 보몬트가 음식을 위벽에 직접 집어넣자 위는 흥분해서 밝은 빛을 띠었다. "매끄럽고 윤이 나는 미세한 반점이 무수하게 나타나기 시작하더니 투명한 점액층을 뚫고 나와 폭발하는 것 같았다. 그러고는 반점의 꼭지에서 투명한 액체가 얇게 흘러나와 위벽 전체를 덮었다."[105] 사상 최초로 인간의 소화 작용을 눈으로 볼 수 있게 된 현장이었다.

보몬트는 이러한 실험을 간헐적으로 8년간 계속하면서 위에서 음식이 소화되어 십이지장으로 넘어가는 데 걸리는 시간을 꼼꼼히 기록했다. 그는 8년간의 관찰을 통해 음식을 익히는 데 따른 효과와 관련하여 두 가지 결론을 도출했다.

첫째, 음식은 부드러울수록 더 빠르고 완전하게 소화되었다. 그는 음식을 잘게 조각낼 때에도 똑같은 효과가 있음에 주목했다. "채소도 동물성 식품과 마찬가지로 잘게 조각낼수록 소화가 잘된다.…… 조각낸 채소가 부드러운 고체라는 전제 하에서."[106] 삶은 감자를 건조시켜 가루로 만들면 맛은 없을지라도 소화는 더 잘된 반면, 가루로 만들지 않은 감자는 위 속에서 소화되지 않은 채 오래 남아 있었을 뿐 아니라 소화액의 작용에 굴복하는 데 오랜 시간이 걸렸다. "이들 식물성 식품은 위 속에서건 밖에서건 상관없이 각기 다른 조리 상태에 따라 위액에 반응하여 분해되는 정도가 현저하게 달랐다."

보몬트는 동일한 원리가 고기에도 적용된다고 말했다. "섬유소와 아교질(고기의 근섬유와 콜라겐)도 마찬가지여서, 고기가 부드럽고 작게 조각났을 때 신속하게 분해되었다. 고깃덩어리가 크고 단단할수록 그에 비례해서 느리게 소화되었다.…… 쉽고 신속한 소화의 핵심 두 가지는 크기의 미세함과 섬유질의 연함이다."[107]

둘째, 불로 익히는 것 또한 소화에 도움을 주었다. 이는 보몬트가 감자에 관해 기술하는 부분에서 명확히 나타난다. "생감자 조각은 위액에 노출되었을 때 거의 완전한 저항력을 나타냈다. 소화가 되었다는 징후가 미세하게나마 나타나기까지 여러 시간이 걸렸고, 그 징후도 감자의 표면에만 나타나 외부 조직이 약간 부드러워지고 점착성을 띠었으며 아주 약간 가루 모양이 된 것이 전부였다. 소아과에서 임상 경험을 많이 한 의사라면 누구나 알고 있듯이, 덜 익은 감자를 충분히 씹지 않고(어린이들은 늘 그렇다.) 삼키면 흔히 배앓이와 배변 이상의 원인이 되고, 커다란 감자 조각이 소화되지 않은 채 몸 밖으로 나온다."[108] 고기의 경우도 마찬가지였다. 보몬트는 정오에 삶은 쇠고기와 익히지 않은 쇠고기 한 조각씩을 피실험자의 위에 넣었다. 2시간이 지나자 삶은 고기는 위 속에서 사라진 반면, 익히지 않은 고기는 삶은 것과 같은 크기였음에도 불구하고 표면이 약간 부드러워졌을 뿐 전체적인 질감은 그대로였다.

그러나 생 마르탱은 자신이 과학적 실험 대상이 되는 데 대해 분개하기 시작했다. 1880년 85세에 사망할 무렵에는 이미 보몬트와 관련된 일은 무엇이든 거부한 지 오래였고, 자신이 철저히 학대받았다고 느꼈다. 가족들 역시 그가 학대를 받았다는 데 공감했다. 현대 의학의 아버지로 불리는 윌리엄 오슬러(William Osler)는 생 마르탱을 연구하고 싶어 한 나머지 시체의 위를 구입하려고까지 했지만 유족들에게 거부당했다. 유족들은 시신이 확실히 부패하도록 나흘간 은밀한 장소에 보관한 후, 이례적으로 땅을 8피트(약 2.4미터)나 파서 매장했다. 생 마르탱의 신체 기관에 의학적 관심을 가진 사람들의 접근을 막기 위해서였다.

잘게 조각나고 부드러운 음식이 쉽게 소화된다는 보몬트의 발견은 우리가 그러한 음식을 선호한다는 사실과 일치한다. 2006년 런던의 셀프리지 백화점은 세계 최고가의 신상품 샌드위치에 대해 5건의 사전 주문을 받았다.[109] 중량이 595그램인 이 샌드위치의 가격은 148달러로, 다음과 같은 재료가 들어갔다. 발효시킨 효모 빵, 와규(일본의 특등급 소) 쇠고기, 신선한 푸아그라 한 조각, 검은 송로버섯 마요네즈, 브리드 모(프랑스의 브리 지역에서 생우유로 만든 흰곰팡이가 핀 치즈 — 옮긴이), 플럼 토마토, 콩피(설탕, 브랜디, 식초 등에 절인 과실과 병조림한 야채의 총칭 — 옮긴이). 이 샌드위치의 가격이 그토록 비쌌던 가장 큰 이유는 쇠고기였다. 와규는 세계에서 가장 비싼 품종의 하나로, 맥주와 곡물이 섞인 사료를 먹이고 일본 정종을 이용해 근육을 정기적으로 안마해 주며 키운다. 아무런 가공을 하지 않아도 육질이 너무나 연하다. 고기 속 지방이 실온에서 녹는다는 주장도 있다. 이처럼 와규의 값어치가 유난히 높다는 것은 연한 고기를 좋아하는 우리의 행태를 보여 준다. 식육 과학자 R. A. 로리(R. A. Lawrie)는 이렇게 말했다. "오늘날 소비자들이 고기의 질을 판정할 때 으뜸으로 꼽는 기준은 질감과 연한 정도이다. 사람들은 빛깔과 향을 포기하고서라도 연한 고기를 선택하는 것 같다."[110] 식육 과학의 핵심 목표는 연한 고기를 생산하는 방법을 찾는 것인데, 사육 방법, 도살 방법, 저장 방법, 조리 방법 모두가 고기를 연하게 하는 데 나름의 역할을 한다.

불에 익히는 것 역시 마찬가지이다. 요리 역사가 마이클 시먼스에 따르면, 역사상 요리사의 주된 목표는 한결같이 음식을 연하게 만드는 것이었다.[111] 그는 이렇게 말했다. "핵심은 요리사가 인간이라는 기계의 작용을 지원한다는 것이다."[112] 그는 또한 1861년 일반 주부들을 대상으로 주방에서 알아야 할 기본 원칙들에 대해 조언하는 『비턴 여사의 가사 관리(Mrs. Beeton's Book of Household Management)』라는 책을 인용했다. 이 책에 따르면 음식을 불에 익히는 요리를 하는 데는 여섯 가지 이유가 있다. 그중 첫 번째는 "씹기 쉽도록 만들기 위해서"이다.[113] "우리가 늘상 그러듯이 음식을 만들 때 서두르면 결과가 좋지 않다. 음식을 잘게 갈고 부수는 부담이 모두 치아에 돌아가기 때문이다." 두 번째 이유는 보몬트가 발견한 것처럼 "빠르고 쉽게 소화시킬 수 있게 하기 위해서"이다.

칼라하리 산(San)족 수렵 채집인이 식사를 준비하는 과정을 보면, 그들도 음식을 가능한 한 부드럽게 만드는 것을 목표로 하는 것을 알 수 있다. 그들은 고기를 조리할 때 "아주 연해져서 힘줄이 분리될 때까지"[114] 익히고, 그 후에는 일반적으로 "절구에서 찧는다." 식물성 양식도 같은 방식으로 준비하여, 멜론이나 견과류는 타다 남은 불이나 재 속에 넣어 일단 익힌 후, "절구에서 찧어 반죽으로 만들어 먹는다."

안다만 제도 사람들, 시리오노족, 음부티(Mbuti)족, 칼라하리 산족 등 열대 및 아열대 지역의 수렵 채집인들이 먹는 음식은 모두 익힌 것이다. 경우에 따라 동물성 단백질을 익히지 않고 먹는 것은 이보다 기온이 낮은 지역의 사람들이다. 날로 먹는 동물성 식품은 대체로 이누이트가 먹는 포유동물의 간이나 발효된 생선과 같이 부드러운 것인 경향이 있다. 티에라델푸에고 제도의 남쪽 섬에 사는 야간족에게는 이러한 먹을거리가 세 종류 있다. 이들과 20년을 함께 지낸 마르틴 구신데(Martin Gusinde)에 의하면, 경단고둥(winkle) 같은 연체동물의 연한 살이 이에 속한다. "손으로 살짝 쥐면 고둥의 석회질 껍데기에서 살이 빠져나온다. 이것을 아무런 조리도 하지 않고 그냥 먹는다. 가끔은 아주 작은 조각을 바다표범 기름에 찍어 먹기도 한다." 성게 속의 유백색 액체와 난소 또한 날로 먹는다. 틀링기트족, 그리고 오늘날 고급 식당의 일본인과 유럽인들이 먹는 별미이다.[115] 구신데에 따르면, 어린 고래의 지방이 맛있다며 날로 먹는 사람들도 몇몇 있다고 한다. 그러나 이러한 경우를 제외하면 동물성 단백질은 모두 익혀서 먹었다.[116]

사냥해서 잡는 동물에도 연한 부위가 조금 있다. 콜로라도 주에 사는 원주민 유트(Ute)족은 모든 육류를 구워 먹지만, 콩팥과 간은 날로 먹는 것으로 전해진다. 또한 이누이트가 생선과 새의 창자를 먹듯이, 오스트레일리아 원주민들은 포유동물의 창자를 가끔 날로 먹는 것으로 추정된다. 창자를 날로 먹는 것은 아주 특이한 취향으로 보일 수도 있다. 기생충이 있을지 모르기 때문이다. 하지만 침팬지가 동물을 잡아먹을 때 가장 먼저 먹는 부분이 바로 창자로, 근육으로 이루어진 살코기보다 빨리 씹어서 삼킬 수 있다.[117]

동물의 생피는 마사이(Maasai)족과 같은 목축민이 먹는 것으로 널리 알려져 있다. 13세기 몽골 유목 전사들이 동물의 생피를 먹었다는 마

르코 폴로의 기록은 앞의 1장에서 소개한 바 있다. 패트테일양(fat-tailed sheep, 가축으로 키우는 양의 종류로, 꼬리에 양질의 식용 지방이 집중되어 있다. ─ 옮긴이)의 지방을 날로 먹는 곳도 있다. 아시아의 유목 민족은 패트테일양의 가치를 매우 높게 평가하여 양의 꼬리가 엄청나게 커지도록 키운다. 꼬리를 받치는 작은 수레를 양의 엉덩이에 달아 놓는 경우가 있을 정도이다. 유목민은 이동 중에 이런 꼬리에서 지방을 떼어 날로 먹고, 지방을 잘라 낸 양은 보다 가벼운 몸으로 이튿날 이동한다.[118]

어떤 음식들(예컨대 앞서 살펴본 내장이나 지방 ─ 옮긴이)은 원래부터 부드럽고 연한 반면,[119] 고기는 연한 것부터 질긴 것까지 다양한 종류가 있다. 고기를 구성하는 근섬유가 작을수록 더 연하기 때문에 닭고기는 쇠고기보다 부드럽다. 또한 스트레스를 주지 않고 잡은 동물의 고기는 더 부드럽다. 스트레스를 받지 않은 동물의 근육에는 글리코겐이 더 많이 남아 있는데, 이 글리코겐이 도살 후 젖산으로 변해서 단백질 변성을 촉진하기 때문이다. 또한 도살한 후 며칠간 매달아 두어도 효소에 의해 단백질이 부분적으로 분해되기 때문에 고기는 연해진다.

그러나 어떤 방법도 불로 익히는 것만큼 고기를 연하게 만들지는 않는다. 가열을 하면 고기를 질기게 만드는 핵심 물질인 결합 조직이 녹기 때문이다. 콜라겐이라는 섬유 단백질과 잘 늘어나는 성질을 지닌 엘라스틴 단백질로 이루어진 결합 조직은 고기를 세 층으로 감싸고 있다. 가장 안쪽 층은 근내막이라 불리는 관으로, 근섬유 하나하나를 소시지의 겉껍질처럼 둘러싸고 있다. 근내막으로 둘러싸인 근섬유 다발은 더 큰 껍질인 근주막 안에서 같은 방향으로 나란히 묶여 있다.

그리고 마지막으로 이들 묶음은 근육 전체를 둘러싸는 외피, 즉 근외막에 의해 서로 결합된다. 근육 말단에서 근외막과 근내막은 한데 모여 힘줄이 된다. 이러한 결합 조직은 매끄럽고 탄력이 있으며, 그 강도가 알루미늄의 절반 정도가 될 만큼 튼튼하기 때문에 우리의 근육을 제자리에 묶어 두는 놀라운 일을 해낸다.[120] 하지만 같은 이유 때문에 고기를 먹는 것이 힘들기도 하다. 인간이나 침팬지처럼 치아가 유난히 뭉툭한 동물들에게는 특히 더 어렵다.

결합 조직의 주된 단백질인 콜라겐이 질긴 것은 정교한 반복 구조 때문이다. 그 구조를 보면 좌선성 단백질 나선 3개가 서로 꼬여 1개의 우선성 초나선을 이루는데, 초나선들이 모여서 극미한 섬유가 되고, 다시 이들이 모여서 생긴 섬유들이 십자형 종횡 구조로 결합한다.[121] 그 결과 콜라겐은 엄청난 역학적 강도를 지니게 된다. 가히 마이크로 공학의 기적이라 부를 만한 현상이다. 동물의 힘줄을 활의 시위로 사용할 수 있는 것도, 척추동물에서 가장 풍부한 단백질이 콜라겐인 것도(피부의 주성분이다.) 바로 이 때문이다.

하지만 콜라겐에도 치명적인 약점이 있다. 열을 가하면 젤리 상태로 변하는 것이다. 가열을 하여 변성 온도인 섭씨 60~70도에 이르면 오그라들고, 구조상의 나선이 풀리기 시작함에 따라 콜라겐은 녹기 시작한다. 섭씨 100도에서 잠깐 끓이거나 이보다 낮은 온도에서 좀 더 오래 끓이면 섬유질이 분해되어, 젤로와 같은 디저트부터 젤리 뱀장어(토막 내어 삶은 뱀장어를 젤리에 채운 영국 전통 요리 — 옮긴이)에 이르기까지 상업적으로 이용되는 단백질인 젤라틴으로 변한다. 보통 크기의 고깃덩어리는 섭씨 60~70도 이상으로 익힐 때 가장 잘 잘린다. 때로는 물속에서 서서히 이보다 높은 온도까지 익히면 더 연해지는 경우도 있다.

그런데 요리 전문가가 아닌 이들에게는 불행히도, 고기를 불에 익혔을 때 일어나는 두 번째 변화는 이와 정반대이다. 열을 받은 근섬유는 결합 조직과 달리 질기고 건조해지는 경향이 있는 것이다. 따라서 불로 익히는 요리가 고기에 미치는 영향은 복합적이다. 요리를 잘하면 새우에서 문어, 토끼, 염소, 소에 이르기까지 모든 종류의 동물성 육질을 연하게 만들 수 있지만, 잘못하면 고기를 씹기 힘들게 만들 수도 있다.[122] 익히지 않은 고기를 내놓는 요리사에게도 육질을 연하게 만드는 것은 중요하다. 타타르 스테이크(육회)에는 등급이 특히 높은 (결합 조직이 적은) 고기와 날달걀, 양파, 각종 양념이 들어간다.[123] 『요리의 기쁨(Joy of Cooking)』에서는 최고급 안심을 으깨거나 결합 조직의 섬유만 남을 때까지 칼등으로 두드릴 것을 추천한다.

타타르 스테이크라는 이름은 칭기즈 칸(Chingiz Khan) 군대의 기병인 타타르(Tartar), 즉 몽골족에서 기원한 것으로 알려져 있다. 이들은 음식을 익힐 요리 시간이 없을 정도로 신속하게 기동할 경우 때때로 말의 생피를 마셨다. 또한 안장 밑에 납작한 고기를 깔아 두었다는 기록이 있다. 하루 종일 말을 타고 나면, 안장 밑에 깔려 있던 고기가 연해지는 것이다. 브리야사바랭은 이 방법에 대해 다음과 같이 열성적인 증언을 기록했다. "1815년, 크로아티아인의 우두머리 중 하나인 가즈와의 식사에서 그는 이렇게 말했다. '근사한 저녁 식사를 잘 차리려고 소란을 피울 필요는 없소. 우리는 정찰 임무 중에 배가 고프면 눈앞에 처음 나타나는 짐승을 총으로 잡지요. 거기서 살점을 두껍게 베어 내 소금을 약간 뿌린 뒤 말 안장 밑에 깔고 충분한 시간 동안 최대 속도로 달리기만 하면, (그는 턱을 움직이며 덩어리가 큰 음식을 먹는 흉내를 냈다.) 냠냠, 냠냠, 냠냠…… 바로 왕자의 식탁이 된다오.'"[124]

음식이 얼마나 부드러운지가 그토록 중요한 이유는 무엇일까? 보몬트가 관찰한 바에 의하면 음식은 부드러울수록 더 빨리 소화된다. 그리고 음식물을 빠르고 쉽게 소화시킬수록 대사에 드는 에너지가 작아지기 때문에 더 많은 에너지를 절약할 수 있다. 식사를 많이 했을 때보다 가볍게 했을 때 더욱 몸이 가볍고 활기 있게 느껴지던 경험을 떠올려 보면 쉽게 이해할 수 있을 것이다. 장의 소화 부담이 줄어든 덕분에 다른 육체적 활동을 하기가 더 쉬워지는 것이다. 이와 같은 에너지 절약 원칙은 부드러운 사료를 먹인 들쥐의 실험에서 명쾌하게 확인됐다.

오카 교코(Kyoko Oka)가 이끄는 일본 과학자 팀은 20마리의 들쥐를 서로 다른 두 가지 식단을 먹이며 사육했다. 10마리에게는 실험실의 표준 사료를, 나머지 10마리에게는 표준 사료에 공기를 넣어 아침 식사용 시리얼처럼 부풀려서 공급했다. 공기 함량을 늘려 좀 더 부드럽게 만든 것이다. 이 부드러운 사료를 부수는 데 필요한 힘은 표준 사료의 절반에 불과했다. 사료 외의 다른 조건은 모두 동일하도록 했다. 즉 두 집단 사이에 열량 섭취 및 운동에 따른 열량 소모량이 같도록 조절하고, 두 집단에 공급되는 사료는 익힌 정도와 영양 구성, 심지어 수분 함량까지 모두 같도록 맞추었다. 그러므로 열량 섭취에 근거한 기존의

이론에 따르자면, 두 집단의 발육 정도와 몸집은 동일하고 체중도 체지방도 똑같아야 할 것이다.[125]

그러나 결과는 그렇지 않았다. 들쥐들은 생후 4주부터 각기 다른 사료를 먹기 시작했는데, 생후 15주가 되자 두 집단의 성장 곡선은 눈에 띄게 달라지기 시작하였고, 22주가 되자 완연한 차이가 드러났다. 부드러운 사료를 먹은 집단의 체중이 단단한 사료를 먹은 집단에 비해 서서히 늘기 시작하여 평균 37그램, 즉 6퍼센트가 더 나갔다. 복부 지방도 평균 30퍼센트 더 많아서 비만으로 분류되기에 충분했다. 부드럽게 처리된 사료 때문에 뚱뚱해진 것이다. 이 같은 차이의 원인은 소화에 드는 에너지 비용에 있었다. 식사를 할 때마다 들쥐들의 체온은 높아졌는데, 부드러운 사료를 먹인 집단은 단단한 사료를 먹인 집단에 비해 체온이 덜 올라갔다. 두 집단 간의 체온 차이는 식후 1시간 동안 특히 두드러지는 것을 볼 수 있는데, 바로 위가 활발히 음식을 부수고 위액을 분비하는 시간이다. 실험을 행한 과학자들은 부드러운 음식이 비만을 초래한 것은 소화 비용이 덜 들었기 때문이라고 결론지었다.

이 실험이 시사하는 바는 분명하다. 불로 익히는 것이 음식을 부드럽게 하고 부드러운 음식이 에너지를 많이 얻게 한다면, 인간도 음식을 날로 먹을 때보다 익혀서 먹을 때 더 많은 에너지를 얻을 것이다. 그 이유는 불에 익히면 젤라틴화 및 단백질 변성이 일어나기 때문이기도 하지만 소화에 드는 에너지도 감소하기 때문이다.

이 같은 예측의 신뢰성을 조사한 것이 버마비단뱀(Burmese python)을 대상으로 한 연구이다. 생리 생태학자 스테판 시코르(Stephen Secor)는 버마비단뱀이 뛰어난 실험 대상임을 발견했다. 음식을 삼킨 후에 이 뱀은 소화와 호흡 외에는 거의 아무런 일도 하지 않고 우리 속에 누워 있기 때문이다. 시코르는 식사 전후의 산소 소모량을 측정함으로써 뱀이 사용하는 에너지량을 정확하게 계산해 냈다. 그리고 이 값을 소화에 드는 비용으로 귀착시킬 수 있었다.

그는 한 번에 최소 2주씩 뱀을 관찰했다. 시코르의 연구 팀은 비단뱀의 소화 비용에 영향을 미치는 것은 음식의 물리적 구조라는 것을 여러 차례 보여 주었다.[126] 비단뱀에게 들쥐를 통째로 먹일 경우, 같은 크기의 들쥐를 갈아서 먹일 때에 비해 대사율이 증가했다. 이와 동일한 결과가 양서류 연구에서도 나타나, 딱딱한 벌레를 먹인 두꺼비의 소화 비용이 부드러운 벌레를 먹였을 때보다 더 높았다. 교코 연구 팀이 부드러운 사료를 먹인 들쥐에서 확인한 것과 같이 시코르의 연구는 부드러운 고기를 소화시킬 때 에너지를 적게 소모한다는 것을 보여 주었다.

버마비단뱀은 연구를 하는 사람이 음식을 곧바로 식도 속에 넣을 수 있다는 실험동물로서의 장점을 갖추고 있었다. 끌리는 음식이든 아니든, 삼키기 쉽든 쉽지 않든 이들은 거부 의사를 전혀 보이지 않으며 주어진 것을 그저 소화시킨다. 음식을 불로 익히는 것이 소화 비용에 어떤 영향을 미치는지를 실험하기에 이상적인 종이 아닐 수 없다. 2005년 나는 시코르에게 후속 연구를 할 의향이 있는지 물었다. 이를 승낙한 그는 8마리의 뱀을 연구에 투입하고, 자신의 연구 팀에게 다섯 종류의 실험용 식단을 준비시켰다. 기본 사료는 쇠고기 스테이크(홍두

깨살, 지방 함량 5퍼센트 이하)로, 이를 각기 다른 네 가지 상태(날고깃덩어리, 날고기를 분쇄한 것, 불에 익힌 고깃덩어리, 불에 익히고 분쇄한 것)로 뱀에게 먹였다. 이와 함께 들쥐도 통째로 먹였다.

수개월 동안 관찰한 결과는 이전 실험의 결과로부터 예상한 대로였다. 뱀들이 치르는 소화 비용은 쇠고기를 날것 그대로 먹었을 때나 들쥐를 통째로 먹었을 때나 동일한 것으로 나타났다. 그러나 익힌 고기를 갈아서 먹였을 때는 소화 비용이 달라졌다.[127] 고기를 갈면 근섬유와 결합 조직이 파괴되므로 소화될 수 있는 고기 부위의 표면적이 증가한다. 간 고기는 단백질 가수 분해 효소뿐 아니라 산에 더 빨리 노출되기 때문에 근육 단백질의 분해와 변성이 더 잘 일어난다. 이 실험에서 간 고기를 먹은 뱀의 소화 비용은 12.3퍼센트 줄어들었다. 익히는 것도 거의 동일한 효과를 내어, 익힌 고기의 소화 비용은 날고기에 비해 12.7퍼센트 작았다. 갈기와 익히기의 효과는 각각 독립적으로 발생했다. 고기에 한 가지 처리만 했을 경우 각각의 방법 덕분에 줄어든 소화 비용은 12퍼센트를 약간 웃돌 뿐이었다. 두 가지 처리를 함께 하자 소화 비용은 23.4퍼센트 줄어들었다.

음식을 연하게 만들면 소화가 잘된다는 점을 중요하게 여긴 비턴 여사는 옳았다. 우리가 분쇄기로 잘게 다지거나 방앗간에서 빻은 음식, 아니면 절구에서 찧어서 만든 음식과 마찬가지로 익혀서 연하게 만든 음식을 좋아하는 것도 이치에 맞는 현상인 것이다. 이처럼 우리 종은 부자연스럽게 부드러운, 전형적이지 않은 음식을 먹은 덕분에 소화에 쓰이는 에너지의 많은 부분을 절약하고 열량 면에서 우위를 누릴 수 있었다.

불은 우리 몸이 해야 했을 일을 대신해 준다. 적당히 익은 스테이크를 먹으면 당신의 위는 더 빨리 휴식을 취할 수 있을 것이다. 녹말의 젤라틴화부터 단백질 변성에 이르기까지의 화학적 변화, 소화 및 흡수에 드는 비용 등 모든 측면에서 우리는 한 가지 공통적인 교훈을 얻는다. 바로 음식을 익히면 더 많은 열량을 얻을 수 있다는 것이다.

다음과 같은 점을 생각해 보라. '인간은 생식을 하면 어려움을 겪는다. 모든 동물이 익힌 음식을 먹을 때 더 번성한다는 증거가 있다. 젤라틴화와 변성, 부드러움이 모두 영양학적으로 이롭다는 증거가 있다.' 불에 익히면 음식에서 얻는 열량이 늘어난다는 단순한 주장에서 특이한 점은 그것이 이제 와서야 새로이 제기됐다는 점이다.

물론 익히는 과정에서 일부 부정적인 변화가 일어나기도 한다. 이를테면 조리 과정에서 육즙 등의 액체가 빠져나가기 때문에 에너지 손실이 일어난다. 소화할 수 없는 단백질 화합물이 생기거나 비타민이 파괴되는 경우도 흔하다. 하지만 에너지 측면에서 얻는 전체적인 이익과 비교하면 이들이 미치는 영향은 미미하다고 할 수 있다. 종합해 보면, 식물성 양식이건 동물성 양식이건 간에 불로 조리하면 항상 더 많은 에너지를 얻을 수 있는 것으로 보인다.

그렇다면 오늘날 우리가 익힌 음식을 좋아하는 이유는 무엇일까? 많은 사람들에게 있어 익힌 음식을 섭취함으로써 얻는 에너지는 몸에서 필요로 하는 양을 초과하지 않는가? 그러나 이처럼 높은 에너지 섭

취는 오늘날 수많은 가난한 사람들과 마찬가지로 우리 먼 조상들의 생존에 핵심적인 역할을 담당했을 것이다. 인류가 몇 만 세대에 걸쳐 익힌 음식을 먹어 왔기 때문에 오늘날 우리도 이런 음식을 좋아하는 것이다. 프랑스의 푸아그라 요리를 생각해 보자. 비인도적인 방법으로 사육하여 유달리 비대해진 거위 간으로 만드는 이 요리의 조리법은 다음과 같다. 먼저 신선한 간을 우유나 물, 또는 포트와인(port, 단맛이 나는 포르투갈 포도주 — 옮긴이)에 담가 두었다가 아르마냑(Armagnac, 프랑스 아르마냑 지방의 브랜디 — 옮긴이)이나 포트와인, 또는 마데이라(Madeira, 아프리카 서북부 제도에서 만든 백포도주 — 옮긴이)에 잰 다음, 양념을 하여 굽는다. 이렇게 조리한 푸아그라는 입에서 살살 녹을 만큼 부드러워 한 입만 먹어도 눈물이 날 정도라고 한다. 익히지 않은 먹을거리에 의존해 살아야 했던 우리 조상들은 결코 맛볼 수 없었던 즐거움일 것이다.

익힌 음식이 날것보다 좋은 이유는 생명체의 삶이 주로 에너지에 의해 영향을 받기 때문이다. 그러므로 진화적 관점에서 볼 때, 음식을 불로 익히는 조리가 가져오는 비타민 파괴나 독성이 있는 화합물의 생성이라는 부정적인 변화는 더 많은 열량을 얻을 수 있다는 효과와 비교할 때 상대적으로 중요하지 않다. 양질의 음식을 먹은 침팬지 암컷은 더 자주 출산할 수 있고 그 자손들의 생존율도 더 높다. 이와 마찬가지로 식량이 부족한 문화에서는 잘 먹은 엄마들이 출산율도 높고 자식들도 더 건강하다. 출산율뿐 아니라 엄마들 자신의 경쟁력, 생존력, 수명을 비교해 보아도 잘 먹은 쪽이 더 유리한 것을 알 수 있다. 우리 조상들이 처음으로 익힌 음식을 먹어 더 많은 열량을 얻었을 때, 그들과 그 후손들은 날것을 먹는 같은 종의 다른 경쟁자들에 비해 유전자를 후대로 전달하는 데 훨씬 유리했을 것이다. 그 결과로 이들은 새로운 진화적 기회를 얻게 되었다.[128]

4   요리가 처음 시작되던 날

우리를 다른 동물들과 같은 존재에서 보다 인간적인 존재로 도약할 수 있도록 한 결정적인 요인은 아마도 화식의 도입이었을 것이다.

— 칼턴 S. 쿤(Carleton S. Coon), 『인간의 역사(The History of Man)』

우리 조상들은 언제부터 일상에서 불을 요리에 사용하기 시작했을까? 이에 대한 고고학자들의 견해는 두 갈래로 나뉜다. 일부 학자들은 인류가 동굴 예술을 창조할 정도로 현대화되었던 약 4만 년 전 후기 구석기 시대를 꼽는다.[129] 다른 학자들은 이보다 훨씬 이른 약 50만 년 전이나 심지어 그 이전일 것이라고 말한다.[130] 이들 양 극단 사이에 형질 인류학자 로링 브레이스가 지지하는 보다 일반적인 관점이 존재한다. 브레이스는 20만 년 전에 인류가 이미 불을 제어할 수 있었고 인간이 불로 요리를 하기 시작한 것도 바로 그때 즈음이라고 주장한다.[131]

화식의 기원에 대해 이처럼 다양한 견해가 존재하는 것은 명확한 고고학적 증거가 없기 때문이다. 고고학은 확실한 경우에만 결론을 내리지, 우리가 알고 싶어 하는 것을 모두 알려 주지는 않는다. 고대에 불을 사용한 증거는 희미하기만 하다. 여기에 의존하여 요리가 대체 언제 시작되었는가 하는 문제에 답을 할 수는 없다. 하지만 우리는 고고학 대신 생물학을 활용할 수 있다. 조상들의 치아와 뼈를 보면 그들의 식단 및 음식이 가공된 과정이 변화했다는 간접 증거를 찾을 수 있는 것이다.

그래도 고고학 자료를 보면 고대에도 인간이 불을 제어했다는 사실에는 의심의 여지가 없다. 특히 25만 년 전 이후로는 우리의 직계 조상과 그 가까운 친척인 네안데르탈인이 불을 제어하였으며 종종 음식을 익히는 데도 활용했다는 흥미로운 증거가 발견된다. 가장 많은 정보를 얻을 수 있는 장소는 바람이 잘 통하는 동굴이나 바위 그늘인데, 많은 유적지가 유럽에 존재한다. 프랑스 도르도뉴 지방의 아브리파토 거주지에서는 약 4만 년 전의 후기 오리냑 문화의 강자갈들이 발견되었다.[132] 이 자갈들이 열로 인해 갈라져 있는 모습은 당시 사람들이 뜨겁게 달군 돌을 넣어 물을 끓였다는 것을 추측하게 해 준다. 바르셀로나 인근의 아브리로마니에 있는 7만 6000년 전의 거주지 유적들에서도 60여 개의 화덕이 다량의 목탄, 불탄 뼈, 불을 사용하는 조리에 쓰였을 법한 목재 물건들과 함께 발견되었다.[133] 한편 9만 3000여 년 전의 유적지인 지브롤터의 뱅가드 동굴을 보면, 하나의 화덕에서 각기 다른 3건의 연소 사례를 확인할 수 있다.[134] 이는 네안데르탈인들이 돌로 쪼개어 안에 들어 있는 씨를 먹기 위해 솔방울을 불에 데운 흔적들로, 오늘날 수렵 채집인의 행태와 매우 흡사하다.

중동과 아프리카에 살던 우리 조상들 역시 불을 사용하고 있었다. 남아프리카 연안 클라시에스 강어귀의 동굴에 있는 9만~6만 년 전의 유적에서는 한 번에 몇 주나 몇 달씩 사용된 것으로 보이는 대형 화덕과 불탄 조개껍데기, 물고기 뼈가 발견된 바 있다.[135] 이집트 홍해 산맥에 있는 소드메인 동굴의 12만 7000~10만 9000년 전 유적에서는 화톳불을 크게 피운 듯 세 겹으로 쌓인 재 층과 한 마리 분의 불탄 코끼리 뼈가 발견되었다.[136] 약 18만 년 전까지 거슬러 올라가는 잠비아 칼람보 폭포의 유적에서는 불탄 통나무와 목탄, 붉게 그을린 지역, 탄화된 풀 줄기와 초목을 볼 수 있다.[137] 이스라엘의 하요님 동굴에서는 25만 년 전의 화덕이 최대 4센티미터 두께의 재가 쌓여 있는 상태로 수도 없이 발견되었다.[138] 이들 유적은 약 20만 년 전 호모 사피엔스의 출현 이래 인간은 불을 제어해 왔다는 것을 보여 준다.

25만 년 전에서 더 거슬러 올라가면 인간이 불을 사용한 증거가 일관성 있게 나오지 않는다. 그 때문에 25만 년 전 이전에는 불의 사용이 그다지 중요하지 않았거나 아예 불을 사용하지 않았다는 주장이 흔히 제기된다. 그러나 최근 들어 당시 유적을 조사한 보고서들의 질이 향상되면서 이러한 주장은 설득력을 잃고 있다.[139] 그 당시의 초기 인류가 불을 가지고 무엇을 했는지에 대해 흥미로운 단서를 제공하는 유적으로는 특히 두 군데가 꼽힌다.

먼저 영국에 있는 비치스피트 유적을 살펴보자. 연대가 40만 년 전으로 거뜬히 거슬러 올라가는 이 유적지는 오래된 연못의 완만히 경사진 둑에 자리 잡고 있다. 이곳에는 사람들이 거주했다는 것을 말해주는 8개의 주먹도끼 외에도, 바닥 군데군데에 직경 약 1미터의 어두운 부분들과 그 가장자리에 붉게 변한 침전물들이 있어 여기서 무언가를 태웠다는 것을 짐작할 수 있다. 불을 피운 곳에서 연못을 향해 아래쪽으로 재 비슷한 물질이 꼬리를 이루며 이어지고, 그 꼬리의 윗부분에는 수많은 부싯돌 조각이 묻혀 있다. 이 돌들은 강하게 때린 자국이 남아 있거나 예리한 타격으로 조각나 있었고, 불에 탄 것이 많았다. 존 가울렛(John Gowlett)이 이끄는 고고학자 팀은 이 부싯돌 조각을 끼워 맞춰 보았는데, 이들이 복원한 부싯돌 중 하나로부터 누군가가 1.3킬로그램의 무거운 몸돌(석핵 石核, 석기를 제작하기 위해 돌덩어리에서 바깥 조각들을 떼어 낸 후 남은 몸통으로, 이 또한 석기로 쓰인다. — 옮긴이)을 너무 강하게 내리친 나머지 몸돌에 과도하게 흠이 났다는 것을 알 수 있었다. 흠이 너무 크게 난 나머지 쓸모가 없어지자 이 돌은 버려졌는데, 이 과정에서 떨어진 돌 조각 2개가 불탔다. 도구를 만든 사람이 따스한 불가에 쪼그리고 앉아 작업 중이었음을 명백히 나타내는 흔적이다.[140]

독일 쇠닝겐에 있는 40만 년 된 유적에서는 가문비나무나 소나무로 만든 훌륭한 투척용 창이 6개가 넘게 나왔고, 최소 22마리 분의 말이 남긴 잔해도 발견되었다. 말들이 같은 시기에 죽은 것으로 보인다는 점을 고려할 때, 인간이 죽인 것이 분명했다. 이를 입증하듯 고기를 잘라 낸 흔적으로 보이는 절단 자국도 뼈에 남아 있었다. 이곳에서도

역시 불탄 부싯돌 조각이 무수히 발견되었고, 불을 피웠던 자리로 보이는 직경 약 1미터의 붉게 변한 땅 뙈기 4곳, 불탄 나무 여러 조각(가문비나무 막대기를 포함해서)이 나왔다. 그중 한쪽 끝이 탄 나무는 그 모양새로 볼 때 부지깽이로 쓰인 듯하다. 어쩌면 불타는 장작 위에서 고기 조각들을 익히기 위해 사용했는지도 모른다. 호숫가에 자리한 이 이례적인 유적은 고고학자 하르트무트 티메(Hartmut Thieme)가 발견한 것으로, 집단 사냥을 뒷받침하는 가장 오래된 증거이다. 티메는 이 유적에 대해 다음과 같은 설명을 제시했다. 당시 사람들이 한 무리의 말을 죽이고

4장 요리가 처음 시작되던 날 | 119

보니 그 자리에서 다 먹을 수 없는 많은 양의 고기가 나와서, 며칠간 머물면서 호숫가를 따라 불을 피워 가능한 한 많은 양의 고기를 말렸으리라.[141]

인류가 50만 년 전 이전에 불을 제어했다는 증거는 유럽에서 발견된 바 없다. 하지만 50만~40만 년 전 사이의 많은 시간 동안 영국 본토인 브리튼 지역은 얼음으로 뒤덮여 있었으니, 그 이전 시기의 유적이 있었다 하더라도 대부분 빙하에 쓸려 가 버렸을 것이다. 그러나 이보다 훨씬 남쪽에는 79만 년 전에 불이 사용되었음을 보여 주는 강력한 증거가 있다. 바로 이스라엘 요르단 강 부근의 게셰르베노트야아코브 유적으로, 1930년대에 주먹도끼와 뼈가 처음 발견된 이후 1990년대에 들어 나아마 고렌인바르(Naama Goren-Inbar)에 의해 불에 탄 씨앗과 나무, 부싯돌이 추가로 발견되었다.[142] 불탄 씨앗 중에는 올리브, 보리, 포도 등의 씨가 있었다. 부싯돌 조각은 군데군데 모여서 발견된 것으로 볼 때 모닥불 속으로 떨어진 것으로 짐작된다. 니라 알페르손아필(Nira Alperson-Afil)은 이처럼 밀집된 부싯돌을 분석한 후, 모닥불을 피운 초기 인류는 "불 피우기 지식이 깊어서 언제든 원하면 불을 피울 수 있었다."는 결론을 내렸다.[143]

게셰르베노트야아코브는 인간이 불을 제어했음을 보여 주는 증거 중 가장 오래된 유적이다. 그 이전의 시기에 대해서는 논쟁의 소지가 있는, 확실치 않은 증거밖에 발견되지 않았다. 150만~100만 년 전의 유적지에서 인간의 불 사용과 관련하여 발견된 것들을 나열해 보면, 불에 탄 뼈(남아프리카 공화국의 스와르트크란스), 모닥불의 높은 온도로 가열

된 진흙 덩어리(케냐 바링고 호수 인근의 체소완자), 화덕 같은 구조로 놓여 있는 가열용 돌 무리(에티오피아의 가뎁), 피톨리스(phytoliths, 무기염류, 특히 규소가 내부에 축적된 식물 세포―옮긴이) 때문에 생긴 얼룩(케냐의 쿠비포라) 등이 있다.[144] 이들이 인간의 불 사용을 의미하는가에 대해서는 논란이 많다. 일부 고고학자들은 번개와 같은 자연 현상으로 인한 화재 가능성에 주목하고 이들 증거가 설득력이 없다고 주장한다. 반면에 다른 고고학자들은 직립 원인이 초기부터 불을 사용했다는 이론을 확고히 정립된 것으로 받아들인다.[145] 전체적으로, 이들 전기 구석기 시대의 유적은 당시에 인간이 불을 사용하였을 가능성이 있음을 말해 준다. 비록 확실하다고 단언할 수는 없지만 말이다.

사실 이처럼 오랜 과거에 인간이 불을 사용했다는 증거를 찾아내기란 쉬운 일이 아니다. 고기는 뼈를 태우지 않고도 쉽게 익힐 수 있는데다, 불을 임시로 짧은 시간 동안 피운 경우 그 흔적은 비바람에 며칠만 노출되면 아예 없어지기 때문이다. 탄자니아 북부 세렝게티 국립 공원 인근에 사는 하드자(Hadza)족 같은 오늘날의 수렵 채집인도 불을 한 자리에서 한 차례만 사용하는 경우가 있다.[146] 불 피운 자리에 뼈나 도구를 전혀 남기지 않는 일도 흔하다. 이것이 고고학자들을 어렵게 만드는 상황이다. 불이 존재했던 장소를 정확히 알아낸다 하더라도 인간의 활동과 결부시킬 방법이 없는 것이다. 불의 사용을 뒷받침하는 비교적 최근의 증거는 주로 석회암과 같이 무른 돌로 이루어진 동굴이나 기타 은신처에서 발견된다. 하지만 무른 돌은 빨리 침식되기 때문에 이러한 재질로 이루어진 동굴의 평균 반감기는 약 25만 년에 지나지

않는다.147) 따라서 25만 년 전보다 이른 시기에 불을 사용한 흔적을 발견할 가능성은 급속히 줄어들게 마련이다. 지난 25만 년 동안 인간이 거주했던 곳 중 불을 사용했을 것이 틀림없는 곳은 여러 군데가 있지만, 그것을 증명할 수 있는 흔적은 나오지 않고 있다.148) 또 하나의 미스터리가 있다. 42만 7000~36만 4000년 전에 지속되었던 유럽의 간빙기(빙하기와 빙하기 사이의 기간 — 옮긴이)에 인간이 불을 사용한 증거는 비교적 풍부하게 나오지만, 그 이후로는 증거가 발견되는 빈도가 이상하게 줄어드는 것이다.149) 간단히 요약하자면, 인간은 수십만 년 전부터 불

을 사용해 왔음이 분명하지만 정확히 언제부터 시작되었는지는 고고학적 증거로 알 수가 없다.

고고학적 증거로는 인간이 최초로 불을 사용하기 시작한 시점을 알아낼 수 없으니 이제는 생물학적 증거를 살펴볼 차례이다. 생물학은 두 가지 매우 중요한 단서를 제공한다. 첫 번째는 지난 200만 년 동안 인간의 해부학적 구조가 어떻게 변화했는지에 대한 명확한 그림을 제시하는 화석 기록이다. 우리는 화석 기록을 통해 조상들의 해부학적 구조에 언제 어떤 변화가 일어났는지 알 수 있다. 두 번째 단서는 식습관에 큰 변화가 일어나면 종 수준에서 해부학적 구조가 빠르고 현저하게 달라진다는 사실이다. 즉 동물은 그들의 먹을거리에 탁월하게 적응하기 때문에, 진화적 시간의 단위로 보면 동물의 해부학적 구조상의 변화를 주도하는 것은 습성보다는 먹을거리의 변화다. 예를 들어 벼룩이 피를 빠는 것은 이들이 포유동물의 피부를 뚫기에 안성맞춤인 긴 주둥이를 우연히 갖게 되었기 때문이 아니라, 피를 빠는 데 적응한 결과 긴 주둥이를 갖게 된 것이다. 말이 풀을 먹는 것도 마찬가지이다. 풀을 먹는 데 알맞은 치아와 창자를 우연히 갖추게 되었기 때문이 아니라, 풀을 먹는 데 적합하도록 치아와 창자가 길어지는 방향으로 적응한 것이다. 인간이 불로 익힌 음식을 먹는 것도 같은 맥락에서 이해할 수 있다. 익힌 음식을 먹기에 알맞은 치아와 창자를 갖추고 있어서 익힌 음식을 먹는 것이 아니라, 익힌 음식을 먹는 데 적응한 결과로 작은 치아와 짧은 장을 갖게 된 것이다.

그러므로 인간의 해부학적 구조의 변화를 볼 수 있는 화석 기록을 찾아보면 언제부터 불로 음식을 익혀 먹기 시작했는지 알 수 있을 것이다. 조상들의 해부학적 구조가 불에 익힌 음식에 맞게 변화하는 시기가 있었을 텐데, 이는 화식이 가끔 있는 일에 그치는 것이 아니라 예측 가능한 일상이 되었다는 신호로 해석해야 한다. 이러한 변화가 일어나기 이전의 우리 조상들은 때때로 생식에 의존해야 했을 것이므로 해부학적 구조가 화식에 적응하여 변하지는 않았을 것이다. 그리고 우리 조상들이 익힌 음식에 적응한 시기는 불을 절대 잃어버리지 않을 만큼 효율적으로 불을 제어할 수 있었던 시기일 것이다.

인류학자들은 인류가 음식을 익히기 위해 불을 사용하기 전에 이미 수천 년 동안 몸을 따뜻하게 하고 어둠을 밝히기 위한 목적으로 불을 사용해 왔을 것이라는 주장을 제기하기도 한다.[150] 하지만 여기서 많은 동물들이 자연스럽게 날것보다는 익힌 음식을 선호한다는 점을 상기하자. 선행 인류도 다른 동물들처럼 익힌 음식을 선호하였을까? 진화 인류학자 빅토리아 워버(Victoria Wobber)와 브라이언 헤어(Brian Hare)가 미국, 독일, 그리고 콩고의 침풍가 보호 구역에서 침팬지를 비롯한 유인원을 대상으로 실험한 결과를 살펴보자.[151] 실험 대상이 된 유인원은 사는 장소, 식습관, 생활 조건에 관계없이 모두 비슷한 반응을 보였는데, 먹을 것의 종류가 무엇이든 간에 날것을 더 좋아하는 유인원은 없었다. 고구마와 사과는 날것이든 익힌 것이든 똑같이 좋아했지만, 당근, 감자, 고기는 익힌 것을 선호했다. 이중에서 침풍가 보호 구역의 침팬지로부터 특히 많은 정보를 얻을 수 있었는데, 이들은 이 실험 이전에는 고기를 먹었다는 기록이 없지만 실험을 하는 동안 날고기보다 익힌 고기를 훨씬 더 좋아했다. 불을 처음 사용하기 시작한 우리 조상들도 이와 마찬가지로 익힌 음식을 처음으로 한번 맛보았을 때 입에 잘 맞아 날먹을거리보다 선호하게 되었을 가능성이 크다. 다양한 종류의 야생 동물과 가축이 익힌 음식을 좋아하고, 익힌 음식을 먹음으로써 즉각적으로 얻을 수 있는 이익을 누리고 있는 것과 동일한 이치다. 세네갈의 침팬지는 아프젤리아(Afzelia) 나무의 열매를 날로는 먹지 않지만, 화재가 사바나 지역을 휩쓸고 지나간 뒤에는 나무 밑을 뒤져서 익은 열매를 먹는다.[152]

야생 동물이 익힌 음식의 냄새와 맛, 감촉을 좋아하도록 사전에 적응해 있는 이유는 과연 무엇일까? 이들이 자연스럽게 익힌 음식을 선호한다는 것은 본능적으로 고열량의 양식을 알아보는 메커니즘이 존재한다는 것을 의미한다. 또한 익힌 음식을 선호하는 데는 맛이 한몫하고 있을 수도 있다. 많은 음식이 불에 익히면 그 맛이 달라지는데, 주로 단맛은 더해지고 쓰거나 떫은맛은 줄어든다. 인간과의 의사소통 방법을 학습한 암컷 고릴라 코코는 익힌 음식을 선호한다. 인지 심리학자 페니 패터슨(Penny Patterson)은 이렇게 말한다. "나는 비디오 녹화를 하면서 코코에게 채소는 익힌 것(내 왼손을 지정하면서)이 더 좋은지, 아니면 날것/신선한 것(내 오른손을 가리키면서)이 더 좋은지 물었다. 그러자 코코는 내 왼손(익힌 것)을 만졌다. 그래서 나는 한 손은 '맛이 좋아서', 다른 손은 '먹기 쉬워서'로 정하고, 익힌 채소를 좋아하는 이유를 물었다. 그러자 코코는 '맛이 좋아서' 쪽을 가리켰다."[153]

음식을 먹을 때 영장류는 혀의 감각 신경으로 맛뿐만 아니라 분자의 크기와 감촉까지도 인식한다.[154] 감촉에 반응하는 뇌세포(뉴런)가 편도체 및 전두엽에 있는 미각 뉴런과 결합하여 음식의 특성에 대한 평가를 종합하는 것이다.[155] 이러한 감각 뉴런 시스템 덕분에 영장류는 음식을 먹을 때 단지 맛뿐 아니라 모래 씹는 맛인지, 기름기가 많은지, 점도나 온도는 어떤지 등 음식이 지닌 광범위한 특성을 평가하고 반응할 수 있다.[156]

인간 뇌의 이 같은 능력이 2004년에 최초로 보고되었다. 심리학자 에드먼드 롤스(Edmund Rolls)가 이끄는 연구 팀은 사람들의 입에 특정한 점도를 지닌 음식이 들어가면 뇌의 특정 구역이 활성화되는데, 이들 구역은 달콤함을 기록하는 미각 피질과 부분적으로 겹쳐져 있다는 것을 밝혀냈다.[157] 이러한 연구로부터 우리는 다음과 같은 그림을 떠올릴 수 있다. 한쪽에는 맛, 질감, 온도 등의 특성에 대한 구조화된 반응이 있고, 다른 쪽에는 음식의 외관과 냄새에 대한 학습된 반응이 있는데 이 둘이 뇌에서 통합되는 것이다. 그러므로 동물들로 하여금 날먹을거리의 질을 평가하도록 하는 메커니즘은 익힌 음식에 대해서도 그대로 적용되어 소화하기 쉽고 질감이 좋은 음식을 선택하는 것이다.

롤스의 연구는 침팬지 및 다른 수많은 종의 동물들이 익힌 고기와 감자를 좋아하는 이유를 인간에게도 그대로 적용할 수 있을 것이라고 주장한다. 우리는 단맛뿐 아니라 그 질감이 얼마나 부드럽고 연한지를 보고 열량이 높은 음식을 알아본다. 우리의 조상들도 이와 동일한 방식으로 익힌 음식의 특성을 알아볼 감각과 뇌 메커니즘을 갖추고 있없을 것이다. 따라서 불을 사용한 지 오랜 기간이 지난 뒤에야 음식을 익혀 먹기 시작했을 가능성은 매우 희박하다.

한편 주식으로 먹는 것이 완전히 달라지고 나서 오랜 기간이 지난 후에야 그에 따른 해부학적 구조의 변화가 일어났을 가능성 역시 희박하다. 피터 그랜트(Peter Grant)와 로즈마리 그랜트(Rosemary Grant) 부부의 갈라파고스핀치(Galapagos finch, 참새목의 작은 조류) 연구를 살펴보자. 갈라파고스핀치는 가뭄이 길어져 먹이가 심하게 부족한 해에는 크고 단단한 씨앗을 가장 잘 먹을 수 있는 개체(부리가 큰 개체)가 잘 살아남았다. 부리가 작은 새에게 불리한 선택압은 워낙 커서 전체 새 중 15퍼센트만 살아남았으며 1년도 채 되지 않아 핀치 종들 전체의 부리가 측정으로 확인할 수 있을 만큼 커졌다. 여기서 부모와 후손 간 부리 크기의 상관관계를 보면, 그것이 유전되는 것을 알 수 있다. 양식 공급이 정상 수준으로 회복되자 새들의 부리는 다시 작아졌지만, 유전적 변이가 가뭄 이전으로 역전되기까지는 약 15년이 걸렸다.[158]

그랜트 부부의 핀치 연구는 먹는 것이 변하면 이에 대응하는 해부학적 구조도 매우 빨리 변화할 수 있음을 보여 준다. 갈라파고스 제도에 가뭄이 닥쳤던 해의 경우, 먹이의 변화가 일시적이어서 그에 따른 해부학적 구조의 변화도 일시적이었다. 하지만 다른 자료들을 보면 주위 생태계의 변화가 영구적이면 그곳에 서식하는 종에게도 영구적인 변이가 일어난다는 것을, 게다가 그 변화는 빠르게 일어난다는 것을 알 수 있다. 이를 가장 명확히 보여 주는 사례는 해수면 상승으로 인해 섬에 고립된 동물들에게서 찾아볼 수 있다. 중앙아메리카 본토 보아 뱀은 벨리즈(유카탄 반도 연안의 입헌 군주제 국가 — 옮긴이) 연안의 섬으로 이주한 지 8000년이 채 지나지 않아 포유동물을 잡아먹던 식습관이 완전히 바뀌어 새를 잡아먹게 되었다. 따라서 새를 사냥할 수 있는 나무 위에서 더 오랜 시간을 보내게 되었고, 몸통이 가늘어지고 암컷과 수컷 간의 몸집 차이도 없어졌으며 체중은 과거의 5분의 1로 줄어드는 등 확연히 눈에 띄는 변화를 보였다.[159] 진화 생물학자 스티븐 제이 굴드(Stephen Jay Gould)에 따르면, 이 같은 속도의 변화는 그리 드문 일이 아니다. 그는 화석 기록을 근거로 들어, 하나의 종이 완전한 진화적 변이를 거쳐 새로운 종으로 변화하는 데 평균적으로 소요되는 기간을 약 1만 5000~2만 년으로 추정했다.[160] 우리 조상들처럼 성체로 자라는 데 오랜 시간이 걸리는 종은 진화하는 데도 더 오랜 기간이 소요될 것이라는 점을 감안하더라도, 이와 같은 빠른 진화 속도는 화식이 미치는 영향에 대한 기존의 일부 해석과 정면으로 배치된다. 로링 브레이스는 우리 조상들이 고기를 연하게 만들기 위해 불을 사용하기 시작한 것은 대략 30만~25만 년 전이고, 치아의 크기가 작아진 것은 약 10만 년 전의 일이라고 추정한다.[161] 이것이 사실이라면 불로 음식을 익혀 먹기 시작한 뒤 적어도 15만 년 동안 인간의 치아는 전혀 적응 반응을 보이지 않았다는 이야기가 된다. 이처럼 중대한 변화에의 적응이 15만 년이나 되는 오랜 시간 동안 지연되는 것은 야생의 동물에서는 찾아볼 수 없는 일이다. 그러므로 우리는 브레이스의 생각이 틀렸다고 결론 내릴 수 있다. 화식에 적응하면서 생긴 변화들은 분명 브레이스가 생각한 것보다 빨리 일어났을 것이다.

　화식에 적응하면서 생긴 변화는 속도도 빨랐을 뿐 아니라 그 정도 역시 상당했을 것이다. 이는 그보다 작은 식단의 차이로도 크게 다른 결과가 유발된 종들로부터 추론할 수 있는 사실이다. 예컨대 같은 숲에서 서식하는 경우가 많은 침팬지와 고릴라를 보자. 이들의 식습관은 많은 부분에서 유사하여, 둘 다 가능하면 익은 과일을 먹고 식물의 고갱이나 잎 등 섬유질이 많은 음식은 보조 식량으로 먹는다. 그러나 둘의 음식 기호에는 중요한 차이점이 하나 있다. 과일이 부족해지면 침팬지는 계속해서 과일을 찾아다니지만, 고릴라는 잎을 먹는다는 점이다. 침팬지는 고릴라와 달리 고갱이와 잎만 먹고는 생존하지 못하는데, 이는 생리학적인 이유 때문으로 추정된다.[162]

　나뭇잎만 먹고 살 수 있느냐 없느냐의 차이는 얼핏 사소해 보일지도 모른다. 생식과 화식의 차이와 비교해 보면 특히 그렇다. 하지만 이 사소한 차이가 다양한 행태의 차이를 가져온다. 이를테면, 과일을 먹어야만 하는 침팬지는 과일을 찾기 위해 고릴라보다 더 먼 곳까지 돌아다녀야 하기 때문에 고릴라보다 더 민첩하고 몸집도 작다. 두 종의 분포 범위에도 영향을 미쳐, 고릴라는 우간다, 르완다, 콩고에 걸친 비룽가 화산처럼 과일이 없는 고산 지대의 숲에서도 성공적으로 정착할 수 있는 반면, 침팬지는 이보다 고도가 낮은 곳에서만 서식할 수 있다. 또한 고릴라는 잎만 먹고도 살 수 있는 다른 유인원과 마찬가지로 빨리 성장하기 때문에 더 어린 나이에 임신을 할 수 있고 더 빠르게 번식할 수 있다.[163]

 침팬지와 고릴라는 무리를 짓는 양상도 현저히 다른데, 이 역시 먹이의 차이에 기인한다. 고릴라가 먹는 육상 식물의 잎은 찾기도 쉬울뿐더러 무더기로 여기저기 달려 있기 때문에 이들은 1년 내내 안정적인 집단을 유지할 수 있다. 하지만 침팬지는 과일이 부족한 계절이 오면 과일을 찾기 위해 홀로 또는 작은 집단을 이루어 먼 곳까지 여행을 해야 한다. 이러한 집단 형성 양상의 차이는 또 다른 결과를 불러온다. 고릴라의 암수는 장기적 유대 관계를 유지하지만 침팬지는 그렇지 못한 것이다.

이처럼 침팬지와 고릴라가 보이는 행태의 차이는 비교적 사소한 식단의 차이 때문에 발생한 것이다. 그런데 익힌 음식과 날것의 차이는 이보다 훨씬 크다. 음식을 불로 익히면 섭취할 수 있는 에너지가 증가하고 음식이 부드러워질 뿐만 아니라, 음식이 안전해지고 식단 또한 다양해진다. 게다가 불가에서 단란히 식사를 할 수 있고, 계절적으로 궁핍한 시기에도 안정적으로 식량을 공급할 수 있다. 이와 같이 다양한 장점들을 고려할 때, 화식을 하면 생존 능력이 향상될 것이라고 기대할 수 있다. 어리고 약한 새끼들의 경우는 특히 그렇다. 게다가 먹을 수 있는 음식의 종류도 늘어나기 때문에 새로운 생물 지리학적 영역으로 뻗어 나가는 데도 도움이 될 것이다. 그러므로 화식을 시작하기 전과 후의 우리 조상들의 해부학적 구조 차이는 적어도 침팬지와 고릴라 간의 차이보다는 커야 할 것이고, 음식을 익혀 먹게 된 시기가 언제였든지 간에 그에 따른 효과 또한 쉽게 찾을 수 있어야 할 것이다.[164] 즉 우리는 인간의 해부학적 구조가 더 부드럽고 에너지가 높은 식단에 적합한 방향으로 크고 빠르게 변화한 시점을 바로 화식이 시작된 시점으로 예상할 수 있다.

이와 같은 변화는 의외로 간단하게 찾아낼 수 있다. 인류가 200만 년 전보다 이른 시기에 불을 사용했다는 설은 없다. 그리고 그 이후 우리 조상들의 진화가 종의 이름을 바꿀 만큼 크고 빠르게 진행된 것은 세 차례, 즉 직립 원인(180만 년 전), 하이델베르크인(80만 년 전), 호모 사피엔스(20만 년 전)의 출현 시기밖에 없다. 따라서 화식이 도입되었을 것이라고 타당하게 추측할 수 있는 시기는 이 셋 중 하나일 것이다.

이중 가장 최근에 일어난 진화는 하이델베르크인으로부터 호모 사피엔스가 나타난 것으로, 완만한 진화가 30만 년 전 아프리카에서 서서히 시작되어 약 20만 년 전에 대부분 마무리되었다.[165] 그러나 영국의 비치스피트, 독일의 쇠닝겐, 그리고 다른 여러 지역에서 하이델베르크인이 40만 년 전에 이미 불을 사용하고 있었다는 점을 고려할 때, 화식의 도입이 하이델베르크인에서 호모 사피엔스로의 진화 단계에 이루어졌다고 보기는 어렵다. 게다가 호모 사피엔스로의 변이는 우리가 찾는 종류의 변화를 보여 주지 않는다. 하이델베르크인은 얼굴이 크고 이마가 덜 둥글며 뇌가 아주 조금 더 작을 뿐, 건장한 호모 사피엔스라고 할 수 있을 만큼 두 종의 차이는 대체로 너무 작고 딱히 식습관과 관련되어 있지도 않기 때문이다.[166] 그러므로 화식이 시작된 것은 호모 사피엔스가 출현하기 이전, 즉 30만 년 전보다 이른 시기라고 확신할 수 있다.

하이델베르크인은 약 80만~60만 년 전 아프리카에서 직립 원인으로부터 진화했다.[167] 이 시기는 고고학적 자료와 타당하게 맞아떨어진다. 이 시기로 거슬러 올라가면 불을 사용한 흔적이 특히 드물어지는 것이다. 화식의 기원이 이쯤이 아닌가 하고 의심해 볼 만하다. 하지만 하이델베르크인이 해부학적으로 직립 원인과 다른 점은 뇌 용량이 약 30퍼센트 크고 이마가 더 높으며 얼굴이 더 평평하다는 정도다. 이 정도의 변화는 침팬지와 고릴라의 차이보다 작은 것이고 식습관의 변화와 별로 관계가 없다. 그러므로 이 시기에 화식이 시작되었을 가능성이 있기는 하지만 그리 유망하지는 않다.

　이제 남은 가능성은 단 하나, 190만~180만 년 전에 일어난 하빌리스에서 직립 원인으로의 진화 단계이다. 이 단계에 일어난 해부학적 구조의 변화는 그 이후의 어떤 진화 단계에서보다 크다. 하빌리스가 유인원과 많은 부분에서 유사했다는 점을 상기하자. 이들은 오스트랄로피테쿠스처럼 두 종류의 이동 방법을 사용한 것으로 보인다. 즉 직립 보행을 하였지만, 골격을 재조립해 보면 나무를 익숙하게 타기에 충분할 만큼 강하고 기동성 좋은 팔을 갖고 있었던 것을 알 수 있다. 키는 서 있을 때 1.3미터, 몸무게는 침팬지와 마찬가지로 암컷은 32킬로그램, 수컷은 37킬로그램 정도였던 것으로 추정된다. 이 같이 작은 몸집은 나무 사이를 옮겨 다니기에 유리하게 작용했을 것이 틀림없다. 이들의 몸집은 작았지만 씹는 치아(어금니)의 크기는 그 이후에 나타난 호모속의 다른 종과 비교할 때 훨씬 컸다. 하빌리스에서 초기 직립 원인으로 진화하는 동안 대표적인 씹는 치아 3개의 표면적은 21퍼센트 감소했다. 하빌리스의 치아가 큰 것은 이들이 부피가 큰 음식을 오래 씹어서 먹었다는 것을 의미한다.[168]

　직립 원인에게는 하빌리스가 가진 유인원적 특성이 없다. 하빌리스가 직립 원인으로 진화한 결과, 인류와 선행 인류의 진화 역사 600만 년 중 치아가 가장 큰 폭으로 작아졌고 몸집이 가장 큰 폭으로 커졌으며 하빌리스를 나무 타기 선수로 만들었던 어깨, 팔, 몸통의 적응이 사라졌다. 또한 직립 원인은 오스트랄로피테쿠스에 비해 흉곽이 덜 벌어졌고 골반이 더 좁아, 창자가 더 작았음을 추측케 한다. 뇌 용량은 42

퍼센트 늘어났다.[169] 직립 원인은 인류의 계보에서 처음으로 아프리카 밖으로 뻗어 나가 170만 년 전 서남아시아, 160만 년 전 동남아시아의 인도네시아, 140만 년 전 스페인에 그 증거를 남겼다. 이처럼 치아 크기의 감소, 뇌와 신체 크기의 증가 및 에너지 이용 효율 증가를 보여 주는 징후, 장이 더 작아진 조짐, 새로운 지역을 개발하여 거주지로 이용하는 능력 등의 요인은 모두 직립 원인의 진화가 화식 덕분이라는 가설을 뒷받침한다.

심지어 나무 타는 능력이 감소했다는 사실조차도 직립 원인이 화식을 했다는 가설과 맞아떨어진다. 직립 원인의 나무 타기 능력은 민첩한 하빌리스와는 달리 오늘날 우리와 비슷했을 것이다. 이 변화는 직립 원인이 나무 위가 아니라 땅바닥에서 잠을 잤다는 것을 시사하는데, 이는 불을 사용하게 됨으로써 가능해졌을 새로운 행태이다. 불빛 덕분에 밤에 육식 동물을 확인하고, 불로 겁을 주어 쫓아낼 수 있었을 것이다. 영장류는 땅에서 자는 경우가 극히 드물다. 작은 유인원은 나무 구멍, 숨겨진 둥지, 물 위로 늘어진 나뭇가지, 벼랑의 돌출 부위, 지상의 육식 동물이 접근할 수 없을 정도로 높은 나무 둥지에서 잠을 잔다. 대형 유인원들은 대개 잠을 자기 위한 보금자리나 둥지를 만든다. 인간이 아닌 영장류 중에서 규칙적으로 땅 위에서 자는 종은 대형 유인원 중 몸집이 가장 큰 고릴라뿐이다.[170] 고릴라는 육식 동물이 거의 없는 숲에서 살고, 몸집도 상대적으로 거대하기 때문에 땅 위에서 직립 원인보다 더 안전하다. 땅에서 가장 자주 잠을 자는 것은 다 자란 수컷으로, 이들의 체중은 127킬로그램이나 나간다. 작은 고릴라는 나무 위에서 잠을 자는 일도 흔하다.

후기 선신세(Pliocene epoch)와 초기 홍적세의 아프리카에는 육식 동물이 많았다.[171] 400만~150만 년 전에 숲이 우거진 지역에서 우리 조상들은 표범만 한 메간테레온(Megantereon)과 사자만 한 디노펠리스(Dinofelis)와 같이 긴 칼날 같은 이빨을 가진 검치고양이 동물들과 마주쳤을 것이다. 조금 더 트인 지역에 사는 호모테리움(Homotherium) 역시 몸집이 컸다. 우리의 초기 조상들이 살았던 지역 인근에는 멸종한 종류의 사자나 점박이하이에나도 살았고(오늘날 같은 사자와 표범이 출현한 것은 최소 180만 년 전이다.), 그 외에도 코끼리, 코뿔소, 들소 비슷한 유제류(有蹄類, 발굽이 있는 동물 — 옮긴이) 등 대형 동물들이 많았다. 평지에서 잠자는 두발 동물(인류의 조상 — 옮긴이)은 이들의 발에 채이기 십상이었을 것이다. 아프리카 삼림 지대는 땅바닥에서 자기에 매우 위험한 곳이었다.

오늘날 포식자가 많은 환경에서 사는 영장류의 행태로부터 추정해 볼 때, 오스트랄로피테쿠스와 하빌리스는 나무 위에서 잠을 잔 것이 분명하다. 그들의 서식지에는 나무가 빽빽히 자라 있었는데, 상체의 해부학적 구조를 보면 나무를 잘 탔을 것으로 여겨진다. 그렇다면 직립 원인은 어떤 식으로 행동하였을까? 직립 원인의 표본 중 가장 잘 보존된 것으로 유명한 '투르카나 소년'(1984년 케냐에서 발견된 화석 — 옮긴이)을 보자. 151만~156만 년 된 이 화석은 직립 원인의 나무 타는 솜씨가 상대적으로 시원찮았음을 보여 준다. 형질 인류학자 앨런 워커(Alan Walker)와 팻 시프먼(Pat Shipman)은 투르카나 소년이 지상에서만 이동한 것으로 보았다. 소년의 손가락뼈는 과거 오스트랄로피테쿠스의 손가

락이 지녔던 강건하고 굴곡진 형태를 잃어버렸고, 어깨뼈의 형태도 현대인과 같았다. 팔을 어깨 위로 뻗어서 기어오르는 데 적응했다는 흔적이 전혀 보이지 않는 것이다. 보존 상태가 너무나 좋은 덕분에 워커는 인체의 평형을 느끼는 기관인 속귀의 전정계(달팽이관의 바깥 부분 ─ 옮긴이)까지 연구할 수 있었다. 평소에 나무를 타는 종은 독특한 형태의 커다란 전정계를 갖추고 있지만, 투르카나 소년의 전정계는 이와 달리 현대인의 것과 매우 유사했다.[172]

따라서 투르카나 소년은 다른 직립 원인과 마찬가지로 나무를 잘 타지 못했을 것이고, 대형 유인원이 잠을 자는 나무 위 보금자리를 만들기 힘들었을 것이다. 침팬지가 잠자리 둥지를 꾸미는 과정을 살펴보면, 우선 보금자리를 만들 곳에 네 발로 서서 나뭇가지들을 자기 쪽으로 구부린다. 그중 굵은 나뭇가지들은 꺾고 구부린 나뭇가지들을 한데 엮어 평평한 구조물을 만든 다음, 마지막으로 잎이 많이 붙은 잔가지들을 깔아 쿠션이나 베개로 사용한다. 대략 5분밖에 걸리지 않는 이 작업의 성패는 흔들리는 가지 끝에서 얼마나 쉽게 이동할 수 있는가에 달려 있다. 직립 원인이나 현대 인류처럼 다리가 길고 발이 납작해서는 이런 민첩성을 발휘할 수 없다. 더군다나 아기가 딸린 어미라면 흔들리는 나뭇가지 위에서 아기를 안은 채 일을 해야 하니 더욱더 힘든 일일 것이다.

이상의 증거를 종합해 볼 때, 직립 원인은 바닥에서 잤을 것이 틀림없다. 하지만 달빛도 없는 어두운 밤에 바닥에서 잠을 자는 일은 너무도 위험해 보인다. 직립 원인의 방어 능력은 우리만큼이나 보잘것없었

고, 단거리 질주 능력도 부족했으며, 무기에 의존해야 싸움에서 성공할 가능성이 조금이나마 있었을 것이기 때문이다. 한밤중에 디노펠리스 한 마리나 하이에나 무리가 갑자기 나타나기라도 하면 매우 위험한 상황에 처했을 것이다.

그러나 직립 원인이 불을 가지고 있었다면 오늘날 우리가 초원 지대에서 야영할 때와 마찬가지 방법으로 잠을 잘 수 있었을 것이다. 이 경우 사람들은 불 가까이 눕고 당번을 정해 밤새 돌아가며 보초를 선다. 당번이 다음 순번을 깨우면 잠을 깬 사람은 보통 불을 쑤셔 돋우고 전 당번과 몇 마디 나눈 다음 경계에 들어간다. 모닥불 외에 다른 빛이 없는 상황에서 밤이 12시간 동안 이어진다면 8시간 동안 계속해서 잘 필요는 없다. 이럴 때는 비공식 경계 체제를 도입하여 언제나 보초 한 사람을 당번으로 정해 둔 상태에서 모두가 충분한 시간 동안 수면을 취할 수 있다. 재규어의 공격을 받은 사례를 보면, 현대 수렵 채집인들은 낮에 사냥을 나가 있을 때보다 밤에 숙영지에 있을 때 더 안전한 것을 알 수 있다.[173]

직립 원인이 나무 타는 능력을 잃어버린 것은 불을 사용하게 되었기 때문이라고 설명할 수 있다. 학계에서 일반적으로 통용되는 추정에 의하면, 아마도 고기를 찾아 장거리 여행을 하는 것이 점점 더 중요해진 결과로 긴 다리가 (자연 선택에 의해—옮긴이) 선호되었을 것이고, 이에 따라 나무를 잘 타기가 어려워진 탓에 직립 원인은 나무 타기를 포기하게 되었다.[174] 그러나 이 추정으로는 직립 원인이 어떻게 안전하게 잠을 잘 수 있었는지를 설명할 수 없다. 그 때문에 나는 그 대안이 되는 가설, 즉 불을 제어할 수 있게 된 하빌리스 한 무리가 땅바닥에서 안전하게 잠을 잘 수 있다는 사실을 학습하게 됐다는 가설이 더 신빙성 있다고 생각한다. 이들에게 뿌리채소와 고기를 불에 익혀 먹는 습관이 새로 생기자 나무에서 얻는 양식은 날것만 먹어야 했던 시절에 비해 덜 중요해졌다.

이제 인류는 식량을 찾거나 안전하게 잠을 자기 위해 나무를 탈 필요가 없어졌고, 자연 선택은 장거리 이동에 유리한 방향으로 해부학적 구조가 변화하는 것을 급속히 선호하게 되었다. 그 결과 인류는 완전히 땅에서만 살게 된 것이다.

지금까지 살펴본 두 종류의 각기 독립된 증거는 모두 직립 원인이 출현한 시기가 화식이 시작된 시기와 일치한다는 것을 나타낸다.

첫 번째 증거는 직립 원인으로의 진화 단계에서 식습관과 관련된 해부학적 구조의 변화(치아 크기의 감소, 흉곽이 벌어진 정도의 감소 등)가 인류 진화의 다른 어떤 단계보다 크게 일어났다는 점이다. 이러한 변화는 섭취한 양식의 영양가가 높아졌고 음식이 더 부드러워졌다는 이론과도 부합한다. 두 번째로 나무 타는 능력을 잃어버린 것은 곧 인류가 땅에서만 잠을 자게 되었음을 의미하는데, 이는 불의 사용 이외에 다른 근거로는 설명하기 어렵다는 점이다.

이제 다른 가능성으로 내세울 만한 유일한 가설은 화식이 우리와 거의 똑같은 외형을 지닌 존재(신체적으로 인간과 같은 호모속)에 의해 시작되었다는 전통적 이론이다. 만약 이것이 사실이라면 화식을 시작하기 훨씬 오래전에 직립 원인은 이미 부드럽고, 쉽게 씹을 수 있으며, 열량 함량이 높은 음식에 적응해 있었다는 말이 된다. 하지만 음식을 불로 익히지 않고 빻거나 섞는 등의 방법으로만 가공해서는 얻을 수 있는 에너지가 매우 낮다. 오늘날 생식주의자들이 현대적인 장비를 갖추어 시도했음에도 별 효과가 없었다는 것은 앞에서 이미 살펴보았다.

우리 조상들은 250만여 년 동안 육식을 해 왔고, 그 영향은 엄청났다. 식물성 음식에 날고기가 추가된 식단은 우리 조상들을 과거 오스트랄로피테쿠스의 생활 방식에서 벗어나도록 하면서, 뇌가 더 커지는 방향으로 진화를 일으키고 아마도 음식을 가공하는 일련의 신기술을 개발하도록 고취했을 것이다.

그러나 하빌리스를 직립 원인으로 진화시키고, 중대한 변화는 전혀 없이 해부학적 구조를 현생 인류의 그것과 같아지도록 바꾸는 여정을 시작하려면 불로 음식을 익혀 먹는 화식의 발명이 필요했을 것이다. 우리의 신체에 들어 있는 증거에 따르면 그렇다.

5 화식, 뇌 성장의 원동력

> 당신이 무엇을 먹는지 알려 주면 당신이 무엇을 하는 사람인지 말해 주겠다.
>
> ―장 앙텔므 브리야사바랭, 『맛의 철학, 또는 초월적 요리학에 대한 명상(*The Physiology of Taste: Or Meditations on Transcendental Gastronomy*)』

"인간은 갈대에 지나지 않는다. 세상에서 가장 약한 존재다. 하지만 인간은 생각하는 갈대다." 1670년 철학자 블레즈 파스칼(Blaise Pascal)이 쓴 글이다.[175] 우리를 다른 종들로부터 구분 짓는 특징은 예외적으로 높은 지능이지만, 그 기원은 오랫동안 수수께끼였다. 다윈은 지능이 사회적 경쟁과 생존을 위한 투쟁에 도움이 되었을 것이라고 결론지은 바 있다. 하지만 인간이 왜 다른 종에 비해 높은 지능을 가져야 하는지 그 이유는 확실치 않았다. 이에 대한 설명은 최근에 들어서야 제

143

시되었다. 많은 인류학자들의 견해에 따르면, 지능을 선호하는 선택압의 일차적 근원은 사회적 경쟁자들을 물리치는 데 따른 이득에 있다. 이와 달리 종별 차이는 신체가 지적 능력을 얼마나 감당할 수 있느냐에 주로 달려 있다. 이 때문에 섭취하는 음식의 질이 영장류의 뇌를 발달시킨 핵심적 요인으로 받아들여지고 있는 것이다. 특히 인간의 경우에는 음식을 불로 익혀서 먹는 것이 중대한 역할을 했음이 틀림없다.

지능의 진화에 대해 설명하는 이론 중 일부는 다소 특정한 이점을 근거로 삼는다. 이를테면 진화 생물학자 리처드 알렉산더(Richard Alexander)는 다음과 같이 주장한다. '인간은 전쟁을 하는 동물이고, 공격을 기획하고 전투에 이기려면 지능이 필수적이다. 그렇기 때문에 집단 간 폭력이 격렬했던 긴 진화사에서 높은 지능이 선호됐다.'[176] 하지만 이 가설은 침팬지 때문에 설득력이 약해진다. 침팬지는 소규모 인간 사회(현재에도 원시적 생활을 하는 종족 집단을 의미 — 옮긴이)에서 나타나는 것과 유사한 싸움이나 폭력 행태를 보이지만, 인간처럼 높은 지능을 갖고 있지는 않다. 침팬지 집단 간의 폭력 행동은 '눈에 띄면 바로 쏘기' 정책과 비슷하다. 수컷 떼거리는 인근 침팬지 집단과 만나기만 하면 그중 취약한 수컷을 바로 공격한다. 때로는 다른 집단의 영역 안으로 깊숙이 침입해서까지 희생자를 찾아내 공격하기도 한다. 침팬지 집단의 이런 폭력 행동으로 인한 사망률은 소규모 사회의 인간 사망률과 비슷하다.[177] 하지만 침팬지는 지능이 인간보다 훨씬 낮아, 평화를 사랑하는 보노보, 고릴라, 오랑우탄과 비슷하다.

지능이 높아지도록 진화한 이유를 사회적 배경이 아니라 생태적 배경에서 찾는 이론도 있다. 이러한 이론에 따르면, 행동반경이 넓은 동물은 자신의 영토에 대해 머릿속으로 지도를 그리기 위해서 예외적으로 높은 지적 능력을 필요로 하고, 이에 따라 지능이 높은 개체가 선호된다. 실제로 수렵 채집인의 행동반경은 유인원이나 원숭이에 비해 훨씬 광대하다. 그러나 영역의 크기와 뇌 크기 간의 상관관계는 일반화될 수 없다. 뇌가 큰 영장류는 머리가 더 좋지만,[178] 전체적으로 더 넓은 행동반경을 갖는 경향을 보이는 것은 아니다.[179] 인간이 높은 지능과 넓은 터전을 동시에 갖췄다는 사실은 우연의 일치로 보인다. 다시 말해 영장류 전체를 통틀어 뇌의 크기와 터전의 크기 간에 어느 방향으로든 인과관계가 있다는 증거는 없다. 이보다 유망한 접근법이 하나 있는데, 지능이 높으면 무수히 많은 이점이 생긴다고 추정하는 것이다. 지능이 높은 종들은 풀과 작은 나뭇가지로 벌레를 구멍에서 끌어낸다거나 망치로 견과류의 껍데기를 부수는 등 다양하고 창조적인 방법으로 자연에서 먹을거리를 구할 수 있다. 또한 뇌가 큰 종들은 복잡한 사회관계를 관리할 수 있다. 이에 대해 진화 심리학자 로빈 던바(Robin Dunbar)가 발견한 사실은 이렇다. '뇌가 크거나 대뇌 신피질의 양이 많은 영장류들은 뇌가 작은 영장류들에 비해 더 큰 집단을 이루고 살며, 밀접한 사회적 관계를 더 많이 맺고, 더 효율적으로 협동을 이용한다.'[180]

완력을 압도할 정로로 머리가 좋으면 사회적으로 유리하다. 일례로 침팬지나 개코원숭이처럼 큰 집단을 이루며 사는 영장류를 보자. 이들의 사회관계는 매일 달라질 수 있어, 상황에 따라 2~3마리가 합세

하여 집단 내의 다른 개체에게 대항하곤 한다. 이처럼 융통성 있는 동맹 관계는 몸집이 작거나 지위가 낮은 개체도 자원이나 이성에 성공적으로 접근할 수 있도록 해 준다. 하지만 동맹 관계를 관리하는 것은 쉬운 일이 아니다. 각 개체가 좋은 동맹 대상을 찾아 서로 경쟁해야 하는데다, 오늘의 동지가 내일의 경쟁자가 될 수 있기 때문이다. 따라서 상대방의 기분과 전략을 계속해서 재평가하고 그 평가 내용에 따라 자신의 행동을 수정해야 한다. 영리한 동물은 속임수도 잘 써서, 얼굴 표정을 위장해 일부러 자신들의 기분을 숨기기도 한다. 강한 경쟁자를 먹이로부터 쫓기 위해 동료들을 불러 모아야 할 때는 마치 공격을 받은 것처럼 가짜 비명을 지르기도 한다. 그 결과는 흡사 주부용 일일 연속극을 보는 듯하다. 애정과 동맹과 적대 행위의 대상이 수시로 바뀌고 남보다 앞서야 한다는 압박감에 끊임없이 시달린다.

대부분의 동물들은 이 같은 사회적 동맹의 곡예를 펼칠 능력이 없다. 지적으로 버겁기 때문이다. 그저 닭처럼 일대일로 경쟁한다든지 자기 집단의 구성원을 외부의 적에 대항해 지원하는 정도의 단순한 규칙에 따를 뿐이다. 물론 인상적인 예외도 몇 가지 있다. 까마귀과의 새들은 유인원과 같은 사회적 능력을 많이 갖추고 있는데, 이들의 뇌는 다른 새들에 비해 확연하게 크다.[181] 병코돌고래(bottlenose dolphin) 역시 매우 복잡하고 변화무쌍한 동맹 관계를 형성하는데, 이들의 몸집 대비 뇌 용량은 인간을 제외한 어느 동물보다도 크다.[182] 큰 무리를 이루고 사는 점박이하이에나도 권력 경쟁에서 이기기 위해 상황에 따라 유연하게 동맹을 맺는데, 이들의 뇌는 보다 덜 사회적인 친척 종들과 비교할 때 더 큰 것을 알 수 있다.[183] 영장류 사례와 마찬가지인 것이다. 이처럼 사회성과 지적 능력이 연계된 사례는 사회성 곤충들에서도 발견된다. 이들의 신경 조직은 뇌가 아니라 신경절에 집중되어 있어, 다윈은 무리 생활을 하는 개미와 말벌의 "뇌 신경절 부피가 놀랍게 크다."며,[184] 다른 곤충들의 몇 배에 이른다고 지적한 바 있다.

이러한 예들은 뇌가 크게 발달하도록 진화한 것은 지능이 사회생활을 하는 데 핵심적인 요소이기 때문이라는 사회적 두뇌 가설(The social brain hypothesis)을 지지해 준다. 이 가설은 어떻게 집단생활을 하는 동물이 지능이 높을수록 짝짓기, 먹이, 동맹, 지위 등에 대한 경쟁에서 다른 경쟁자를 제침으로써 이득을 볼 수 있는지를 잘 설명한다. 그리고 왜 뇌가 큰 종일수록 더 복잡한 사회를 구성하는 경향을 보이는지 설명하면서, 지능이 낮은 종의 경우 사회적 선택의 폭도 제한되리라고 시사한다. 이를테면 뇌의 크기가 작은 원숭이는 다양한 사회적 관계를 조종하기에는 너무 둔한 것인지도 모른다.[185]

사회적 두뇌 가설은 높은 지능이 가져다주는 중대한 이점을 설명하는 데 매우 중요하다. 사실 그 이점이 너무도 큰 나머지 다른 모든 사회성 영장류도 큰 두뇌와 높은 지능을 갖도록 발달했어야 마땅한 듯하다. 하지만 영장류의 뇌 크기에는 다양한 변이가 있다. 여우원숭이(lemur)의 뇌는 다른 포유동물처럼 작은 반면에, 유인원의 뇌는 원숭이보다 크고 인간의 뇌는 다른 어떤 종보다 크다. 그러나 사회적 두뇌 가설은 이런 변이를 설명하지 않는다. 그리고 다음과 같은 문제를 낳는다. 사회적 지능이 그렇게 중요하다면 집단생활을 하는 종들 중 일부는 어째서 다른 종에 비해 오히려 작은 뇌를 갖고 있는가?

이 문제에 대한 해답을 제시해 주는 것은 바로 식단이다. 1995년 레슬리 아이엘로와 피터 휠러는 어떤 종이 큰 뇌를 갖도록 진화한 것은 그들의 창자가 작기 때문이고, 이는 품질이 높은 음식물을 먹기 때문에 가능한 일이라고 했다.[186] 얼핏 보면 어리둥절해지는 발상이지만 뇌가 포도당, 즉 에너지를 유난히 탐한다는 사실에 착안한 생각이었다. 휴식을 취하고 있는 사람의 경우 그가 먹는 음식의 5분의 1이 뇌에 에너지를 공급하는 데 쓰인다. 뇌의 무게가 차지하는 비율은 인체의 2.5퍼센트에 지나지 않지만, 뇌가 사용하는 에너지는 인체의 기본 대사율(우리가 쉬고 있을 때 소모하는 에너지 수지(收支))의 약 20퍼센트나 된다. 이러한 수치는 다른 동물들과 비교해도 높은 것으로 나타나는데, 그것은 인간의 뇌가 아주 크기 때문이다. 영장류의 기본 대사율에서 뇌가 차지하는 비율은 평균 13퍼센트이고, 다른 포유동물의 경우는 이보다 더 낮아서 8~10퍼센트에 불과하다. 많은 수의 뇌세포에 지속적으로 에너지를 공급하는 일이 중요하다는 사실에서 짐작할 수 있듯이, 에너지 대사를 담당하는 유전자는 다른 영장류에 비해 인간의 뇌에서 더 높은 발현율을 보인다.[187] 우리가 자고 있을 때든 깨어 있을 때든 뉴런은 항상 활성화되어 있어야 하기 때문에 뇌로 유입되는 에너지는 항상 높은 수준으로 유지되어야 한다. 산소나 포도당의 유입이 잠시만 중단되어도 뉴런의 활동은 정지하고 인간은 급속히 죽음에 이른다. 이처럼 뇌세포가 에너지를 끊임없이 요구하는 것은 먹을 것이 아주 부족할 때나 전염병이 돌 때와 같은 극단적인 환경에서도 계속된다. 따라서 큰 뇌를 갖도록 진화하기 위한 첫 번째 조건은 뇌에 에너지를 공급하는 능력, 그것도 안정적으로 공급할 수 있는 능력이다.

이처럼 큰 뇌는 많은 양의 에너지를 필요로 한다는 것을 토대로 아이엘로와 휠러는 다음과 같은 질문을 던지게 되었다. 대체 어떤 특성 때문에 인간이 다른 종에 비해 더 많은 포도당을 뇌에 공급할 수 있는 것일까? 한 가지 가능성은 인간의 에너지 소비율이 이례적으로 높을지 모른다는 것이다. 우리는 예외적으로 높은 열량이 농축된 음식을 먹을 뿐 아니라 우리와 체중이 비슷한 다른 영장류에 비해 더 많은 에너지를 매일 섭취한다. 그래서 몸에서 남아도는 에너지를 배고픈 뇌를 먹여 살리는 데 쓰는 것일지도 모른다. 그러나 영장류 및 기타 포유동물의 기초 대사율은 이미 잘 알려져 있고, 인간이라고 해서 특별히 다른 것은 아니다. 휴식 상태인 인간의 몸이 소비하는 에너지는 우리와 몸집이 비슷한 다른 영장류에서 볼 수 있는 비율과 거의 동일하다. 이처럼 인간의 기초 대사율에 다른 동물과 구별되는 특이한 점이 없는 관계로, 아이엘로와 휠러는 큰 뇌에 동력을 제공해 주는 것은 신체 내에 흐르는 막대한 에너지라는 가능성을 배제할 수 있었다.

전반적으로 에너지 소비율이 높기 때문이라는 가설을 배제할 수 있었던 것은 중요한 진전이었다. 이제 가능한 해답이 하나밖에 남지 않게 되었기 때문이다. 인간의 체중 대비 기초 대사율이 다른 영장류와 비슷한 와중에 여분의 에너지가 뇌로 공급되려면 신체의 다른 부분에 공급되는 에너지가 그만큼 감소해야 할 것이다. 그렇다면 대체 신체의 어느 부분이 홀대를 당하는 것일까? 영장류의 경우 대부분의 신체 기관은 체중을 이용하여 그 크기를 거의 정확히 예측할 수 있다. 생리학의 법칙은 피할 수 없기 때문이다. 다시 말하면, 어떤 종의 체중이 다른 종의 2배라면 심장 역시 거의 정확하게 2배 무거워야만 그만큼 무거운 신체 전체에 피를 충분하게 보낼 수 있다. 이 문제는 타협이나 거래가 불가능하다. 이 같은 원칙이 콩팥, 부신 등 대부분의 신체 기관에 적용된다. 그런데 아이엘로와 휠러가 이러한 경향에 논쟁을 불러일으킬 만한 예외를 찾아냈다. 영장류 전체에 걸쳐 체중 대비 소화관의 무게가 상당한 편차를 보여, 소화관이 몸집에 비해 큰 종이 있는가 하면 작은 종도 있는 것이었다. 그런데 이 편차는 바로 음식의 질과 연결되어 있다.

양(胖, 소나 돼지의 위에서 사람이 먹을 수 있는 부분 — 옮긴이)을 손질해 보았거나 사슴의 창자를 들어내 본 사람이라면 알겠지만, 포유동물의 소화관 조직은 부피가 매우 크다. 포유류의 소화관은 대사율이 높으며, 특히 대형 유인원처럼 몸집이 크고 주로 채식을 하는 종들의 창자는 하루 종일 바쁘다. 이른 아침 식사 때부터 시작해 창자의 주인이 잠자리에 든 지 여러 시간이 지날 때까지 잠시도 쉬지 않고 일하기 때문이다. 소화관은 활동하는 시간 내내 음식을 휘젓고, 위액을 만들고, 소화 효소를 합성하는가 하면 소화된 분자를 소화관 벽을 통해 혈액으로 보내는 등 매우 에너지 집약적인 기능을 수행한다. 이처럼 활동 중인 소화관은 시종일관 높은 열량을 소비하는데, 소비 에너지의 총량은 소화관 자체의 무게 및 업무량에 달려 있다. 개나 늑대 같은 육식 동물의 소화관은 말이나 소, 영양 같은 초식 동물에 비해 작다. 섬유질이 많은 잎 대신 당분이 풍부한 과일과 같이 소화가 잘되는 음식물을 먹는 데 적응한 종 역시 비교적 작은 소화관을 가지고 있다. 과일을 먹는 침팬지나 거미원숭이(spider monkey)의 소화관이 고릴라나 고함원숭이(howler monkey)의 소화관에 비해 작은 것이 그 예이다. 소화관이 작아지면 그 자체의 에너지 소비량이 줄어들기 때문에 절약된 에너지를 신체의 다른 부분에서 쓸 수 있게 된다. 질이 높은 음식을 먹은 것과 동일한 효과가 나는 것이다.

소화관의 크기가 종별로 상당한 변이를 보인다는 사실은 아이엘로와 휠러에게 돌파구를 열어 주었다. 체중에 비해 상대적으로 작은 소화관을 가진 영장류는 상대적으로 더 큰 뇌를 가진 것으로 입증된 것이다. 아이엘로와 휠러는 한 종이 작은 소화관을 가짐으로써 절약할 수 있는 열량을 추정하여, 이 수치가 더 큰 뇌를 가질 때 추가로 소비되는 열량과 잘 맞아떨어진다는 것을 보여 주었다. 이들 인류학자는 장에서 적은 에너지를 소모하는 영장류는 뇌 조직에서 더 많은 에너지를 사용할 수 있다는 결론을 내렸다. 큰 뇌가 발달할 수 있었던 것은 에너지 소모율이 높은 조직(소화관)이 작아진 덕분인 것이다. 이 이론은 고비용 조직 가설(The expensive tissue hypothesis)이라는 이름으로 알려지게 되었다.[188]

영장류 외의 일부 종에서도 이와 비슷한 양상이 나타나, 작은 소화관을 이용해서 특별히 큰 뇌를 진화시킨다. 한 예로, 상대적으로 작은 소화관을 가진 남아메리카의 코끼리고기(elephant-nosed mormyrid fish)는 전체 에너지의 60퍼센트를 유난히 큰 뇌에 공급할 수 있다.[189] 이와 같은 에너지 트레이드오프 원칙을 따르되 뇌가 아니라 근육을 발달시키는 동물도 있다. 장 조직의 양이 적은 새들은 날개 근육을 키우는 데 여분의 에너지를 쓰는 경향이 있다.[190] 아마도 새의 입장에서는 뇌가 큰 것보다 날기를 잘하는 것이 더 중요하기 때문일 것이다. 이와 다른 종류의 트레이드오프도 제시된 바 있는데, 이를테면 체중에 비해 근육의 양이 적은 종은 상대적으로 큰 뇌를 가졌다.[191] 종합해 보면, 보다 큰 뇌를 가지려면 어떤 방식으로든 그에 따른 대가를 치러야 한다는 결론을 얻을 수 있다. 소화관이 상대적으로 작은 동물들이 작은 소화관 덕분에 절약된 에너지를 어디에 쓰는가는 각자에게 어떤 기능이 중요한가에 달려 있다. 영장류의 경우에는 그 에너지를 더 커진 뇌 조직에 쓰는 경향이 특히 강한데, 이는 대부분의 영장류가 사회적 지능이 클수록 유리한 집단생활을 하기 때문인 것으로 추정된다.

고비용 조직 가설은 인간의 뇌 크기가 주목할 만큼 증가한 사건은 음식의 질 향상과 관계가 있을 것이라고 예측했다. 그리고 아이엘로와 휠러는 인간의 뇌가 두드러지게 커진 두 사건을 확인했다. 첫 번째는 약 200만 년 전 오스트랄로피테쿠스가 직립 원인으로 진화한 때로, 사냥꾼 인간 가설에 따라 고기를 더 많이 먹게 된 데 그 원인이 있다고 보았다. 두 번째는 50만여 년 전 직립 원인이 하이델베르크인으로 진화한 단계로, 아이엘로와 휠러는 그 원인을 음식의 품질 개선을 설명하는 유일한 대안, 바로 화식에서 찾았다.

나는 아이엘로와 휠러의 기본 원칙은 옳았다고 믿는다. 그러나 그들은 세부 사항에서 오류를 범했다. 오스트랄로피테쿠스와 직립 원인 사이의 진화 과정에서 뇌 크기의 팽창이 단 한 차례만 일어난 것으로 가정했기 때문이다. 하지만 실제로는 오스트랄로피테쿠스에서 하빌리스로, 하빌리스에서 직립 원인으로의 두 단계에 걸쳐 일어났다.[192] 이 두 차례의 변이와 그에 따른 두 차례의 뇌 크기 증대를 각각 설명하는 것이 바로 육식과 화식이다.

고비용 조직 가설은 인류가 탄생한 시기의 뇌 크기 증대뿐 아니라 약 200만 년 전을 전후로 일어난 다양한 뇌 크기 증대 사례에 대해서도 설명을 제공한다. 먼저 약 700만~500만 년 전에 살았던 우리와 침팬지의 마지막 공통 조상을 생각해 보자. 이들 선(先)오스트랄로피테쿠스 유인원은 열대 우림에 살았고, 침팬지를 닮았을 것이라고 복원해 볼 수 있다. 침팬지뿐 아니라 고릴라와도 가까운 친척 관계에 있는 이 조상의 뇌 용량은 오늘날의 대형 유인원에 필적하여, 오늘날의 원숭이보다는 컸을 가능성이 크다. 이들의 뇌가 오늘날의 원숭이의 뇌보다 컸을 것이라는 추정은 고비용 조직 가설로 설명할 수 있다. 대형 유인원은 체중에 비해 질이 높은 음식을 먹기 때문이다. 이들은 원숭이에 비해 상대적으로 섬유질과 독소를 적게 섭취한다.

침팬지의 두개 용량은 약 350~400cc이다. 이에 비해 체중이 침팬지와 비슷하거나 약간 작은 오스트랄로피테쿠스의 두개 용량은 약 450cc에 이른다.[193] 여기서 아이엘로와 휠러의 가설에 따르면 오스트랄로피테쿠스의 양식은 오늘날 침팬지의 먹이에 비해 질이 더 높았어야 할 것이다. 여기까지는 매우 그럴듯해 보인다. 오스트랄로피테쿠스가 살았던 종류의 숲에 오늘날 서식하는 침팬지나 개코원숭이가 먹는 것은 과일, 가끔 꿀, 연한 씨, 기타 입에 맞는 식물 등이다. 양식이 풍부한 계절이라면 오스트랄로피테쿠스들이 먹는 것도 이와 거의 동일했을 것이다. 하지만 과일이 귀한 계절에는 그들의 침팬지 비슷한 조상보다 더 잘 먹고 지냈을 것이 틀림없다. 오늘날의 침팬지는 과일이 부족하면 서식지인 열대 우림의 고유한 식물로 관심을 돌려 초대형 초본류의 줄기나 나무의 연하고 어린 잎 등을 먹는다. 그러나 이보다 건조한 삼림 지대에 살던 오스트랄로피테쿠스가 이와 같은 먹을거리를 찾아내기는 어려웠을 것이다. 가장 가능성 있는 대안은 녹말이 많은 뿌리채소, 땅속이나 물속에 있는 초본류의 저장 조직으로, 이는 이상적인 음식이 되었을 것이다.[194]

많은 사바나 식물의 알줄기, 뿌리줄기, 덩이줄기에 풍부하게 저장된 탄수화물은 건기에 에너지가 풍부한 녹말을 고농도로 공급해 주는 원천이 되는데, 이러한 예비 식품은 잘 숨겨져 있어서 동물들이 찾아내기 어렵다. 하지만 침팬지는 덩이줄기를 찾기 위해 땅을 파헤치며, 막대기를 이용하는 경우도 있다. 오스트랄로피테쿠스도 최소한 이 정도의 기술과 적응도는 갖추었을 것이다. 실제로 이들은 돼지처럼 유난히도 큰 어금니를 가진 것으로 유명한데, 이는 뿌리와 알줄기를 부수는 데 적합하다. 오스트랄로피테쿠스가 식량을 얻은 중요 장소는 사초(莎草), 수련, 부들이 잘 자라는 강변이나 호변일 가능성이 큰데, 이들 지역은 오늘날의 수렵 채집인이 녹말 식품을 얻는 자연의 슈퍼마켓이기도 하다.

식물이 에너지를 저장해 두는 알줄기나 덩이줄기는 고비용 조직 가설이 기대하는 조건을 만족시킬 만한 양질의 식량이다. 소화시키기 어려운 세포벽 섬유가 잎보다 적어서 소화가 더 쉽고, 그 때문에 식품으로서의 가치가 더 높은 것이다.[195] 따라서 잎을 먹다가 그보다 품질이 더 높은 뿌리로 식단이 바뀌었다는 것은 뇌 용량의 첫 팽창, 즉 숲에 살던 유인원이 700만~500만 년 전 오스트랄로피테쿠스로 진화할 때 일어났던 팽창을 그럴듯하게 설명해 준다.[196]

두 번째로 뇌 크기가 급속히 팽창한 시기에 뇌의 용량은 오스트랄로피테쿠스의 약 450cc에서 하빌리스의 약 612cc(5개의 두개골을 측정한 결과를 기초로 함)로 3분의 1가량 증가했다.[197] 오스트랄로피테쿠스와 하빌리스의 체중이 거의 같았음을 고려할 때, 이와 같은 변화는 뇌가 상대적으로 뚜렷이 커졌다는 것을 의미한다. 그리고 고고학적 증거에 따르면 고기를 더 많이 먹게 된 것이 이 시기에 있었던 식단의 변화였으므로, 이 같은 뇌의 성장은 고기 덕분이었음이 틀림없다. 뇌의 크기가 급격히 증가한 이유는 하빌리스가 고기를 가공했기 때문일 가능성이 크다. 유인원과 인간은 육식에 있어 불리한 처지에 놓여 있다. 치아는 고기를 잘 자르지 못하고, 입은 상대적으로 작으며, 보몬트가 알렉시스 생 마르탱의 사례에서 보았듯 위장은 날고깃덩어리를 효율적으로 처리하지 못한다.

침팬지를 보면 유인원의 턱 힘으로도 날고기를 먹는 것이 쉽지 않다는 것을 알 수 있다. 먹이가 된 동물의 고기를 열심히 씹지만, 가끔 대변에서 소화되지 않은 작은 고기 조각이 발견되는 것이다. 날고기를 먹는 것이 이토록 힘들고 비효율적인 일이기 때문인지, 침팬지는 고기를 먹을 기회가 있는데도 등을 돌리는 경우가 가끔 있다. 평소 고기를 엄청나게 밝히는데도 말이다. 침팬지는 고기를 1~2시간 동안 씹다가 뱉어 놓고 휴식을 취하거나 과일을 대신 먹기도 한다. 우간다 키발레 국립 공원의 카냐와라 지역에 사는 침팬지들의 경우, 근육 부위는 아예 씹지도 않고 고기 먹을 기회를 때때로 포기해 버린다. 한번은 붉은콜로부스원숭이(red colobus monkey)를 사냥하기 좋아하는 조니(Johnny)라는 이름의 침팬지가 동물성 단백질에 굶주린 듯 보였음에도 이와 유사한 행동을 하는 것이 목격된 적이 있다. 어린 붉은콜로부스원숭이 한 마리를 죽여서 땅에 내려놓은 뒤 창자를 꺼내 먹고 사체를 두고 가 버린 것이다. 다른 침팬지들은 이 사체를 보지 못했다(사체를 버려 둔 것이 고기 쟁탈전을 기피하려는 목적과는 관계없다는 뜻 — 옮긴이). 조니는 곧바로 나무 위로 돌아와서 또다시 어린 원숭이를 죽이더니 똑같은 행동을 했다. 사체를 땅에 내려놓은 뒤 창자를 먹고 나머지는 썩도록 내버려 둔 것이다. 이처럼 조니가 사냥감의 부드러운 부위를 선호하는 것은 다른 침팬지들에게서도 나타나는 전형적인 취향이다. 동물을 사냥한 침팬지는 창자, 간, 뇌와 같이 재빠르게 삼킬 수 있는 부위를 가장 먼저 먹는다. 그러고 나서 근육을 먹을 때는 천천히 씹어야만 해서, 3분의 1 킬로그램의 고기를 씹는 데 1시간까지 걸리기도 한다. 이 경우 시간당 얻는 열량은 과일을 먹을 때와 같다. 하빌리스 역시 이와 동일한 문제에 직면했을 것이다. 만일 그들이 필요한 열량의 절반만이라도 날고기를 통해 얻었고, 고기를 침팬지처럼 천천히 씹어야 했다면 하루 중 여러 시간을 고기 씹는 데 할애해야 했을 것이다. 그리고 소화관이 이렇게 오랫동안 바쁘게 일해야 했다면 소화 비용 또한 매우 컸을 것이다.

만약 씹고 소화하는 시간을 단축시켜 주도록 고기를 가공하는 방법이 있었다면 이 문제를 해결하는 데 큰 도움이 되었을 것이다. 사실 침팬지는 고기를 가공하는 원시적인 방법을 알고 있다. 나뭇잎을 고기와 함께 입에 넣음으로써 씹는 일을 쉽게 만드는 것이다. 고기를 씹기 위해 자리를 잡을 때 종류에 상관없이 가장 가까운 곳에 있는 나무의 잎을 선택하는 것으로 볼 때, 이는 나뭇잎에 들어 있는 영양가 때문에 하는 행동은 아니다. 나뭇잎을 고르는 유일한 기준은 잎이 질겨야 한다는 것이다. 그 때문에 어린 나뭇잎이나 풀의 부드러운 잎은 외면하고 다 자란 나뭇잎만 고른다. 심지어 영양가는 없이 갈색의 잎맥만 남은 숲 바닥의 오래된 낙엽을 고르기도 한다. 나도 친구들과 함께 비공식적으로 염소 고기를 날로 씹는 실험을 해 본 적이 있다. 염소의 허벅지 근육을 아보카도의 다 자란 잎과 함께 씹어 보았는데, 그 결과 고기와 잎을 함께 씹으면 고기만 씹을 때에 비해 덩어리를 더 빨리 작게 부술 수 있었다. 오스트랄로피테쿠스도 새끼 가젤이나 다른 작은 포유동물을 잡았을 때 아마도 이와 유사한 방법을 썼을 것이다.

하빌리스는 이보다 더 진보한 기술을 사용했다. 그들의 유골 근처에서 발견되는 돌망치나 주먹 크기의 둥그런 돌에 반복해서 사용된 흔적이 역력한 것을 보면 알 수 있다. 하빌리스는 아마도 이들 망치를 동물의 뼈를 부수고 골수를 꺼내는 용도로 썼을 것이다. 다른 도구를 만드는 데 쓰는 것은 물론, 오늘날 서부 아프리카 침팬지들이 그렇게 하고 있듯이 견과류의 단단한 껍데기를 부수는 데도 썼을 것이 분명하다. 이 외에도 돌망치나 나무 곤봉이 고기를 연하게 만들기 위해 사용되었을 가능성도 충분히 존재한다. 하빌리스는 사냥한 동물의 사체에서 고깃덩어리들을 잘라 낸 뒤 어떻게 했을까? 얇고 넓적하게 잘라서 평평한 돌 위에 올려놓고, 몽둥이나 돌로 내리쳤을지도 모른다. 망치질이 아무리 어설펐더라도 고기를 연하게 만들고 결합 조직을 파괴하여 소화 비용을 낮추는 데 도움이 되었을 것이다. 가공되지 않은 날고기는 씹기도 소화하기도 어렵다. 따라서 이처럼 고기를 가공함으로써 고기로부터 섭취하는 영양가도 늘리고 씹고 소화하는 속도도 높인 것은 아마도 인류의 조상이 이룩한 가장 중요한 문화적 기술 혁신 중 하나가 아닐까 생각한다. 고기를 연하게 만들면 위 속에 머무는 시간이 짧아져 소화 비용이 절약되므로,[198] 하빌리스는 여기서 절약한 에너지를 뇌로 보낼 수 있었을 것이다.

  이와 같이 식물의 뿌리로, 고기로, 그리고 가공한 고기 쪽으로 식단이 변화한 것은 침팬지 비슷했던 약 600만 년 전의 조상이 약 200만 년 전의 하빌리스로 진화하는 과정에서 뇌의 크기가 늘어난 이유를 설명할 수 있다. 그때 이후로 뇌는 지속적으로 커져, 612cc였던 하빌리스의 두개 용량은 직립 원인으로 진화하면서 평균 870cc(가장 초기 직립 원인들의 두개골을 측정한 값)에 이르렀다. 40퍼센트 이상이 증가한 것이다. 그런데 이와 같은 뇌 용량 증가가 갖는 의미를 복잡하게 만드는 요소가 있다. 뇌 용량과 함께 체중도 증가한 것이다. 하빌리스의 체중은 32~37킬로그램이지만 직립 원인은 56~66킬로그램에 이른다. 이런 근사치가 나온 것은 유골을 토대로 체중을 정확히 측정하기가 쉽지 않은데다 표본 수도 많지 않기 때문이다. 그래서 체중 대비 뇌 용량이라는 문제가 남게 됐다. 초기 직립 원인의 체중 대비 뇌 용량은 하빌리스의 그것에 비해 얼마나 컸는가? 상대적으로 크다는 것 자체는 확실한가? 이는 아직도 분명히 해결되지 않고 있는 의문이다. 하지만 직립 원인의 뇌가 180만 년 전 이후로 계속해서 증가하여 100만 년 전에는 평균 950cc에 이르렀다는 것은 확실하다.[199] 지금까지 나는 직립 원인이 불로 조리하는 인간으로서 출범했다는 점을 증거와 주장을 통해 제시했다. 이를 토대로 고비용 조직 가설이 시사하는 바는 '직립 원인의 뇌 용량이 커진 원인은 익힌 음식을 먹은 데 있다.'는 것이다. 일단 화식이 시작되자 장의 크기와 활동량이 모두 줄어들 수 있었고 이에 따라 소화 비용이 낮아졌을 것이다.

두개 용량이 뚜렷하게 증가한 네 번째 사건은 약 80만 년 전 하이델베르크인의 출현이다. 이번 역시 상당량의 증가를 보여, 뇌가 차지하는 부피가 약 1,200cc에 이르렀다. 아이엘로와 휠러는 그 원인을 화식의 도입에 돌렸지만, 나는 잘못된 추론이라고 믿는다. 하이델베르크인의 뇌가 왜 이렇게 커졌는가 하는 문제는 미스터리로 남아 있어 다양한 가능성들을 생각해 보게 한다.

먼저 사냥을 더 효율적으로 한 덕분인지도 모른다. 하르트무트 티메는 쇠닝겐에서 40만 년 전 집단 사냥이 존재했다는 증거를 발견하였는데, 이는 사냥 기술이 그 이전부터 두드러지게 진보해 왔다는 것을 시사한다. 따라서 이 시기 전에 육식과 그에 따른 동물성 지방의 섭취가 크게 늘면서, 직립 원인에서 하이델베르크인으로 진화하는 데 중요한 역할을 했을 가능성을 생각해 볼 수 있다.

또 다른 가능성을 생각해 보자. 불로 요리하는 것은 최초로 발명된 이후로도 오랫동안 뇌의 진화에 지속적으로 영향을 미쳤음이 분명하다. 요리법이 계속 개선되어 왔을 것이기 때문이다. 초기에는 음식물을 불 위에 올려놓는 것이 요리의 주된 방법이었을 것이다. 이는 야영하는 사람들이 여러 세대에 걸쳐 사용해 온 기술이고, 현대의 수렵 채집인이 익히기 쉬운 음식을 요리하는 방식이다. 오스트레일리아 중부 지역의 아란다(Aranda)족은 사초(莎草)의 콩알만 한 알줄기를 강변의 평지에서 캐는데, 이 알줄기를 익히는 방법 중 하나가 바로 뜨거운 재 위에 잠깐 올려놓는 것이다. 이렇게 익힌 알줄기는 손바닥 사이에 넣고 비벼서 가벼운 껍질을 제거한 후 먹는다. 아프리카 칼라하리 사막의 쿵족은 주요 식량인 친(tsin) 콩을 뜨거운 재 속에 묻어서 익힌다. 동물도 불 위에 올려놓으면 쉽게 구울 수 있는데, 특히 털을 먼저 태워서 제거하면 더욱 잘 구워진다. 골수를 요리하는 것도 간단해서, 뼈 전체를 불 위에 놓고 구운 다음 돌로 쪼개면 골수가 녹은 버터처럼 흘러나온다.

물론 이후 여러 세대에 걸쳐 이보다 복잡한 요리법이 각 음식에 맞게 개발되어 축적되었을 것이다. 예컨대 쿵족이 먹는 견과류 몽공고(mongongo) 열매의 조리법을 보자. 이 열매는 영양가가 매우 높은 주식이기 때문에, 몇 주 동안 계속해서 주된 열량원으로 이용되는 일이 흔하다. 쿵족 여성이 이 열매를 조리하는 법을 살펴보자. 우선 꺼져 가는 불에서 숯을 꺼내 뜨거운 마른 모래와 섞는다. 그러고는 다량의 열매를 그 속에 묻어 두는데, 이때 열매가 타고 있는 숯에 직접 닿지 않도록 한다. 2~3분이 지나면 열매가 골고루 익도록 숯 모래 더미를 뒤적여 주고, 필요에 따라 숯을 더 넣는다. 다 익으면 하나씩 망치로 두드려 쪼갠 다음, 씨를 꺼내 먹거나 나중에 더 익힐 요량으로 따로 보관하기도 한다.[200] 이처럼 정교한 조리법이 언제 생겨났는지는 모르지만, 음식의 에너지 품질을 높이는 데 기여했을 것으로 보인다. 소화 기관이 활동하는 시간을 줄여 줌으로써 소화의 총비용을 낮추고 더 많은 에너지를 뇌로 보낼 수 있게 해 주었을 것이다.

이와 같은 조리 효율의 향상이 초기 인류 종의 뇌 크기가 세대를 거듭하며 꾸준히 증가하는 경향을 보이는 이유를 설명할 수 있을지 모른다. 예컨대 초기 직립 원인과 후기 직립 원인을 비교해 보면 후기 직립 원인의 뇌가 훨씬 더 크다. 이러한 경향은 하이델베르크인에게서도 나타난다. 육식이나 화식의 도입과 같은 대규모 혁신으로는 이처럼 상대적으로 작은 규모의 변화를 설명할 수가 없다. 뇌 용량이 대규모 도약기들 사이의 기간에도 지속적으로 증가해 온 사실은 조리 기술이 일련의 진보 과정을 거쳤다고 봄으로써 가장 순조롭게 설명이 된다. 하이델베르크인의 뇌 용량이 후기에 이르러 상당히 커진 것은 특별히 중요한 몇 건의 진보가 조리 기술에서 일어난 덕분일지 모른다.

약 20만 년 전 하이델베르크인이 우리 호모 사피엔스 종으로 진화한 과정도 이와 동일했을 가능성이 있다. 이때 뇌 용량은 1,200cc에서 1,400cc로 비교적 미미하게 증가했다. 현대인이 보이는 다양한 행동들이 이 시기의 인류로부터 처음으로 관찰된다.[201] 예를 들면 붉은 황토의 사용(아마도 개인적 장식을 위해서일 것이다.)이라든가 뼈로 만든 도구의 제작, 원거리 교역의 등장 등이다. 따라서 이 시기에 조리 기술도 더욱 정교하게 진보되었을 가능성이 있다. 예컨대 초기 형태의 흙화덕은 영향력이 매우 큰 기술 혁신이었을 것이다. 조리 효율을 크게 높여 주기 때문이다. 세계 각지의 수렵 채집인들은 뜨거운 돌을 사용하는 흙화덕을 썼다. 하지만 오스트레일리아에서 3만 년 이상 된 흙화덕은 발견되지 않는 것으로 볼 때,[202] 6만 년 전 이전에 아프리카에서 나와서 세계 여러 지역에 정착한 사람들은 이런 화덕을 쓰지 않은 것으로 보인다. 그렇지만 예전에는 이보다 단순한 형태의 화덕이 쓰였는데 지금은 사라지고 잊혔는지도 모른다.

 보다 최근의 흙화덕은 뜨거운 돌이 오랫동안 균등한 열을 제공해 주는 구조를 갖고 있다. 1927년에 기록된, 오스트레일리아 중부 지역 아란다족의 전형적인 조리 과정을 보면, 땅에 구멍을 파고 마른 나무 더미로 채운 뒤 그 위에 열을 받아도 깨지지 않는 종류의 커다란 돌들을 올려놓았다. 주로 먼 곳에서 운반해 온 둥글넓적한 강돌을 썼다. 돌들이 빨갛게 달아올라 불 속으로 떨어지면 막대기로 끄집어내고 재를 제거한 뒤, 뜨거운 돌들을 다시 제자리에 놓고 녹색 잎으로 층층이 덮었다. 요리를 한 사람들은 이 위에 고기를 올려놓을 때 육즙이 빠져나가지 않도록 잎으로 감싸는 것을 선호했다. 때로는 뿌리채소와 같은 식물성 양식을 먼저 올려놓은 다음 그 위에 고기를 놓기도 했다. 이 위에 녹색 잎을 더 올려놓았으며 때에 따라서는 바구니로 덮어 두었다. 그런 다음 물을 붓고, 맛을 내기 위해 향료 식물을 넣기도 했다. 마지막으로 그 위에 흙을 한 겹 덮어서 수증기가 빠져나가지 않도록 했다. 그 상태로 1시간 이상 지나면(밤새도록 놔둘 때도 있다.) 고기와 채소는 먹기 좋은 상태가 됐다. 고기는 잎이 무성한 나뭇가지 위에 올려놓은 뒤 칼로 저며서 먹었다.[203] 흙화덕은 열기가 일정하게 지속되고 수분도 머금고 있어 녹말이나 다른 탄수화물을 아교질로 만들 뿐 아니라 고기를 연하게 익히기에 효율적인 환경을 제공한다. 이 정교한 요리 기술이 고기와 식물성 식품의 소화율을 높였음에는 의심의 여지가 없다.

이와 마찬가지로, 그릇 같은 용기를 사용하면 더 효과적으로 익힐 수 있었을 것이 틀림없다. 그러면 소화 비용이 줄어들어서 뇌가 커질 수 있었을 것이다. 흙을 구워 만드는 도기류는 약 1만 년 전이라는 아주 가까운 시기에 발명되었지만, 이보다 훨씬 오래전부터 자연물이 음식을 담아 익히는 그릇으로 사용되었을 수 있다. 예를 들어 천연의 그릇을 갖추고 있는 홍합 같은 조개류는 세계의 수많은 지역에서 통째로 요리되어 왔다. 불 속에 넣고 껍질이 열릴 때까지 놔두는 것이다. 티에라델푸에고 제도의 야간족들은 바다표범을 구울 때 떨어지는 액체를 받거나 고래기름을 담는 데 홍합 껍데기를 이용했다. 이 기름에 버섯을 찍어 먹었다.

여기서 조금만 더 발전하면 그릇에 담아 가열 조리하는 기술에 이르게 된다. 초기 호모 사피엔스가 무언가를 천연 용기에 담아 가열했다는 것은 12만 년 전 오래된 박달나무 타르(석탄이나 목재를 건류하여 얻은 검은색의 기름 같은 액체 — 옮긴이)로 접착제를 만들어 창끝에 돌촉을 다는 데 사용했다는 증거를 통해 알 수 있다.[204] 접착제를 충분히 끈적끈적하게 만들려면 어딘가에 담아서 가열해야만 했을 것이므로, 당시 사람들이 이미 음식을 용기에 담아 조리하는 법을 알고 있었을 것임을 짐작할 수 있다. 또한 상상력을 그리 많이 동원하지 않아도 쉽게 그 사용법을 떠올릴 수 있는 천연 용기도 있다. 거북이 그런 예다. 거북은 여러 모로 편리한 천연 식품이다. 여러 날 동안 살려 놓기도 쉽고 운반도 용이한데다 뒤집어 놓으면 그 자체가 조리용 그릇이 된다. 살을 다 먹은 다음에 남는 껍데기 역시 쓸모가 많다. 뱅골 만의 안다만 제도 사람들은 뒤집어 놓은 거북 껍데기 안에 거북 피를 넣어 걸쭉해질 때까지 익힌 다음 곧바로 먹었다. 다른 많은 아시아인들처럼 이들은 대나무 역시 그릇으로, 때로는 조리용으로 사용했다. 먼저 대나무 한 마디를 깨끗이 닦은 뒤 불로 열을 가해 수액이 몸통 속으로 모두 흡수되게 했다. 그러고 나서 마른 대나무 속을 야생 돼지나 기타 동물의 반쯤 익힌 고기 조각으로 채워서 불에 천천히 구웠다. 이때 고기는 익어서 부풀되 대나무는 쪼개지지 않도록 했다. 더 이상 수증기가 나오지 않으면 대나무 통을 불에서 꺼내 입구를 나뭇잎으로 채운 다음 봉해 놓았다. 그러면 여러 날이 지나도 고기가 상하지 않았다.[205] 안타깝게도 식물성 재료를 이용한 초기 인류의 수많은 독창적 조리 기술들은 그 흔적이 남지 않기 때문에 영원히 사라져 버렸다.

조리의 효율과 음식의 질을 높이는 다른 방법들도 많이 개발되었을 것이다. 음식을 굽는 특수한 방법 중에는 얼마나 오래되었는지 알 수

없는 것들도 많다. 남극에 가까운 추운 기후에서 사는 야간족은 이중 프라이팬을 개발했다. 그 과정을 보면, 먼저 불 속에서 납작한 돌 2개를 달궜다가 꺼낸 다음 큰 돌을 바닥 프라이팬 삼아 고기나 고래 또는 바다표범의 비계를 얇게 잘라 올려놓았다. 그 위에 다시 작은 돌을 덮어 두면 비계는 몇 분 지나지 않아 갈색으로 익어 오그라들었다.[206] 이 음식은 사냥꾼들이 특히 좋아했다. 야간족은 소시지도 좋아했는데, 바다사자 소시지를 만드는 방법은 다음과 같다. 갓 죽인 바다사자의 복강에 고이는 피는 따로 보관해 두고, 부드럽고 아직도 물기가 많은 창자를 꺼내 안팎을 뒤집은 다음 깨끗이 손질한다. 손질한 창자의 한쪽 끝을 힘줄로 묶고 입으로 바람을 불어 넣어 부풀게 한 다음 다른 쪽 끝을 묶은 뒤 자연 건조에 들어간다. 속이 빈 소시지가 충분히 굳으면 한쪽을 풀고 앞서 보관해 둔 피를 커다란 조가비로 떠 넣는다. 피가 가득 차면 끝을 다시 묶는데, 이때 가는 막대를 양 끝에 있는 매듭에 찔러 놓아 실수로 풀리는 일이 없도록 한다. 이렇게 만든 소시지는 뜨거운 재 속에 넣어서 터지지 않고 고루 익도록 가끔씩 막대기로 찔러 준다. 다른 소화 기관 역시 같은 방법으로 조리하는데, 어떤 경우에는 고래나 바다표범의 비계, 심장, 폐, 간 따위를 다져서 위에 채워 넣는다. 과거에 이런 해기스(양 등의 내장을 다져 오트밀, 양념 등과 함께 그 위장에 넣어 삶은 스코틀랜드 전통 음식 — 옮긴이) 요리를 만든 흔적은 남아 있지 않다. 하지만 이런 요리는 심지어 오지에서도 단순 가열을 크게 뛰어넘는 다양한 조리법이 나올 수 있다는 것을 우리에게 상기시켜 준다. 시기적으로는 먹을거리를 갈아서 가루로 만들거나 돌을 넣어 물을 끓이는 기법(4만

~2만 5000년 전에 시작됐다.)이 발명되기 훨씬 오래전에 말이다.

물론 불을 사용한 것이 조리법의 가장 큰 도약임은 사실이지만 그 이후에도 더 좋은 조리법이 많이 발견돼 소화 효율이 지속적으로 개선되도록 했을 것이다. 그 결과 더 많은 에너지가 뇌의 성장에 쓰였을 것으로 추정할 수 있는데, 이는 특히 출생 이후의 뇌 성장에 중요했을 것이다. 소화가 잘되는 이유식은 아기의 에너지 공급에 핵심적인 역할을 했을 것이기 때문이다. 이처럼 음식 조리법이 향상된 것은 200만 년에 걸친 진화 기간 동안 인류의 뇌 크기가 지속적으로 증가하는 데 핵심적인 역할을 담당했는지 모른다. 다른 어느 종도 뇌의 크기가 이처럼 급속하게, 그리고 오랜 기간에 걸쳐 증가한 경우는 없다. 찰스 다윈은 불로 하는 요리를 "언어를 제외하면 아마도 인간이 이룩한 가장 위대한 [발견]"이라고 평가했다. 이때 그가 생각한 것은 단지 우리가 먹는 음식의 질이 개선됐다는 것뿐이었다. 하지만 음식의 질이 개선됨으로써 뇌 용량의 증가가 가능했다는 사실은 더욱더 큰 의미를 갖는다. '불로 요리하기'의 발견이 위대한 것은 단지 우리가 더 나은 음식을 먹을 수 있게 되었거나 그 덕분에 우리가 육체적으로 오늘날과 같은 인류가 될 수 있었기 때문만이 아니다. '불로 요리하기'는 그보다 훨씬 더 중대한 일을 했다. 우리가 독보적으로 큰 뇌를 가질 수 있게 도와줌으로써 부실한 육체에 빛나는 정신력을 부여해 준 것이다.

요리가 인간을 자유롭게 하리니

게걸스럽게 먹는 동물들…… 끊임없이 먹고 배설하며 철학이나 음악과는 진실로 어울리지 않는 삶을 영위한다. 플라톤이 말한 그대로다. 더 고상하고 완전한 동물들은 이처럼 끊임없이 먹지도 배설하지도 않는다.

— 갈레노스(Galenos), 『인체 기관의 쓸모에 대한 고찰(*On the Usefulness of the Parts of the Body*)』

오래전부터 식습관은 수많은 종의 사회적 행태를 이해하는 열쇠로 간주되어 왔다. 진화적으로 성공하려면 식량을 잘 구하는 것이 가장 기본이고, 집단이 얼마나 효율적인 사회적 전략을 가졌느냐에 따라 소속된 개체들이 얼마나 잘 먹을 수 있는가가 결정된다. 예컨대 침팬지 집단의 크기는 나무에 열리는 과일의 밀집도와 분포가 다달이 바꾸는 데 맞춰 신속하게 조정된다. 침팬지의 사회는 주로 풀과 나뭇잎을 먹고 사는 고릴라의 사회와 현저히 다른 것이다.[207] 인간도 예외가 아니다. 사냥꾼 인간 가설은 남녀 간의 유대를 너무나 설득력 있게 설명해 주는 듯 보였기 때문에 일부 학자들은 이 문제에 다른 설명은 필요 없다고 여기게 됐다. 1968년 형질 인류학자 셔우드 워시번(Sherwood Washburn)과 체트 랭커스터(Chet Lancaster)는 다음과 같이 썼다. "우리의 지성, 관심, 감정 및 기본적 사회생활 등은 모두 사냥에 적응한 데 따른 진화의 산물이다."[208] 이러한 생각은 영향력이 매우 컸지만, 고기 이상의 것을 볼 만한 시야를 갖춘 경우는 드물었다. 화식의 도입이야말로 우리 조상들의 식사 방식을 급격하게 변화시킨 원인임이 틀림없다. 그리고 그에 따라 사회적 행태 역시 바뀌었을 것이다.

예컨대 음식이 연해진다는 측면을 보자. 음식은 익히면 연해지고 더 빨리 먹을 수 있게 된다. 그러므로 화식에 의존하게 됨에 따라 인류는 하루 일과를 완전히 재편성할 수 있게 되었다. 이를테면 대형 유인원이 하루 중 절반을 음식 씹는 데 소비하는 것과 달리, 자급자족 사회의 여성들은 자신의 활동 시간을 식량 채집과 음식 장만에 쓰는 경향이 있다. 남성들도 날먹을거리를 씹는 데 오랜 시간을 보낼 필요가 없어진 덕분에 생산적이든 그렇지 않든 간에 자신들이 원하는 활동을 할 수 있게 되었다. 사실 나는 인간 사회의 가장 두드러진 특징 중 하나인 현대적 형태의 성별 분업이 화식 덕분에 가능하게 되었다고 믿는다.

노동의 성적 분업이란 여성과 남성이 각기 다른 방식으로, 그러나 상호 보완적으로 가계에 기여하는 것을 말한다. 성별에 따라 구체적으로 무슨 일을 하는지는 문화에 따라 차이가 있지만 성별 분업 자체는 어느 문화에서든 보편적인 현상이다. 따라서 성별 분업은 7만~6만 년 전 현대 인류가 세계로 퍼져 나가기 훨씬 전에 등장했을 것으로 추정되며, 그런 이유로 성별 분업의 진화에 대한 논의는 수렵 채집인들에게 집중된다. 탄자니아 북부에 있는 얕은 호수 근처의 건조한 관목 지대에 사는 하드자족이 그런 대상 중 하나이다. 750명 정도 되는 하드자족은 일련의 작은 거주지들에 흩어져서 살고 있다.

하드자족은 현대의 부족이다. 이들은 인근의 농부나 목축민과 교역을 하기도 하고, 혼인 관계도 맺는다. 외부의 정부 관리, 여행객, 연구자들이 이들을 방문하기도 한다. 또한 금속제 칼과 화폐를 사용하고 무명옷을 입으며 개를 데리고 사냥한다. 농산물을 얻기 위해 교역을 하는 경우도 가끔 있다. 하드자족이 폐쇄적인 수렵 채집인으로 살았던 마지막 시기는 아마도 2,000년 전일 것이다. 그 이후로 많은 것이 변했다. 그럼에도 이들은 한때 고대 인류가 살았던 것과 같은 유형의 아프리카 삼림 지대에서 수렵 채집으로 식량의 대부분을 마련해 살아가는 얼마 남지 않은 부족 중의 하나이다.

이들은 새벽이 되면 오두막에서 나와 전날 저녁에 먹다 남은 음식을 먹는다. 그리고 그날 무엇을 할 것인지에 대해 조용히 협의한 다음 활동을 시작한다. 숙소에 남은 대부분의 여성들(아마도 6명이나 그 이상)은 땅 파는 막대기를 들고 2킬로미터 정도 떨어진 곳에 있는 이콰(ekwa, 양식이 되는 덩이줄기 식물 ─ 옮긴이) 채취 지역으로 간다. 이중에는 포대기 같은 것에 아기를 데려가는 사람도 있고, 필요하면 불을 피울 요량으로 타다 남은 막대기를 가져가는 사람도 한둘 있다. 조금 큰 아이들은 어른들과 함께 걸어간다. 그동안 남자들도 홀로, 혹은 2명씩 짝을 지어 활과 화살을 들고 개를 데리고 길을 떠난다. 일부는 사냥을 가는 것이고, 일부는 이웃을 방문하러 가는 길이다. 숙소에는 양식을 구하러 떠난 엄마들이 남기고 간 아기들을 돌보는 듯한 나이 든 여성 2명과 전날 오랫동안 사냥을 해서 휴식을 취하려는 젊은이 1명이 남아 있다.

채집을 나간 여성들은 아이들의 보조에 맞춰 천천히 걸으며 이따금씩 멈춰 서서 작은 과일을 따 먹기도 한다. 길 떠난 지 1시간이 채 지나지 않아 목적지에 도착하면 각자 마음에 드는 구역을 찾아서 더 작은 무리로 흩어진다. 이때 서로의 목소리를 들을 수 있는 거리는 유지한다. 땅파기는 힘들고 불편한 일이지만 오래 걸리지는 않는다. 두어 시간 후 이들의 민소매 외투(동물 가죽으로 만든) 위에는 사람 발 길이의 두꺼운 갈색 뿌리들이 쌓이기 시작한다. 하드자족의 연중 기본 양식인 이콰 덩이줄기는 항상 쉽게 찾을 수 있다. 외투가 식품으로 가득 차면 누군가 불을 피우기 시작하고, 여자들은 곧바로 모여서 간단한 식사를 한다. 힘들여 일했으니 먹을 자격이 충분하다. 타고 있는 장작에 이콰를 기대 놓으면 작은 것은 20분이 채 지나지 않아 다 익는다. 식사를 마친 후, 일부는 잡담을 하고 나머지는 그날 먹을 양이 충분하도록 이콰를 좀 더 캔다. 대부분이 다른 먹을거리(아마도 알뿌리 몇 개)도 구한 상태이다. 이제 다들 각자의 외투를 묶은 다음 집으로 향하는데, 짊어진 짐은 최소 15킬로그램에 달한다. 힘든 노동 후 피곤해진 이들은 오후

일찍 숙소에 도착한다.[209]

 인류학자들은 수렵과 채집이 편한 일인가를 두고 가끔 논쟁을 벌인다. 1950년대에 칼라하리 사막의 니예니예 쿵(Nyae Nyae !Kung)족 여성들의 채집 활동을 연구한 로나 마셜(Lorna Marshall)은 이렇게 말했다. "무더위 속에서 땅을 파고, 과일을 따고, 무거운 짐을 지고 터벅터벅 집으로 돌아오는 고역이 매일같이 반복됐다. 이들은 자신의 하루를 떠올리며 즐겁게 만족하지 않았다."[210] 그러나 시기와 문화에 따라 모든 것이 변하는 법이다. 오스트레일리아 북서부 킴벌리 지역의 원주민을 연구한 인류학자 필리스 캐버리(Phyllis Kaberry)는 이곳 원주민 여성들은 함께 일하는 동료를 좋아할 뿐 아니라 평소에 하는 채집 활동을 즐겼다고 이야기한다.[211]

 다시 하드자족 이야기로 돌아가 보자. 숙소로 돌아온 여성들은 수확물을 각자의 오두막에 내려놓는다. 이른 저녁 무렵이면 이미 불을 피워 놓고 구운 이콰 더미를 마련해 놓고 있다. 이들의 희망은 남자들이 고기를 가져와서 식단을 제대로 갖추는 것이다. 저녁이 되면 여러 명의 남자가 돌아오는데, 일부는 꿀을 구해 오지만 다른 몇 명은 빈손으로 돌아온다. 그때 누군가가 혹멧돼지(warthog)를 잡아 온다. 그가 돼지의 털을 불에 그슬려 없애고 나면, 나머지 사람들이 고기를 받으러 모여든다. 수렵 채집인의 전형적인 관습대로, 거주지의 많은 남자들이 고기를 받는다. 하지만 그날 사냥에 성공한 남자는 자신의 친구와 가족, 친척이 가장 좋은 몫을 받도록 확실히 챙긴다. 곧이어 각 가정의 불에서는 고기가 익어 가고, 밤공기 사이로 맛있는 냄새가 솔솔 퍼진다.

이들은 고기와 구운 이콰를 금세 먹어 치우지만, 다음날 아침용 이콰는 충분히 남겨 둔다.

하드자족의 행태는 수렵 채집인들의 성별 분업이 지닌 두 가지 핵심적 측면을 보여 주는데 이는 인간을 비인간 영장류와 구별해 주는 주요 특징이기도 하다.[212] 남자와 여자가 서로 다른 종류의 식량을 찾아다니며 하루를 보내고, 그렇게 구한 음식을 함께 먹는다는 점이다. 인간은 대체 왜 이렇게 특이한 방법으로(영장류를 포함한 다른 동물들은 성숙한 개체들이 식량을 나눠 먹는 일이 없다.) 식사를 해결하는가? 이는 지금껏 제대로 해결되지 않고 있는 문제다. 사람들이 손에 넣는 식량의 종류는 매우 다양하다. 티에라델푸에고 제도의 경우, 혹독한 기후 탓에 식물성 식량이 거의 없었다. 그래서 남자들은 바다의 포유동물을 사냥하고 여자들은 차갑고 얕은 물속으로 잠수하여 조개를 잡곤 했다.[213] 반면 오스트레일리아 북부의 열대 지역 섬에는 식물성 양식이 너무나 풍부했다. 여자들은 가족 모두가 먹을 양식을 구하고도 시간이 남아서 가끔 작은 동물을 사냥하기도 했다. 그 사이 남자들은 사냥은 거의 하지 않고 대부분의 시간을 부족 내 정치를 하며 보냈다.[214]

지역에 따라 음식의 종류는 다를지 몰라도 식물 뿌리나 씨앗, 조개 등 식단의 기본이 되는 식량은 여자들이 공급하는 경향이 있었다.[215] 이 같은 기본 양식은 가공이 필요한 게 보통인데 이 과정에는 시간과 노동이 많이 드는 경우가 많았다. 한 예로 오스트레일리아 부족들이 풀 등의 작은 씨로 빵과 비슷한 댐퍼(damper)라는 음식을 만들던 과정을 보자. 먼저 여자들이 식물을 모아서 쌓아 두면 씨가 떨어져서 바닥에 모였다. 이를 밟고 두드리고 손바닥 사이에서 비벼 타작한 뒤, 나무 껍질로 만든 긴 접시로 씨를 까부른 다음 갈아서 반죽을 만들었다. 그대로 먹기도 했지만 뜨거운 재 속에 넣어 익혀 먹는 경우가 더 많았다. 이 과정을 전부 거치려면 하루가 넘게 걸릴 수도 있었지만 여자들은 열심히 일했다. 자신들이 장만하는 기본 식품에 아이들과 남편들이 의존하고 있기 때문이었다.[216]

이와 대조적으로 남자들이 찾아다니는 경향이 있었던 먹을거리는 고기나 꿀처럼 사람들이 특히 좋아하지만 쉽게 구할 수 없거나 찾는다는 보장이 없는 것이었다. 이런 식량들은 한 번에 많은 양을 구할 수 있고 맛이 좋다는 게 특징이었다. 남자들이 숙소에 도착하면 희비가 엇갈렸는데, 필리스 캐버리는 오스트레일리아 서부 지역 원주민 숙소의 전형적인 풍경을 다음과 같이 묘사했다. "원주민들은 지속적으로 고기를 갈망했다. 남자들은 불과 몇 분 전에 얌(마의 일종 — 옮긴이)과 댐퍼를 충분히 먹었는데도 '배가 고파요.'라는 말을 입에 달고 살았다. 이럴 때는 숙소에 있는 사람들 모두가 풀이 죽고 무기력해지며 춤에 열성을 보이지 않았다."[217] 근래에 존재한 사회 중 99.3퍼센트에서 대형 동물을 사냥하는 것은 대부분 남성의 일이었다.[218]

그런데 최근에 영장류가 먹이를 구할 때 이와 유사하게 성별에 따른 차이를 보인다는 징후가 감지되었다. 여우원숭이 암컷은 수컷보다 선호 식품을 더 많이 먹는 경향을 보이고, 짧은꼬리원숭이, 긴꼬리원숭이(guenon), 맹거베이원숭이(mangabey)의 경우 암컷은 벌레를, 수컷은 과일을 주로 먹는다. 침팬지의 경우 암컷은 흰개미와 개미를, 수컷은 고기를 더 많이 먹는다.[219] 그러나 이러한 차이는 무시할 수 있는 정도이고, 인간을 제외한 모든 영장류는 성별에 상관없이 같은 음식을 찾고 먹는다.[220]

인간에게서만 나타나는 더욱 독특한 행태는 남녀가 각자 자신이 구해 온 양식만 먹는 것이 아니라 배우자가 구해 온 것도 같이 먹는다는 점이다. 이처럼 양성이 서로를 보완하는 행태는 다른 영장류에게서는 전혀 발견되지 않는다. 긴팔원숭이(gibbon)나 고릴라 등의 많은 영장류가 가족 단위로 산다. 암컷과 수컷은 종일 같이 다니고 서로에게 잘해 주며 자식을 함께 키운다. 하지만 인간처럼 서로의 먹이를 함께 나눠 먹지는 않는다. 이와 대조적으로 인간은 배우자끼리 음식을 나누는 것을 당연하게 여긴다.

수렵 채집 사회에서 여성은 음식을 항상 남편, 자식들과 함께 나눠 먹으며, 가까운 친척을 제외하면 남에게 주는 일은 거의 없다. 남자 역시 남에게 받은 고기든 자신이 직접 잡아 와서 일부를 다른 사람들에게 나눠 주고 남은 고기든 간에 늘 부인과 나눠 먹는다. 배우자와 음식을 교환하는 것은 모든 사회에서 공통적으로 나타나는 현상이다. 아내는 땅을 파서 뿌리를 채집하고 남편은 동물을 사냥하는 문화에서건, 부인은 쇼핑을 하고 남편은 월급을 벌어 오는 사회에서건 마찬가지다. 인간의 가구는 각각이 하나의 작은 경제 기구다. 부부 각자가 가구에 무엇을 기여하느냐에 상관없이 항상 그렇다. 이는 다른 종들의 사회적 제도와 비교할 때 인간에게만 있는 유일무이한 특성이다.[221]

그렇다면 인류의 진화사에서 성별에 따른 분업은 어떻게 출현하게 되었을까? 이 물음에 대한 해답을 찾기 위한 노력에 큰 영향을 미친 요소는 바로 여자와 남자 중 누가 더 많은 식량을 구해 왔는가 하는 점이다. 하드자족에서 볼 수 있듯이 여자가 대부분의 열량을 공급하는 것이 전형적인 양태인 것으로 생각되어 왔다.[222] 그러나 세계의 수렵채집족을 두루 살펴보면, 남자가 대부분의 열량을 공급하는 경우가 더 많다. 특히 먹을 수 있는 식물이 거의 없는 추운 지방에서는 식량을 구하는 주된 방법이 사냥이기 때문에 이러한 경향이 더욱 두드러진다. 연구가 잘 이루어진 9개의 집단을 분석한 내용을 보면, 여자들이 구해 온 음식에서 얻을 수 있는 열량의 비율은 16퍼센트(파라과이의 아체 인디안)에서 최대 57퍼센트(나미비아의 사막에 사는 G/wi 부시먼)에 이르렀다. 평균적으로 볼 때 여자들이 공급한 열량은 3분의 1, 남자들이 공급한 열량은 3분의 2를 차지했다.[223] 그러나 이러한 평균치만으로는 남녀가 제공하는 양식의 가치를 제대로 파악할 수 없다. 남녀가 각각 구해 오는 양식의 상대적인 중요성은 1년 중 어느 시기냐에 따라 달라지고, 남녀가 제공하는 식량 모두가 서로의 건강과 생존에 결정적인 역할을 담당할 것이기 때문이다. 게다가 남자와 여자는 누가 더 많은 열량을 공급하고 있느냐에 상관없이 각자 가계 경제에 핵심적으로 기여하고 있다.

성별에 따른 분업은 가계뿐 아니라 사회 전체의 존속에도 영향을 미친다. 사회학자 에밀 뒤르켕(Emile Durkheim)은 성별 분업의 가장 중요한 결과는 가족 내 유대를 형성함으로써 도덕적 규범을 촉진한 것이라고 생각했다.[224] 또한 성별 분업을 함으로써 각자 자신의 고유한 업무

에서 더 숙달될 수 있기 때문에 시간과 자원을 보다 효율적으로 쓸 수 있게 되고, 그에 따라 생산성을 높이는 효과가 있다. 성별 분업은 심지어 정서적 능력 및 지적 능력의 진화와도 관련이 있다고 생각되어 왔다. 함께 나누는 것에 의존하려면 협동적인 기질과 예외적으로 높은 지능이 필요하기 때문이다. 이런 이유 때문에 인류학자 제인 랭커스터 (Jane Lancaster)와 체트 랭커스터는 성별 분업을 "호모속 행태의 기본적인 토대"이며 "인간과 유인원의 생활 방식을 구분해 주는 분수령"이라고 기술한 바 있다.[225] 하지만 성별 분업이 호모속과 함께 시작되었는지에 대해서는 논란이 되고 있다. 나는 이들의 의견에 동의하지만 이와 달리 많은 사람들이 성별 분업은 그보다 훨씬 늦게 시작되었다고 생각한다.[226] 그러나 성별 분업이 지금의 우리를 형성하는 데 중요한 역할을 했다는 점에 대해서는 아무도 의심하지 않는다.

이 같은 사회 구조에 대한 형질 인류학의 전통적인 설명은 본질적으로 장 앙텔므 브리야사바랭이 제안한 것과 동일하다. 즉 고기가 인류의 식사에서 중요한 부분이 되었을 때, 여성은 남성보다 이를 구하기가 어려웠을 것이다. 따라서 잉여분이 있는 남성이 여성에게 조금 나눠 주고, 여성은 선물을 고맙게 여겨 식물성 식량을 채집해 나눠 줌으로써 보답했을 것이다. 그 결과는 초기 가구의 출현이었다. 이에 대해 형질 인류학자 셔우드 워시번은 다음과 같이 말했다.

> 남자들은 사냥하고 여자들은 채집하여 그 결과물을 서로 공유하고 아이들에게도 주었다. 이처럼 남자와 여자, 그리고 그 자녀들 사이에 나누고 공유하는 것이 습관처럼 반복되면서 인류의 가정의 기초가 탄생하게 되었다. 이러한 견해에 따르면 인간의 가정은 사냥의 혜택을 주고받은 결과로 생겨났다. 어머니와 자식으로 이루어진 원숭이나 유인원의 사회 집단에 남성이 추가된 것이다.[227]

워시번의 기술은 통념의 핵심적 측면을 포착하고 있다. 육식과 채식의 양자가 함께 작용해 가정을 형성했다고 생각하면 노동의 성적 분업이 어떻게 진화했는지 설명된다는 것이다. 여기서 암묵적으로 가정하고 있는 것은 그들이 먹은 음식이 날것이었다는 점이다. 그러나 음식이 날것이었다면 성적 분업은 제대로 이루어질 수가 없다. 오늘날 사냥으로 하루를 보낸 남자들이 숙소로 돌아와서 배고픔을 쉽게 달랠 수 있는 것은 저녁 식사가 익힌 음식이기 때문이다. 만약 사냥에서 돌아와 날것을 먹어야 했다면 상황은 달라졌을 것이다.

날먹을거리는 먹는 데 많은 시간이 걸리는 것이 문제이다. 대형 유인원을 통해 그 시간을 추정해 볼 수 있다. 그들은 체중이 30킬로그램이나 그 이상으로 많이 나가기 때문에, 많은 양의 음식을 필요로 하고 그것을 오랫동안 씹어야 한다. 탄자니아의 곰비 국립 공원의 침팬지를 보면 음식을 씹는 데 하루 6시간 이상을 소비한다.[228] 우리가 먹는 바나나나 포도는 목구멍으로 쉽게 넘어가는데, 잘 익은 과일을 먹는 데 6시간이 걸린다니 너무 길다고 생각할지 모르겠다. 하지만 야생 과일을 씹어서 목으로 넘기는 것은 인간이 재배한 과일을 먹는 것과 달리 쉽지 않다. 침팬지들이 자신의 영역 주변에 있는 농장을 습격하곤 하는 것도 바로 이 때문이다. 야생의 과일은 과육이 물리적으로 단단한 경우가 많을 뿐만 아니라, 껍질, 외피층, 털이 겹겹이 싸고 있어 먼저 이 보호막들을 벗겨야만 한다. 대부분의 야생 과일은 오래 씹어야만 껍질이나 씨에서 과육을 분리할 수 있고, 과육 또한 오래 씹어서 잘 분쇄해야만 귀중한 영양분을 흡수할 수 있다. 침팬지에게 과일 다음으로 중요한 식량인 잎도 마찬가지이다. 질기기 때문에 오래 씹어야 충분히 작은 조각으로 부숴서 효율적으로 소화시킬 수 있다. 다른 대형 유인원(보노보, 고릴라, 오랑우탄)도 이와 유사하게 먹이를 씹는 데 긴 시간을 보낸다. 씹는 데 걸리는 시간은 영장류 중 체급이 어느 정도인가에 달려 있다는 점을 고려할 때,[229] 우리 인간이 다른 대형 유인원처럼 음식을 날로 먹어야 했다면 그것을 씹는 데 얼마만큼의 시간을 보내야 했을지 추정할 수 있다. 아무리 못해도 낮 시간의 42퍼센트, 즉 하루의 12시간 중 5시간 이상을 음식을 씹는 데 보내야 했을 것이다.

하지만 우리가 실제로 음식을 씹는 시간은 5시간에 훨씬 못 미친다. 브리야사바랭은 브르니에 교구의 목사가 수프 한 대접, 삶은 쇠고기 두 접시, 양 다리 한 개, 커다란 수탉 한 마리, 푸짐한 샐러드, 커다란 치즈 조각, 와인 한 병, 물 한 병을 45분 만에 먹어 치우는 것을 목격했다고 주장한 바 있다. 브리야사바랭이 과장한 것이 아니라면 목사가 먹은 음식은 하루치 열량으로 충분한 양이거나 그 이상이다. 야생 침팬지가 이러한 업적을 1시간 내에 달성한다는 것은 상상도 할 수 없는 일이다.

직접 관찰이라는 방법을 사용하여 주의 깊게 시행된 몇 가지 연구를 보면 인간의 식사 속도가 비교적 빠르다는 것을 알 수 있다. 미국의 9~12세 어린이들이 식사하는 데 걸리는 시간은 하루 1시간 남짓으로, 하루 활동 시간을 12시간으로 잡을 때 10퍼센트에 불과한 수치이다. 이는 인류학자들이 베네수엘라의 예콰나(Ye'kwana)를 비롯해 케냐의 키프시지(Kipsigi), 남태평양의 사모아(Samoa)에 이르기까지 세계 곳곳의 자급자족 사회 12곳에서 기록한 아이들의 하루 음식 씹는 시간 연구 결과와 비슷하다. 이들 연구에 따르면 6~15세의 여자 아이들이 음식을 씹는 데 걸리는 시간은 하루 활동 시간의 4~13퍼센트, 평균 8퍼센트로 나타났다. 남자 아이들 역시 이와 거의 동일한 수치를 보여,

하루 활동 시간의 4~13퍼센트, 평균 7퍼센트의 시간 동안 음식을 씹는 것으로 나타났다.[230]

이 연구는 어린이들의 식사 시간이 산업화된 미국에서나 자급자족 사회에서나 거의 차이가 없다는 것을 보여 준다. 그렇다면 어른들의 경우는 어떨까? 위 12곳의 자급자족 사회에서 어른들이 음식을 씹는 시간은 아이들보다 더 짧은 것으로 나타나, 남녀 모두 활동 시간의 평균 5퍼센트에 불과했다. 물론 자급자족 사회를 관찰한 시간대가 새벽부터 해질 때까지로 제한되어 있었다는 점을 들면서 반론을 제기하는 이도 있을 것이다. 해가 진 뒤에 저녁을 거하게 먹는 경우도 많은데, 그러한 경우에는 식사에 걸리는 시간이 5퍼센트(12시간 활동 시간 중 겨우 35분에 해당함)보다는 길지 않겠느냐는 것이다. 하지만 그렇게 가정해도 결과는 크게 달라지지 않는다. 예컨대 해가 진 뒤 음식을 먹었고, (그렇게 오랜 시간이 걸릴 가능성은 거의 없지만) 이를 1시간 동안 씹었다고 치자. 그렇다고 해도 하루 동안 음식을 먹는 데 걸린 시간은 14시간 기준으로 12퍼센트에 못 미친다. 12퍼센트는 해가 진 뒤에 2시간 동안 음식을 씹어야만 채워지는 비율이다. 자료를 어떤 식으로 해석해도 결론은 같다. 인간이 음식을 씹는 시간은 대형 유인원의 10분의 1~5분의 1에 불과하다.

이처럼 음식을 씹는 시간이 감소한 것은 익힌 음식이 더 연하기 때문임이 분명하다. 식물성 양식을 익히면 일어나는 물리적 변화 역시 육류를 익힐 때와 유사하다.[231] 통조림 회사들은 아주 잘 알고 있겠지만, 채소든 과일이든 일단 가열하고 나면 원래의 아삭아삭하고 신선한 질감은 유지하기 어렵다. 식물 세포를 연결하고 있는 펙틴 다당류는 열을 받으면 분해되고, 이에 따라 세포들의 연결이 풀어지면서 치아로 씹어서 조직을 분해하기가 더 쉬워진다. 게다가 세포가 뜨거워지면 식물의 경우 세포벽이 팽창하고, 동물의 경우 세포막이 단백질 변성으로 파괴되기 때문에 세포 자체가 물렁해진다. 그 결과는 쉽게 예상할 수 있을 것이다. 연구자들은 음식에 금이 가도록 하려면 어느 정도의 힘이 필요한지 측정함으로써, 음식의 연한 정도(또는 강한 정도)를 알면 우리가 음식물을 삼키기 전에 씹는 횟수를 예측할 수 있다는 것을 보여 주었다.[232] 그 효과는 동물에서도 똑같이 나타난다. 야생 원숭이는 식량의 품질이 낮을 경우 하루 중 씹는 시간이 2배로 늘어난다.[233] 그렇다면 야생 영장류가 인간의 음식(호텔에서 훔친 음식 찌꺼기)을 손에 넣었을 때 씹는 시간이 얼마나 걸리는지를 관찰한 기록을 보자. 식단에서 인간의 음식이 차지하는 비율이 늘어날수록 씹는 시간은 감소하다가, 100퍼센트 인간의 음식만 먹었을 때는 씹는 시간이 평소의 10퍼센트 이하로 떨어졌다.

　매일 1,800칼로리를 소모하는 어미 침팬지는 하루 6시간을 음식 씹는 데 보낸다.[234] 즉 1시간에 약 300칼로리를 섭취한다는 이야기가 된다.[235] 반면 인간은 음식을 비교적 급히 삼킨다. 성인이 하루에 2,000~2,500칼로리를 섭취한다고 가정할 때 음식을 씹는 데 1시간 정도밖에 걸리지 않는다는 점을 고려하면, 시간당 2,000~2,500칼로리를 섭취한다는 계산이 나온다. 이는 침팬지와 비교할 때 6배가 넘는 수치이다. 여기에 햄버거나 사탕, 주말의 진수성찬 등 고열량 음식까지 먹는다면 그 수치는 훨씬 더 높아진다. 인간은 분명 오랜 역사에 걸쳐 영장류보다 훨씬 더 집중적으로 열량을 섭취해 왔다. 불로 익혀 먹는 덕분에 우리는 음식을 씹는 데 걸리는 시간을 하루 약 4시간씩 절약할 수 있게 된 것이다.

화식이 도입되기 전에는 우리 조상들이 쓸 수 있는 자유 시간이 아주 적었을 것이다. 따라서 생계를 유지하기 위해 할 수 있는 활동의 범위도 매우 제한되었을 것이다. 이를테면 남자들은 온종일을 사냥에 바칠 수 없었을 것이다. 사냥에 성공하지 못하면 식물성 양식을 먹어야 하는데, 이를 씹는 데만 해도 너무 오랜 시간이 걸릴 것이기 때문이다. 사냥을 거의 하지 않고 날것을 먹는다는 점에서 오스트랄로피테쿠스와 비슷하리라 추정되는 침팬지의 경우를 보자. 우간다의 은고고 지역에 사는 침팬지는 다른 지역의 침팬지에 비해 사냥에 훨씬 더 열성적이지만, 수컷이 사냥에 소모하는 시간은 하루 평균 3분도 채 되지 않는다.[236] 반면 인간에게는 활용할 수 있는 시간이 훨씬 더 많아 사냥감을 찾아 여러 시간 씩 걸어 다닌다. 8곳의 수렵 채집 사회에 대한 최근의 연구 결과를 보면, 남자가 사냥에 들이는 시간은 하루 평균 1.8~8.2시간이었다.[237] 하드자족의 경우 평균에 가까워, 남자들의 하루 사냥 시간은 4시간이 조금 넘었다. 이는 은고고 지역의 침팬지에 비해 80배나 많은 시간이다.

침팬지가 그나마 사냥을 하는 것도 대부분은 자신의 영역을 순찰하는 것과 같은 일상 활동 중에 우연히 사냥감과 마주칠 때뿐이다. 이는 침팬지가 사냥감을 찾는 데 시간을 낭비하는 위험을 무릅쓰려 하지 않는 것이 아닌지 추측케 한다. 침팬지가 제일 좋아하는 사냥감은 붉은콜로부스원숭이인데, 이들 원숭이는 공격을 받는 나무에서 떠나는 일이 거의 없다. 침팬지가 매복하고 있을지도 모르는 근처의 나무로 옮겨 가는 것보다 한 자리에 머무는 것이 더 안전하다고 느끼는 것으로 보인다. 붉은콜로부스원숭이가 이처럼 한 나무에 고정되어 있기 때문에 침팬지는 그들에게 직접 달려들었다 밑에 앉아 있다 하는 행동을 자유롭게 할 수 있게 된다. 따라서 이론상으로는 침팬지가 사냥감을 얻기 위해 몇 시간이고 이러한 행동을 반복할 수 있다. 하지만 은고고에서 관찰한 바에 따르면 가장 길게 사냥한 경우도 1시간을 갓 넘긴 정도였다. 한 차례의 사냥에 소비하는 시간은 평균 18분에 불과했다.[238] 내가 곰비에서 발견한 바에 따르면, 침팬지가 식물성 먹이를 한 차례 먹고 나서 다음 차례 먹기까지의 간격은 평균 20분으로, 한 차례의 사냥에 들이는 시간과 거의 같았다.[239] 이 같은 유사성이 의미하는 바는 침팬지의 여유 시간이 20분 정도라는 것이다. 과일을 먹는 기간 사이의 중간 휴식이건, 사냥에 투입하는 시간이건 말이다. 이보다 더 오래 딴짓을 하면 식물성 음식을 먹는 귀중한 시간을 잃을 위험이 생긴다.

날것을 먹는 유인원이 식사에 할애할 수 있는 시간을 제한하는 또 다른 요인은 식사와 식사 사이에 휴지기를 가져야만 하는 소화 방식이다. 인간의 경우에서 볼 수 있듯이 음식의 양이 많으면 위에서 이를 비워 내는 데 걸리는 시간이 그만큼 더 길어진다. 침팬지의 경우 꽉 찬 위를 비워 다시 음식을 먹을 수 있는 상태로 만드는 데는 1~2시간

이 걸릴 것이다. 따라서 음식을 씹는 데만 5시간이 걸린다면 식사 전체에 걸리는 시간은 8~9시간이 될 것이다. 먹고, 쉬고, 먹고, 쉬고, 먹고……. 우리 조상들 역시 음식을 익혀 먹지 않았다면 이와 유사한 과정을 겪어야 했을 것임을 쉽게 상상할 수 있다.

음식을 가공하지 않고 날것으로 먹는 유인원이나 하빌리스에게 이와 같은 시간적 압박은 어쩔 수 없는 것이다. 그러므로 음식을 익혀 먹지 않는 사회의 남성은 사냥에만 의존해서는 먹고 살 수가 없었을 것이다. 사냥을 침팬지처럼 우연한 기회가 생겼을 때에만 하질 않고 하루 몇 시간씩 투자했다면, 실패할 경우에 따르는 위험 부담을 다른 먹을거리를 충분히 빨리 씹는 것으로 상쇄하기가 어려웠을 것이다. 기본 주식인 식물성 양식으로 필요한 열량을 채우려면 시간이 너무 오래 걸렸을 것이기 때문이다.

워시번을 비롯한 일부 인류학자들은 인간의 성별 분업이 사냥에 기초를 두고 있다고 주장했다. 남성이 고기나 꿀 등의 수확물을 얻지 못하는 날에는 여성이 음식을 제공했을 수 있다는 것이다. 하지만 온종일 아무것도 먹지 못하고 빈손으로 돌아온 남자 사냥꾼의 경우에는 저녁에 식물성 양식을 씹어서 필요한 열량을 얻을 시간이 부족했을 것이다. 이와 같은 시간적 제약은 화식이 시작되기 전의 남자 조상들이 주식인 식물성 양식을 스스로 구했는가 아니면 여자들에게서 제공받았는가 하는 문제에도 똑같이 적용된다. 음식을 익히지 않고 날것으로 먹는 한은 사냥과 채집의 분업으로 충분한 열량을 얻지 못했을 것이다.

한 사냥꾼이 그를 기꺼이 먹여 살리고자 하는 배우자를 데리고 있다고 가정해 보자. 아내는 자신은 물론 남편이 먹기에도 충분한 식량을 채집할 수 있어, 채집한 식량을 가지고 사랑하는 남편에게 돌아오곤 했다. 그러던 어느 날 남자가 사냥에 실패했다.[240] 이는 효과적인 무기를 갖춘 오늘날의 수렵 채집인도 자주 겪는 일이다. 하드자족의 경우 사냥꾼이 일주일이나 그 이상의 기간 동안 큰 사냥감의 고기를 숙소로 가져오지 못하는 일이 1년에 여러 차례 일어난다. 사냥에 실패하여 배가 고픈 사냥꾼은 하루치 열량(2,000칼로리라고 하자.)이 필요하지만 밤에는 음식을 먹을 수가 없다. 배우자가 가져다 놓은 견과류며 잎, 뿌리가 있긴 하지만 육식 동물들이 어슬렁거리는 밤 시간대에 뒤적거리면서 더듬더듬 먹을 것을 찾는 일은 너무 위험하기 때문이다. 이 사냥꾼이 나무 위가 아니라 땅에서 자는 경우라면 음식을 더듬어 찾다가 육식 동물이나 대형 유제류에게 노출되어 버릴 것이고, 나무 위에서 자는 경우라면 날먹을거리를 잠자리 옆에 두기가 어려웠을 것이다. 배우자가 채집한 음식은 잘 꾸려진 꾸러미의 형태로 손에 들어오는 것이 아니기 때문이다.

그러므로 양껏 먹기 위해서는 어스름이 깔리기 전, 적도 지역이라면 적어도 6~7시 이전에 식사를 대부분 마쳐야 하고, 만일 사냥 도중 아무것도 먹지 못했다면 정오 이전에 숙소에 돌아와야 했을 것이다. 그래서 배우자가 모아 놓은 식량을 찾는다고 치자(물론 배우자가 양식 채집을 그렇게 이른 시간에 마칠 수 있었다고 가정해야 할 것이다.). 그러면 사냥꾼은 해가 떨어질 때까지의 시간을 모두 음식을 먹는 데 써야 할 것이다. 먹고 또 먹고, 먹고 또 먹고. 요약하자면, 날먹을거리는 씹는 데 시간이 너무 오래 걸리기 때문에 사냥을 할 수 있는 시간을 크게 감소시킨다. 이러한 상황에서 성적 분업이 가능할 수나 있었는지가 의문이다.

이 문제를 해결한 것이 바로 불의 사용이다. 불의 사용은 음식을 씹는 데 걸리는 시간을 단축시켜 줌으로써 사냥꾼들을 과거의 시간 제약에서 벗어나게 해 주었다. 또한 해가 진 후에 먹는 것을 가능하게 해 주었다. 우리 조상들 중 처음으로 화식을 한 사람들에게는 낮 시간이 몇 시간 정도는 여분으로 생겼을 것이다. 따라서 사냥은 우연히 기회가 와서 하는 활동이 아니라, 헌신해서 하는 활동이 되어 보다 높은 성공 가능성을 갖게 되었을 것이다. 오늘날 사람들은 밤이 올 때까지 사냥을 하고서도 숙소에 돌아와 배가 부르도록 음식을 먹을 수 있다. 그러므로 화식이 시작된 이후에야 비로소 사냥이 완전한 가정, 즉 여성과 남성 간에 우리가 예상할 수 있는 경제적 교환이 이루어지고 그것을 토대로 한 가정으로의 발달에 기여할 수 있게 되었다.

7 요리하는 인간의 결혼 생활

> 여성은 가사 노동을 함으로써 남성이 더 많은 부를 축적하도록 해 주는 것이 틀림없다. 이러한 측면에서 여성은 사회의 경제적 요인이다. 그러나 말(馬)과 다름없이…… 경제적으로 독립적이지 못하다.
>
> ─ 샬럿 퍼킨스 길먼(Charlotte Perkins Gilman), 『여성과 경제: 사회 진화의 요소로서의 남녀 간 경제 관계에 대한 연구(*Women and Economics: A Study of the Economic Relation Between Men and Women as a Factor in Social Evolution*)』

여성이 요리한 저녁 식사는 자신은 물론 자녀들의 요구를 충족시켜 줄 뿐 아니라, 남편에게도 음식이 제공될 것임을 예상하도록 함으로써 하루 동안 원하는 활동을 하며 시간을 보낼 수 있도록 해 준다. 이러한 체제는 남녀 모두에게 별 문제 없이 받아들여지지만, 특히 남성에게 편리하다. 그렇다면 대체 왜 여성이 남성을 위해 요리를 해야 하는 가? 익힌 음식이 갖는 고유한 특성을 조명해 보면 결혼 생활과 인간 공동체의 본질에 새로운 이해를 얻을 수 있다. 전통적으로 남녀가 짝을 짓는 것은 짝짓기 경쟁 또는 남녀가 상대방의 노동 산물로부터 얻는 이익 때문이라고 생각되었다. 하지만 익힌 음식의 특성에 초점을 두고 생각해 보면, 이러한 전통적인 설명 이상의 다소 불편한 견해로 이어진다. 여성이 남성을 위해 요리를 하는 것은 가부장제, 즉 문화적 규범 때문이라는 것이다. 남성은 여성이 다른 역할을 원하는 경우에도 공동체의 영향력을 이용해 여성에게 가사를 담당하게 만든다.

여성이 남성을 위해 요리하는 경향이 있다는 것은 분명한 사실이다. 1937년 인류학자 조지 머독(George Murdock)과 카타리나 프로보스트(Catarina Provost)는 185개 문화에서 50가지의 생산 활동을 대상으로 하여, 성별에 따라 차이가 나타나는 양상을 조사했다. 그 결과 남성이 고기를 직접 조리하는 것을 좋아하는 경우도 종종 있기는 했지만, 요리는 다른 어떤 활동보다도 크게(식물성 식량을 준비하거나 물을 길어 오는 행위와 비교해도 조금 더) 여성의 몫으로 치부되었다. 연구 대상이 되었던 사회의 97.8퍼센트에서 요리는 거의 독점적으로 여성의 몫이었다.[241] 요리의 책임을 남녀가 동등하게 분담하거나 남성이 독점적으로 맡는 것으로 전해지는 사회는 4곳에 불과했다. 그중 하나인 인도 남부의 토다(Toda) 족의 경우는 오류였다. 1906년의 보고서 하나가 오해의 소지가 있는 내용을 담고 있는 탓이었다.[242] 머독과 프로보스트는 토다족 사회에서 여성이 주로 요리를 담당했음을 보여 주는 정정 대목을 놓쳐 버렸던 것이다.

　예외가 되는 나머지 3곳을 보면, 요리는 크게 두 가지로 나눌 수 있고 그 둘 사이에는 중요한 차이점이 있음을 알 수 있다. 바로 가족을 위한 요리는 여성이 하고, 공동체 전체를 위한 요리는 남성이 한다는 점이다. 명백한 예외 경우조차도 일반적인 규칙을 따르고 있는 것이다. 예외는 바로 남태평양 수역에 있는 사모아, 마키저스 제도(프랑스령 폴리네시아의 화산섬들 — 옮긴이), 트루크 제도(미크로네시아 연방에 속해 있는 섬들 — 옮긴이)에 살고 있는 사람들이다. 이들은 문화적 배경도 다르고 서로 수백 킬로미터씩 떨어진 곳에 살고 있지만, 한 가지 공통점을 가지고 있다. 주식이 빵나무 열매라는 점이다. 빵나무에는 농구공 크기의 열매가 열리는데, 고품질의 녹말을 다량으로 포함한 이 열매를 가공하려면 협동이 필요하다.

　빵나무 열매의 과육을 요리하는 데는 여러 시간에 걸친 고된 육체노동이 필요하기 때문에,[243] 여러 명의 남자들이 함께 날짜를 골라 공용 건물에서 이 작업을 수행했다. 이들은 불을 크게 피우고 열매의 껍질을 벗겨 큰 덩어리로 자른 다음, 이 덩어리들을 쪘다. 트루크(요즘은 흔히 추크라고도 부른다.) 제도에서는 땀에 흠뻑 젖은 남자들이 짧은 산호 막대기로 과육을 힘차게 두드리는 소리가 수백 미터 떨어진 곳까지 울려 퍼지기도 했다. 남자들은 늦은 오후까지 죽처럼 으깨진 과육을 나뭇잎으로 싸서 꾸러미로 만들었으며, 요리에 참가하지 않은 남자들에게도 과육을 나눠 주어, 해 질 녘이면 모든 남자들이 음식 꾸러미를 갖게 되었다. 때로는 여성 출입이 금지된 남성용 집에서 함께 식사를 하는 경우도 있었다.

남자들에게는 음식을 제공해 줄 여자가 필요치 않았으며, 여성의 도움을 전혀 받지 않으면서 같은 혈통의 남자들과 남성용 집에서 몇 주씩 지내기도 했다. 하지만 각자의 집에서 식사를 할 때는 으깬 빵나무 과육을 아내에게 건네주었고, 그러면 아내는 이 으깬 과육을 둥글게 만들어 기본 음식으로 하고, 돼지고기 소스나 생선 소스, 자신이 요리한 채소를 곁들여 저녁 식사를 준비했다. 빵나무 열매가 없는 경우에는 여자들이 토란 같은 다른 녹말 음식을 요리했다. 남자들은 자신이 원할 때만 주식을 요리하고, 그 외 다른 음식을 요리하고 가족의 식사를 마련하는 것은 여성의 책임이었다.[244]

머독과 프로보스트의 조사에 포함되지 않은 곳 중에 요리의 성별 분담이 역전될 정도로 여성이 해방된 사회가 있지는 않을까? 문화 인류학자 마리아 리포우스키(Maria Lepowsky)는 외부에서 볼 때 여성에게 이상적인 사회로 보이는 남태평양의 바나티나이 섬 주민들을 연구했다. 이곳에는 남성 우위의 이데올로기가 존재하지 않아 많은 측면에서 여성들이 살기 정말 좋은 곳이었다. 남녀 구분 없이 누구나 연회를 주최하고, 카누를 타고 탐사를 나가며, 돼지를 키우고, 사냥을 하고, 물고기를 잡고, 전쟁에 참여하고, 땅을 소유하거나 상속하고, 토지 개간 문제를 결정하고, 조가비 목걸이를 만들고, 녹암으로 만든 도끼날 같은 귀중품을 거래할 수 있었다. "주요 인물"이 되는 특권을 얻을 기회도 남녀에게 동등하게 주어졌다. 가정 폭력은 드물게 일어났고, 만약

일어날 경우에는 강력한 비난을 받았다. 리포우스키에 의하면 "남녀의 역할이 굉장히 큰 폭으로 중복되어" 있고,[245] 누구나 자신에게 주어진 시간을 어떻게 쓸 것인지 스스로 결정할 수 있어, 여성도 "남성과 동일한 개인적 자율성과 생산 수단에 대한 통제권"을 가지고 있었다.[246]

그런데 이처럼 가부장제와는 명백하게 거리가 먼 바나티나이 섬에서도 가정에서 음식을 준비하는 것은 여성의 몫이었다. 이곳에서 요리는 하찮은 일로 간주되었는데, 그밖에도 지위가 낮은 사람들의 의무로 간주되는 일, 즉 남자들이 하기 싫어하는 종류의 일인 설거지, 물 길어 오기, 땔감 가져오기, 청소, 돼지 똥 치우기 등의 잡일은 여성의 책임이었다. 어느 날 한 무리의 여자들이 얌이 든 무거운 바구니를 머리에 이고 4.8킬로미터를 걸어 집으로 돌아와서는 리포우스키에게 이렇게 불평을 했다. "우리는 종일 밭에서 일하고 왔는데도 여전히 물을 길어야 하고 땔감을 찾아야 할 뿐 아니라 요리, 청소, 아이 돌보기 등을 해야 합니다. 그 사이에 남자들이 하는 일이라고는 베란다에 앉아 베텔 열매(빈랑나무의 씨로, 껌처럼 씹는다. — 옮긴이)를 씹는 것뿐이에요!" 하지만 여자들이 도움을 요청하면 "남자들은 대개 그런 건 여자들의 일이라고 반박했다."고 한다.[247] 피할 수 있는데도 이러한 일을 도울 남자가 어디 있겠는가?

세계 전역에서 볼 수 있는 이러한 양상은 영어에도 반영되어 있어, 귀부인(lady)이라는 말은 '빵을 반죽하는 사람'이라는 뜻의 *blaefdige*라는 중세 영어에서 파생되었고, 남자 귀족(lord)이라는 말은 '빵을 가지는 사람'이라는 뜻의 *blaefweard*에서 유래했다.[248] 물론 남자들도 충분히 요리를 할 수 있다. 산업 사회에서는 남자들이 전문 요리사가 되기도 하고, 도시 지역에서는 결혼식 때 신랑이 요리를 같이 하거나 도맡아서 하는 경우도 많다. 수렵 채집 사회에서도 남자들은 장거리 원정 사냥 도중에 음식을 먹기 위해서나 독신자들만 모여 있을 때 요리를 한다. 축제나 종교적 의식이 있을 경우 남자들은 앞에서 살펴본 빵나무 열매의 경우처럼 공개적으로 서로 협동하여 요리를 한다. 그러나 이처럼 여성이 없을 때 또는 의식 행사가 있을 때 요리를 하는 남자들도 가정에서의 음식 준비는 여성에게 맡긴다. 가정에서의 요리가 여성의 몫이라는 것은 놀랍게도 일관된 규칙이다.

이와 같은 현상에 대한 전통적인 설명은 그것이 남녀 서로에게 편리하기 때문이라는 것이다.[249] 행복하게 사는 많은 부부들로부터 알 수 있듯, 남녀는 각자가 기울인 노력을 함께 공유함으로써 이득을 얻는다는 것이다. 하지만 이런 설명은 피상적이다. 우리 종이 가정을 이루는 근본적인 원인이나 남편으로 하여금 종종 아내의 노동력을 착취하게 만드는 어두운 역학 관계를 설명하지 못하기 때문이다. 바나티나이 섬 남자들은 여자들이 원하는 대로 쉽게 요리의 의무를 분담할 수도 있었지만, 그렇게 하지 않기로 선택한 것이다. 샬럿 퍼킨스 길먼은 여성의 역할을 말의 역할에 비교하면서 인간이 "성적 관계가 경제 관계이기도 한" 유일한 종이라고 지적하였다.[250] 또한 몰리 크리스티안(Molly Christian)과 유진 크리스티안(Eugene Christian)은 요리가 "여성을 노예로 만들었다."고 불평하였다.[251] 이론적으로는 수렵 채집 사회의 남녀 모두 다른 동물들처럼 이성의 도움 없이 각자 자연에서 먹이를 구할 수 있고 저녁 때 각자 음식을 요리할 수 있다. 그런데 대체 무엇 때문에 가정에서의 요리를 여성의 몫으로 규정하는 성별 분업이 나타나게 되었을까?

영장류는 대체로 먹이를 손에 쥐는 즉시 입으로 가져간다. 하지만 수렵 채집인은 손에 넣은 먹을거리를 가공하고 익히기 위해 숙소로 가져간다. 그리고 숙소에서는 노동이 제공되고 교환될 수 있다. 이로 미루어 볼 때, 개인 차원의 식량 채집이 사회 차원의 경제로 전환된 것은 요리 때문이 아닐까 짐작할 수 있다. 이러한 견해를 드러낸 고고학자 카트린 페를레스는 다음과 같이 기술하였다. "요리 행위는 그 시작부터 하나의 프로젝트(시간과 노력이 많이 드는 과업이라는 뜻―옮긴이)이다. 요리는 개인의 자급자족에 종지부를 찍는다."[252] 익혀 먹는 요리에 의존하게 되면서, 음식은 소유할 수 있고 주거나 받을 수 있는 대상이 되었다. 음식을 익혀서 먹기 이전의 우리는 침팬지들이 그렇듯 그저 각자 자기 몫을 알아서 찾아 먹을 뿐이었다. 하지만 요리의 출현 이후 우리는 불가에 앉아 각자 수고하여 얻은 결과물을 공유하게 된 것이다.

네덜란드의 사회학자이자 불 전문가인 요프 후드스블롬 역시 요리가 필요에 의한 사회적 행동이라는 페를레스의 인식을 지지하고 있다. 그는 "불을 지키는 사람이 항상 있도록 하기 위해서라도" 불을 이용한 요리는 사회적 기능의 조정을 필요로 한다고 주장하였다.[253] 요리 역사가 펠리페 페르난데스아르메스토는 요리가 식사 시간이라는 것을 만들었고, 그에 따라 사람들이 하나의 공동체로 조직화되기 시작했다고 설명한다.[254] 또 다른 요리 역사가 마이클 시먼스는 요리를 하는 사람은 항상 음식을 다른 이들에게 나눠 주기 때문에 요리는 공유하는 것을 통해 사람들 사이의 협동을 유발하였다고 말한다. 시먼스는 요리가 "거래가 시작되는 지점"이라고 기술한 바 있다.[255]

이와 같은 이론들은 익힌 음식이 어디에서나 사회적으로 중요한 역할을 한다는 사실과 잘 들어맞는다. 특히 수렵 채집인은 음식을 여럿이 함께 먹는 것과 혼자 먹는 것 사이에는 큰 차이점이 있다고 강조하는데, 이들에게 음식을 불로 요리해서 먹는 것은 날것을 먹는 것과 달리 매우 사회적인 행동이다. 숙소 밖에서 식사를 해야 할 때는 과일이나 땅벌레와 같은 간단한 음식을 먹는 경향이 있는데, 이때 보통은 각자 구한 것을 혼자서 먹는다. 그러나 음식을 익혀서 먹을 때에는 요리를 대부분 숙소에서 하고, 요리한 음식을 가족끼리, 큰 잔치가 있을 경우에는 다른 가족들과도 나눠 먹는다. 그뿐만 아니라 음식을 준비하는 과정의 노동 또한 많은 부분들이 상호 보완적이어서, 여자가 땔감과 야채를 가져온 다음 야채를 다듬어 익히고 남자는 고기를 구해 온다. 이 고기를 요리하는 것은 남자가 될 수도 있고 여자가 될 수도 있다. 요리를 마친 뒤 가족 구성원들은 불가에 서로 얼굴을 마주하고 둘러앉아 거의 같은 시간에(가장 먼저 먹는 것은 남자일지 몰라도) 식사를 하는 경향이 있다.

하지만 불을 지키고 식사를 하고 음식을 나누기 위해서 협동이 필요하다는 설명은 명백히 틀렸다. 실제로 로빈슨 크루소 같은 생활을 했던 알렉산더 셀커크를 보자. 그는 태평양 한복판의 후안페르난데스 제도에서 4년 동안 누구의 도움도 없이 혼자 음식을 익혀 먹고 살았지만, 1709년 구조되었을 당시 그의 건강은 매우 양호했다. 전장에서 홀로 살아남아 은둔 생활을 했던 수많은 생존자들도 다른 사람의 도움 없이 혼자서 요리를 해 먹으며 살아남았다. 1972년에 발견될 때까지 30년 가까운 세월을 괌의 정글 속에서 산 요코이 쇼이치(Shoichi Yokoi)가 그 대표적 예다. 오스트레일리아 북부의 티위(Tiwi)족에서 볼 수 있듯이 수렵 채집 사회의 여자들은 남편의 도움을 전혀 받지 않고 혼자서 음식과 땔감을 구하고 불을 지펴서 요리를 하기도 한다. 수렵 채집 사회를 비롯해서 현대 미국에 이르는 다양한 사회에서 살아가는 남자들 역시 한 번에 여러 날이 걸리는 원정 사냥을 계속하면서도 혼자서 음식을 요리해 먹을 수 있다. 이처럼 개인이 다른 사람의 도움 없이 자급자족하여 생존할 수 있음을 보여 주는 예들은 불을 이용한 요리의 기술적 측면 때문에 협동이 필요했다는 주장의 설득력을 약화시킨다.[256]

그렇다면 꼭 그래야 할 필요가 있는 것도 아니었는데 요리가 사회적인 성격을 띠는 경우가 많은 이유는 무엇일까? 익힌 음식에 의존하면 사람들이 협동할 기회가 생기지만, 동시에 요리를 하는 사람이 착취당할 수 있는데도 말이다. 불로 요리를 하는 것은 시간이 많이 걸리는 행위이기 때문에, 혼자 요리를 하는 사람은 도둑으로부터 자신의 식량을 지키지 못할 수도 있다. 굶주린 남자가 혼자 요리하는 여자의 음식을 탐낸다고 생각해 보라. 그런데 이 문제는 남녀가 짝을 지음으로써 해결할 수 있다. 여자는 남편이 있으면 자신이 채집한 식량을 다른 사람들로부터 지킬 수 있다는 보장을 받고, 남자는 아내가 있으면 저녁에 식사가 준비될 것이라는 보장을 받을 수 있는 것이다. 이러한 발상에 따르자면 요리는 단순한 형태의 결혼 제도를 탄생시켰거나, 적어도 사냥이나 성적 경쟁 때문에 탄생해서 존재하고 있었던 기존의 혼인 관계를 더욱더 확고히 하였을 것이라 추측해 볼 수 있다. 어느 쪽이든 그 결과로 원시적인 형태의 보호망이 하나 생기게 되었다. 남편은 공동체 내의 다른 남자들과 유대 관계를 형성하여 아내를 약탈 행위로부터 보호해 주었고, 아내는 남편에게 음식을 차려 줌으로써 이에 보답한 것이다. 이처럼 가정을 이루는 데는 남성들에 의한 안정적 식량 공급, 노동 효율의 증가, 육아를 위한 사회적 네트워크의 형성 등 많은 장점이 있었다. 그러나 이들 장점은 보다 근본적인 문제, 즉 요리 때문에 여자가 남자의 보호를 필요로 한다는 문제를 해결하는 데 따른 부수적인 효과였다. 남자는 자신의 사회적 영향력을 이용해 여자가 음식을 빼앗기지 않도록 보장해 주는 동시에, 요리를 여자에게 맡김으로써 자신의 식사를 확보한 것이다.

이 이론이 바탕으로 하는 논리는 요리가 눈에 잘 띄고 시간이 많이 걸릴 수밖에 없는 과정이라는 지극히 단순한 관찰에서 시작된다. 숲에서 요리를 하느라 연기가 난다면, 먹을 것은 없고 배는 고픈 다른 사람들이 연기나 연기의 냄새로 쉽게 그 위치를 찾아 요리사를 공격할 수 있다는 것이다.[257] 직립 원인에게 이런 일이 일어났다면 그 결과는 쉽게 상상할 수 있다. 여자들은 체구도 작고 힘도 약했기 때문에 음식을 원하는 강압적인 남자들의 협박에 취약했다. 따라서 여성들은 특정 남자와 특수한 유대 관계를 형성함으로써 다른 남자들의 감언이설과 협박, 날치기 등을 막아 냈다. 유대를 맺은 남자는 다른 남자들로부터 여자의 음식을 보호해 주었을 뿐 아니라 고기도 제공하였다. 이런 유대 관계는 남녀 모두가 성공적으로 영양 섭취를 하는 데 결정적인 역할을 담당했기 때문에 우리 조상들에게 특수한 심리 구조가 진화하도록 만들었다. 그리고 당시 형성된 남녀 관계는 오늘날 우리에게도 지속적인 영향을 미치고 있다.

 요리가 이와 같은 방식으로 사회적 관계에 영향을 미쳤을 것이라는 주장은 수렵 채집인들이 식사를 할 때 경쟁(음식을 서로 차지하려는 — 옮긴이)을 매우 혐오한다는 사실이 뒷받침해 준다. 로나 마셜이 니예니예 쿵족이 식사 시간에 서로에게 얼마나 섬세하고 민감하게 대하는지 묘사한 것을 보면 수렵 채집인의 전형적인 태도를 알 수 있다. "방문객이 왔을 때 그 가족이 음식을 준비하고 있거나 먹고 있다면, 방문객은 음식을 달라고 조르는 것처럼 보이지 않도록 약간 떨어져 앉아서 같이 먹자는 말이 나올 때까지 기다려야 한다.…… 우리는 무례한 행동이나 속임수로 음식을 빼앗는 것, 음식에 가까이 다가가는 모습은 한번도 보지 못했다.…… 음식이나 다른 선물을 공손하게 받는 방법은 두 손을 내밀어 상대방이 음식이나 선물을 그 손에 올려놓도록 하는 것이다. 쿵족에게 있어 한 손만 내미는 것은 빼앗겠다는 의도로 해석된다. 몸이 홀쭉하게 여위고 배가 고픈 때가 많아 끊임없이 음식을 갈망하는 이들이 음식을 주고받을 때 이처럼 자제하는 것을 보고 나는 감동을

받았다."²⁵⁸⁾

　이처럼 자발적으로 에티켓을 지키는 것은 제대로 돌아가는 수렵 채집 사회에서 보편적으로 볼 수 있는 현상이다. 집단생활을 하는 다른 종들에서는 이와 비슷한 행태도 발견된 일이 없다. 다른 동물의 경우, 한 번에 다 먹을 수 없는 귀중한 식량이 있다면 당연히 싸움을 부를 것이다. 예를 들어 침팬지가 먹는 과일의 대부분은 서양자두 크기거나 그보다 작아서 그것을 차지하기 위해 싸울 만한 가치가 없다. 하지만 잘 익은 빵나무 열매는 한 개의 무게가 8킬로그램까지 나가는데, 이는 한 무리가 2시간 동안 먹을 수 있는 양이다. 이러한 크기 때문에 한 마리가 먼저 발견했다 해도 다른 놈들이 달려들기 전에 다 먹어 버릴 시간이 없는 것이다. 새끼들은 이 상황을 이용해 자기도 좀 달라고 엄마에게 조르고, 성숙한 개체들은 열매 전체 또는 큰 조각을 차지하기 위해 싸운다. 침팬지 사회에서는 수컷들이, 보노보 사회에서는 암컷들이 이 싸움에서 승리한다. 지배적인 성이 승자가 되는 것이다. 다양한 종의 거미들도 마찬가지로, 암놈의 거미줄에서 공생하는 숫놈이 암놈의 먹이를 차지하고, 그 결과 암놈의 몸무게는 숫놈이 없을 때에 비해 적게 나간다. 사자들 사이에서는 암컷이 사냥한 동물의 상당수를 수컷에게 빼앗긴다.²⁵⁹⁾

　음식을 놓고 경쟁하는 동물들이 자제하는 모습을 보이는 경우는 매우 드물다. 침팬지는 독점이 가능한 모든 음식을 놓고 싸우지만, 특히 고기일 경우에는 그 싸움이 극도로 격렬해서 1킬로미터 이상 떨어진 곳에서도 그 소리를 들을 수 있을 정도다. 서열이 낮은 침팬지가 일단 먹이를 잡는 데 성공해도 몇 초 지나지 않아 서열이 높은 수컷이 이를 통째로 낚아채기 십상이다. 큰 무리에서는 한 점이라도 차지하기 위해 필사적으로 달려드는 수컷들 때문에 먹이의 사체가 가리가리 찢기기도 하는데, 이처럼 고기를 차지하려는 경쟁은 몇 시간씩 계속되기도 한다. 고기가 없거나 작은 조각밖에 손에 넣지 못한 놈들은 손바닥을 위로 한 채 입을 내밀면서 열심히 구걸한다. 구걸을 열심히 할수록 더 많은 고기를 얻을 수 있다.[260] 고기를 찢거나 잡아당겨서 성공하는 경우도 종종 있다. 고기를 가진 놈들은 구걸의 압박을 피하기 위해 등을 돌려 버리거나 접근할 수 없는 나뭇가지 위로 올라간다. 때로는 귀찮게 구는 놈들을 공격하거나 먹이의 사체로 때리기도 한다. 그러나 이런 전술은 시간을 벌어 주기는 하지만 효과는 별로 없다. 그래도 끈질기게 구걸을 하기 때문에 성가신 나머지 가끔은 고기를 가진 놈이 다른 놈들에게 한 조각을 떼어 가도록 허락한다. 경우에 따라 구걸하면서 너무 심하게 강요하는 놈에게는 고기를 아예 다 줘 버리는 일도 있다. 그러면 고기를 받은 놈은 즉시 떠난다. 이와 같이 고기를 소유한다는 것은 그 영양적 가치로부터 기대할 수 있는 것보다 보람이 적은 일이 되어 버릴 수 있다. 먹는 데 시간이 걸리기 때문에 말썽을 부르는 것이다.

가장 지위가 낮은 개체는 고기를 거의 얻지 못한다. 사냥한 동물의 고기를 나누는 과정에서 암컷들이 커다란 조각을 차지하는 경우는 거의 없다. 대체로 암컷은 수컷보다 고기를 훨씬 적게 먹는데, 이는 분명 암컷의 싸움 능력이 부족하기 때문이다. 경우에 따라 고기를 가진 수컷과 친한 암컷이 조금 더 얻어먹는 일도 있기는 하지만 암컷과 어린 침팬지가 고기를 통해 얻는 영양은 수컷에 비해 적은 것이 보통이다. 이는 성적 매력이 넘치는 암컷의 경우에도 마찬가지이다.[261]

처음으로 불로 요리를 하기 시작한 사람들이 침팬지처럼 괴팍한 성격을 가졌다면, 요리를 시도하는 여자들이나 서열이 낮은 남자들의 삶은 터무니없이 고됐을 것이고, 익힌 음식의 가치는 엄청나게 높았을 것이다. 채집은 날먹을거리를 한자리에 모으는 단순한 행위에 불과하지만 그 식량의 가치를 높이는 역할을 한다. 음식을 익히는 행위는 그 매력을 증가시킬 뿐이다. 사회적 서열이 낮은 사람이 요리를 했다면 비열한 도둑이나 깡패들에게 취약했을 것이다. 서열이 높은 사람이 나타나기라도 한다면 약하거나 보호받지 못한 사람들은 음식의 대부분 또는 전부를 잃게 되었을 것이다. 그리고 침팬지 사회에서 그렇듯이 여성들이 바로 이 같은 패자가 되었을 것이다. 인간 여성이나 그 조상들이 보노보 암컷들처럼 육체적인 싸움의 동맹 같은 것을 만들어 수컷의 위협으로부터 스스로를 보호하는 경향을 보인 조짐은 없다.[262]

거친 남자들이 모인 작은 집단이 끼니를 해결할 목적으로 모닥불을 찾으러 다녔을 가능성을 생각해 보자. 이들은 음식이 다 익을 때까지 기다렸다가 요리하는 이가 무방비 상태일 때 습격해서 마음대로 음식을 가져갈 수 있을 것이다. 만약 이런 술책이 규칙적으로 성공을 거둔다면 이들은 전문적인 음식 도적 떼가 될 것이고, 그러면 스스로 번거롭게 양식을 구하거나 준비할 필요가 없어지면서 더욱더 필사적으로 도둑질을 하게 될 것이다. 수사자들은 거의 이런 단계에 이르러,

암사자가 사냥해서 잡은 고기를 제멋대로 강탈해 간다. 이 시나리오에 의하면 요리를 하는 사람이 어떻게든 마음 놓고 요리를 할 수 있는 평화로운 환경이 조성되지 않는 한, 불로 하는 요리는 음식을 준비하는 실용적인 방법이 될 수 없다.

  인간도 다양한 상황에서 기꺼이 도둑질을 하는 것으로 볼 때, 우리 종이 선천적으로 경쟁심이 없는 것은 아니다. 도시락을 들고 학교 운동장에 서 있는 어린이가 신경을 곤두세우는 것은 위험을 알고 있기 때문이다. 주머니에 현금을 지니고 늦은 밤에 산책하는 사람이 불안해 하는 것과 같은 이유에서이다. 사람들은 자신이 소속되지 않은 집단의 구성원에게서 무언가를 강탈할 기회가 오면 양심의 가책을 별로 느끼지 않는다. 수렵 채집 부족의 인근에 사는 농부들은 도둑질을 당한다고 늘 불평한다.[263] 문화 인류학자 콜린 턴불(Colin Turnbull)는 그의 저서 『산 사람들(The Mountain People)』에 우간다 북부의 고원에 사는 이크(Ik)족 사람들 사이에는 도둑질과 거짓말, 약자를 괴롭히는 일이 아무렇지도 않게 일어나고 있다고 기록하였다. 작가 로버트 아드리(Robert Ardrey)는 이 책을 도덕성이 없는 사회에 관한 기록이라고 칭하기도 하였다. 이크족은 전통적으로 사냥을 해 오던 터전으로부터 강제 이주를 당했고, 그 결과 굶주림과 질병, 서로 간의 착취에 시달리게 되었다. 턴불은 이들에게 공동체 정신이 거의 완전히 증발했다고 묘사했다. "이들은 다른 무엇보다 개인의 이익을 상위에 놓는다. 개인에게 동료들 모르게 최대한 많이 챙겨 도망칠 것을 요구하는 사회이다."[264] 턴불의 묘사는 사회적 관계가 무너지고 살기가 어려워지면 사람들이

얼마나 야만적인 존재로 변할 수 있는지를 잘 보여 준다.

민족지(誌)학자들은 가끔 안정된 수렵 채집 사회 내에서 일어나는 절도 사례들을 보고한다. 턴불이 묘사한 음부티 피그미의 일원인 페페이의 경우를 보자. 주위에 여성 없이 혼자 사는 남성이었던 페페이는 혼자 힘으로 요리를 해야 하다 보니 배를 곯는 일이 잦았다. 그 때문에 다른 사람이 요리하고 있는 냄비나 오두막에서 얼마 안 되는 양의 음식을 훔치다 걸린 일도 여러 차례 있었다. 피해자는 주로 보호해 줄 남편이 없는 늙은 여자였다. 페페이는 도둑질에 대한 처벌로 공개적인 비웃음을 당하거나 동물이 먹을 법한 음식을 먹었을 뿐 아니라, 가시가 있는 나뭇가지로 맞기도 하였다. 그는 결국 눈물을 흘린 후에야 용서를 받을 수 있었다.[265]

수렵 채집인들은 굶주리는 일이 많기 때문에 음식을 훔치는 일이 일상적으로 일어날 것이라고 생각할 수도 있다. 여타의 소규모 평등주의 사회에 사는 사람들처럼 이들도 경찰이나 다른 권력 기관을 가지고 있지 않다. 수렵 채집인 여성 하나가 채집한 먹을거리를 가지고 한낮에 숙소로 돌아온다고 생각해 보자. 그녀는 자신의 개인용 화덕에서 저녁에 먹을 음식을 다듬고 요리한다. 남자들은 혼자서 또는 작은 무리로 언제든 숙소로 돌아올 수 있다. 여자가 요리하는 음식 중 많은 것들이 날로도 먹을 수 있기 때문에, 여자들은 요리를 하기 전이든 후든, 아니면 요리하는 도중에라도 아무 때나 음식을 먹을 수 있다. 이때 한 남자가 배가 고픈 상태로 숲에서 돌아왔다고 생각해 보자. 아무도 자기가 먹을 음식을 준비해 주지 않는데 배는 고프다면, 그는 스스로 요리를 하는 대신 요리를 하고 있는 여자에게 음식을 달라고 하거나 심지어 여자의 음식을 그냥 가져올 수도 있다. 아니면 한밤중을 포함해 아무 때고 먹을 것을 찾아서 숙소를 살금살금 돌아다닐 수도 있다.

하지만 실제로 이와 같은 전술을 쓰는 경우는 드물다. 로나 마셜이 묘사한 쿵족의 여유로운 분위기는 수렵 채집 사회와 다른 소규모 사회가 식사 시간에 평화를 지키는 제제를 가지고 있기 때문이다. 이 체제는 강력한 문화적 규범들로 이루어져 있어, 결혼한 여성은 남편에게 음식을 제공해야 하고, 요리는 가족 중 다른 사람이 도와줄 수는 있어도 여성 스스로 해야 한다. 사회 인류학자 제인 콜리에(Jane Collier)와 미첼 로살도(Michelle Rosaldo)는 세계 전역의 소규모 사회를 조사하여, "조사한 모든 사회에서 여성은 가족들에게 매일 식사를 제공할 의무를 지고 있다."는 것을 알게 되었다.[266] 그 때문에 결혼한 남성들은 저녁에 식사를 할 것을 확신할 수 있고, 그러므로 아내가 아닌 다른 여성들로부터 음식을 취할 필요가 없는 것이다. 남편을 위한 아내의 요리 의무는 각자에게 다른 할 일이 얼마나 많은가, 그리고 서로에게 얼마나 많은 양식을 제공하는가와는 상관없이 존재했다. 물론 어떤 경우에는 남자가 여자보다 훨씬 많은 식량을 구해 온다. 예를 들어, 북극의 이누이트를 보면 남성이 바다 포유동물, 순록, 생선 등의 동물성 식량을 거의 모두 구해 온다. 남자는 종일 사냥을 하고 집에 와서 아내가 요리한 저녁을 먹는다. 바다표범 기름으로 불을 지펴 요리를 하려면 시간이 많이 걸리기 때문에 여자들은 오후 내내 요리를 해야 하는 경우도 종종 있다. 어쩌다 가족 전체가 같이 사냥을 나가는 경우에도 아내는 일찍 돌아와서 남편과 다른 식구들이 집으로 오면 바로 식사를 할 수 있도록 준비해야만 한다. 남편이 언제 귀가할지 알기 어려울 때조차 남편이 돌아와서 바로 먹을 수 있는 음식이 준비되어 있지 않으면 벌을 받기 십상이다. 하지만 여기서 요리를 해야 하는 아내의 의무는 남편의 식량 공급에 부응한다고 볼 수 있을 것이다.[267]

그러나 다른 한편에는 여자가 식량의 거의 전부를 구해 오는 사회도 있다. 오스트레일리아 북부의 티위 수렵 채집족이 그 예인데, 일부다처제인 이들은 남편 하나가 많게는 20명의 부인과 함께 가족을 이루고 살았다. 티위족의 여성들은 오랜 시간 동안 야외에서 식량을 채집하는 노동을 하고도 그날의 한 끼 식사인 저녁을 준비하기 위해 일찍 귀가해야 했다. 사냥할 동물이 거의 없는 환경에서 남자들은 기껏해야 가끔 고아나왕도마뱀(goanna lizard) 같이 작은 동물을 잡을 뿐 스스로 구할 수 있는 식량이 너무 적어서 여성들에게 의존하지 않으면 끼니를 때우기도 힘들 정도였다. 어느 티위족 남편은 이렇게 말했다. "만일 내게 아내가 한두 명뿐이었으면 나는 굶어 죽었을 것이다." 남자들은 자신이 먹을 음식뿐 아니라 다른 사람들에게 제공할 음식에 대해서도 아내에게 의존하였다. 잉여 양식을 갖고 있다는 것은 티위족에게 성공의 가장 구체적인 상징으로, 연회를 주최하고 자신의 정치적 의제를 진척시키는 것을 가능하게 해 주었다. 하지만 여자의 양식 기여도가 이토록 높았음에도 그것이 부부 간 권력의 균형에 영향을 미치지는 않았다. 즉 아내들이 경제적으로 독립적이고 심지어 남편의 사회적 지위에 결정적인 역할을 하고 있었음에도, "다른 야만 사회의 아

내들과 똑같이 이들은 남편에게 자주, 심하게 맞았다."[268]

이누이트와 티위를 비롯하여 연구 대상이 되었던 다른 소규모 사회들 모두에서 남녀 간 노동 분배의 공정성은 문제가 아니었다. 스스로 원하건 원치 않건 간에 아내는 남편을 위해 요리를 했고, 그 결과 결혼한 남성들은 사냥을 나갔다가 늦은 시각에 녹초가 되고 배가 고픈 상태로 집에 돌아왔을 때에도, 이웃과 정치 문제를 토론하고 느긋한 상태로 일찌감치 돌아왔을 때에도 항상 식사를 보장받을 수 있었다. 물론 이때 남자가 공손하게 식사를 하고 아내를 친근하고 사랑이 담긴 태도로 대하는 경우도 있을 수 있다. 하지만 식사와 관련한 이들의 공식적 관계 구조는 남자가 아내의 노동을 당연한 것으로 기대할 수 있으며 아내가 마련해 놓은 음식의 많은 부분을 차지할 수 있다는 점이었다. 특히 음식 중에서도 가장 좋은 부분을 차지하는 것이 전형적인 경우로 보인다.[269]

숙소에 평화를 유지시켜 주는 또 다른 원칙은 바로 남편이 찬성하지 않는 한 아내는 가까운 친척 이외의 남자에게 음식을 줄 수 없다는 것이다. 이 원칙은 여성이 채집한 날먹을거리뿐만 아니라 불로 익힌 음식에도 해당하였다. 친척이나 남편이 아닌 사람은 아무도 여성에게 음식을 나눠 달라고 할 권리가 없었기 때문에 여성은 자신이 채집한 식량을 모두 요리할 수 있으리란 것을 알고 마음 편히 숙소로 돌아올 수 있었다. 오늘날 서구 사회에서는 사적 소유권을 당연하게 여기지만 수렵 채집인들 사이에서 이처럼 사적 소유권을 표명하는 것은 주목할 만한 행동이다. 작게는 남자들이 구해 온 식량을 공유할 의무에, 크게는 공동체 전체의 강력한 협동 정서에 반하기 때문이다.

그러므로 남자가 식량을 구하기 위해 얼마나 힘들게 노력했는지에 상관없이, 수렵 채집 사회에서 남자가 음식에 대해 갖는 권리는 공동체의 결정에 달려 있다. 남자는 설사 자신의 노동의 결과로 아무것도 얻지 못하더라도 규칙을 따른다. 간혹 다른 이들이 자신의 고기를 분배하도록 내버려 두어야 할 때도 있다. 그 예로, 미국 원주민 사냥꾼들의 관습에 의하면, 사냥에서 처음으로 동물을 잡은 소년은 스스로 그 사체를 숙소로 가져온 다음 다른 사람들이 이를 요리해 먹는 것을 옆에서 지켜봐야 했다. 이는 공동체의 요구에 남자가 복종하고 있음을 상징하는 것이었다. 소년 자신이 고기를 분배해야 하는 경우도 많았다. 고기를 누구에게 줄지 소년이 직접 선택할 수 있도록 하는 경우도 있었지만, 늘 그런 것은 아니었다.[270] 오스트레일리아 서부 사막 지대에서는 사냥한 대형 동물의 고기를 숙소에 도착하기 전에 엄격하게 규정된 방식으로 손질해야 했다. 캥거루를 잡은 사냥꾼의 몫은 목과 머리, 척추였으며, 처가 부모는 뒷다리, 늙은 남자들은 꼬리와 내장을 먹었다.[271] 이는 여자들이 식량을 소유하는 방식과 놀랄 만큼 대조적이다. 여자들은 작은 무리를 이루어 채집 활동을 하며 좋은 나무나 뿌리가 많은 지역을 찾는 데 서로 도움을 준다 할지라도 각자가 채집한 식량은 각자의 몫이다. 성별에 따른 이 같은 차이가 시사하는 바는 다음과 같다. '남성과 여성 간의 식량 분배 방식을 명시하는 문화적 규칙은 특히 식량을 둘러싼 경쟁을 규제해야 할 공동체의 필요에 맞게 적응했다.' 이들 규칙은 단지 일반적인 도덕적 사고방식의 결과가 아니었다.[272]

여성의 음식 소유권은 그녀를 남녀 모두의 (음식을 나눠 달라는 ― 옮긴이) 탄원으로부터 보호한다. 오스트레일리아 서부 사막 지대의 굶주린 원주민 여성은 요리사의 불가에 우호적인 분위기로 앉아 있을 수는 있지만 음식은 전혀 얻지 못한다. 다만 서로가 명확한 친척 관계임을 요리사에게 상기시킨 경우는 예외다.[273] 남자라면 더더욱 힘든 일이다. 만일 독신자나 유부남이 음식을 얻기 위해 남의 아내에게 접근하면 사회적 규약을 명백히 위반하는 행위로 취급돼 즉각 구설수에 오른다. 여자가 음식을 조금이라도 나눠 주는 경우도 마찬가지이다. 이 규범은 매우 강력해서, 식사 자리에 아내가 앉아 있으면 그 남편에게 다른 사람이 다가오는 것도 막아 줄 수 있을 정도다. 실제로 음부티 피그미의 경우, 가족 모두가 화덕 주위에서 식사를 하고 있으면 아무도 건드리지 않지만, 남자가 혼자 식사를 하고 있으면 음식을 나눠 줄 것을 기대하는 친구들이 꼬이기 십상이다.[274]

이러한 체제 하에서 미혼 여성이 남성에게 음식을 제공한다면 그 여성은 약혼을 제안하는 것까지는 아니더라도 사실상 추파를 던지는 셈이 된다.[275] 이런 문화를 가진 사회에서 난처한 일을 겪지 않으려면 남성 인류학자는 이 사실을 마음에 새겨 두고 있어야 한다. 결혼의 유일한 의식이 음식을 함께 먹는 일인 경우도 흔해서, 미혼 남녀가 함께 식사하는 장면이 목격되면 이후 이들은 결혼한 사이로 간주된다. 사고야자(sago palm)를 연중 주식으로 삼는 뉴기니의 보네리프(Bonerif)족의 경우, 여자가 자신의 사고야자를 식사로 준비해서 한 남자에게 준다면 그녀는 그 남자에게 시집간 것으로 간주된다. 음식과 결혼의 이 같은 관계는 공공연한 상식이어서, 사람들은 이 기회를 놓치지 않고 음식과 성관계를 동일시하는 농담을 하며 신혼부부를 놀린다. 예컨대 "사고야자를 많이 얻으면 너는 행복한 남자가 될 거야."와 같은 농담이다. 이와 같은 음식과 성관계의 연계는 일상생활 속에 깊이 뿌리박혀 있다. 심지어 사고야자를 먹을 때 쓰는 포크가 남자의 성기를 상징하기도 한다. 남자가 머리에 꽂고 있던 사고 포크를 빼서 여자에게 보여 주면 성관계를 하자고 요청하는 것이다.[276] 따라서 이 사회에서 여자는 남자의 식사 도구를 쳐다보기만 해도 여성이 따라야 하는 규칙을 어기는 일이 된다.

양자의 상호 작용은 공공연한 것이기 때문에 이러한 관례적인 원칙들은 남편이 그 자리에 없어도 유지된다. 남편의 존재는 그가 물리적으로 그 자리에 존재하기 때문이 아니라, 공동체의 확실한 지지와 연결되어 있음을 상징해 주기 때문에 중요한 의의를 갖는다. 만일 여자가 남편에게 다른 남자가 경우에 맞지 않게 음식을 요구했다고 이르면 그 남자는 여자의 남편뿐만 아니라 공동체 전체에 자신의 행동을 변명해야만 하는 처지에 놓이는 것이다.

이것이 이들 사회에서 여성에게 결혼이 중요한 이유 중 하나를 설명해 줄지도 모른다. 다른 많은 수렵 채집족의 경우와 마찬가지로 보네리프족에게는 성관계가 부부 사이에서만 허용되는 행위로 엄격히 제한되어 있지 않다. 아내는 동시에 여러 남자와 자유롭게 성적인 관계를 가질 수 있다. 이는 심지어 남편이 항의하는 경우에도 마찬가지이다. 그리고 아내는 남편에게 음식을 거의 제공받지 않는다. 하지만 인류학자 고트프리트 오스터발(Gottfried Oosterwal)은 결혼을 함으로써 여성의 자녀들이 인정(공동체의 — 옮긴이)을 받게 된다는 점을 지적하였다. 그뿐만 아니라 여성은 결혼을 함으로써 사회의 유일한 궁극적 권위에 접근할 수 있는 기회를 얻게 된다. 이 권위는 '남성의 집'에서 남자들이 내린 공동체적 결정으로, "모든 것에 대한 모든 사람의 구체적인 견해"를 대변하며 공동체 전체가 내린, 항상 옳은 견해로 받아들여진다. 따라서 남편을 갖는다는 것은, 좋은 아내는 사회적 분쟁이 생겼을 때 '사회 통제의 궁극적 원천'에 소속된 대변인을 갖는다는 것을 의미한다.

공동체적 권위와의 연결 고리를 갖는다는 것은 매우 중요하다. 공동체의 합법적인 구성원인가 그렇지 않은가에 따라 남을 괴롭히거나 성가시게 구는 이들로부터 보호를 받을 수 있는지가 결정되기 때문이다. 인류학자 크리스토퍼 베임(Christopher Boehm)에 따르면 수렵 채집인은 허풍쟁이나 도둑, 기타 사회 규범을 위반한 사람들을 일관된 방법으로 다룬다.[277] 바로 공동체 차원의 제재를 가하는 것이다. 그 제재는 처음에는 귓속말이나 험담, 소문에서 시작하여 공공연한 비판이나 조롱으로 발전한다. 그리고 규범을 위반한 사람이 계속해서 대중의 분노를 야기하면, 엄한 처벌을 받거나 심하면 죽음을 당하기도 한다. 사형은 한 명 또는 여러 명의 남자에 의해 집행되지만, 나중에 연장자들 모두가 이를 승인한다.[278] 사형은 수렵 채집인에게 사회적 규범에 따를 것을 강요하는 가장 강력한 제도로, 전적으로 남성들의 손에 달려 있다. 그러므로 여성은 결혼한 덕분에(아직 미혼이라면 누군가의 딸인 덕분에) 먹을 것을 빼앗길 위험으로부터 사회적 보호를 받는다. 즉 공동체의 합법적 구성원인 남편이나 아버지를 가진 덕분에 여성은 실제적인 보호를 받는 것이다.

이론적으로는 여성이 다른 남성이 아닌 남편에게만 식사를 제공할 수 있도록 강요하는 문화 규범은 여성의 양식을 보호하기 위해서가 아니라 사회적 목표 때문에 발생한 것일 수도 있다. 그러한 문화 규범은 크게 보면 분쟁을 피하기 위해서, 보다 구체적으로는 간통을 줄이기 위해서 생겨났을지도 모른다. 하지만 이 가설은 설득력이 없다. 왜냐하면 남자들은 공동체의 교양 전반을 높이는 방향으로 예절 바르게 행동하기 위해서라기보다는, 특별히 자신을 위한 요리를 제공받기 위해 아내를 필요로 했기 때문이다. 지금까지 살펴본 여러 문화에 걸친 증거들로부터 알 수 있듯이, 여성이 가족을 위한 요리를 담당하는 것은 전 세계적으로 보편적인 현상이다. 민족지 기록을 보면, 이와 같이 집안일을 하는 것이 아내가 남편과의 동반자 관계에서 공헌하는 것 중 가장 중요한 부분인 듯하다.

앞에서 살펴본 바와 같이 티위족 남자는 아내가 제공한 음식에 의존해서 살아가는데, 이는 전형적인 사례인 것으로 드러났다. 수렵 채집인 남자들은 요리한 음식을 제공할 아내나 여성 친척이 없는 경우 어려움을 겪었다. 1846년 G. 로빈슨(G. Robinson)은 태즈메이니아의 원주민들에 관해 "여성 동반자가 없는 이곳 원주민 남자는 불쌍하고 실의에 빠진 존재다."라고 기술한 바 있다.[279] 한편 필리스 캐버리는 오스트레일리아 원주민 남자가 아내로부터 버림받은 경우, 성관계 상대로서의 역할은 다른 여자로 쉽게 대체할 수 있지만 화덕을 지켜 줄 사람을 잃었기 때문에 고통을 겪는다고 하였다.[280] 화덕을 지키는 사람을 잃는 것은 중대한 손실이다. 자급자족 사회에서 독신 남성은 불쌍한 존재이기 때문이다. 가까운 친척이 없다면 특히 더하다. 토마스 그레고어(Thomas Gregor)는 브라질 메히나쿠(Mehinaku) 수렵 채집족의 미혼 남성들에 대해 이렇게 묘사한다. "영혼의 음식이자 부족장의 환대의 상징인 빵과 포리지(porridge, 오트밀에 우유나 물을 넣어 만든 죽—옮긴이)를 제공할 수 없다.…… 친구들에게 그는 연민의 대상이다."[281] 콜린 턴불은 음부티 피그미 부족에서 독신 남성이 왜 불행한지를 정확하게 설명하였다. "여자는 단지 부의 생산자에 그치는 것이 아니라, 경제 활동에 있어 꼭 필요한 동반자이다. 아내가 없으면 남자는 사냥도 하지 못하고 화덕도 가질 수 없다. 집을 지어 줄 사람도 없고 과일이나 채소를 채집해 요리를 해 줄 사람도 없다."[282] 이러한 사례는 너무나 많이 발견되어, 제인 콜리에와 미첼 로살도는 소규모 사회의 남자들은 모두 "순전히 경제적인 이유로 아내와 화덕을 가져야 한다."고 하기도 했다.[283] 남자들은 저녁 식사가 보장되어 있어야 낮 시간 동안 원하는 일을 하고 다른 남자들을 접대할 수 있기 때문에, 개인 요리사를 필요로 한다. 이들에게 식사를 제공할 여성을 찾는 것은 성관계할 기회를 찾는 것보다 더 어려운 일이다.

음식점이나 슈퍼마켓이 없는 사회에서 남자는 아내가 절실하게 필요하기 때문에 극단적인 수단을 동원하기도 한다. 일례로 이누이트 사회에서 여자는 식량을 제공하지는 않지만 요리를 할 뿐만 아니라, 따뜻한 사냥복도 만든다. 남자가 사냥도 하고 요리도 할 수는 없기 때문에 이러한 여성들의 기여는 필수적이다. 이 때문에 홀아비나 독신 남자는 필요하다면 그 남편을 죽여서라도 여자를 납치하기 위해 이웃 영토에 뛰어들기도 한다. 이 문제가 너무도 널리 퍼져 있다 보니, 여성 납치의 위험성은 이누이트족이 처음 만났을 때 서로를 대하는 관계에도 영향을 미치게 되었다. 모르는 남자들을 만나면 말도 붙이기 전에 다짜고짜 살해하는 것이 보통이다. 이처럼 남의 아내를 훔치는 행위의 동기는 성욕이 아니었다. 민족지학자 데이비드 리치스(David Riches)는

"집안일을 할 아내의 필요성이야말로 여성을 유괴하는 가장 보편적인 동기이다."라고 하였다.[284] 오스터발의 기록에 따르면 사고야자 식사를 준비하기 때문에 가정에서 여자들의 기여도가 매우 높았던 뉴기니에서도 이와 비슷한 이유로 아내 약탈이 일어났다. 남자들은 잔치를 할 때 최대한 많은 음식을 내놓기를 원했다. 그 때문에 사고야자 음식을 준비할 여성이 필요했고, 이는 이웃 부락을 습격하는 사태로 이어졌다. 잡혀 온 여성들은 곧바로 음식을 준비하는 일에 투입되었다. 성적 노동은 그 다음이었다.[285]

이와 동일한 사건이 다른 형식으로 적용된 예로 티위족의 결혼을 들 수 있다. 일부다처제 문화인 이 사회는 나이 든 남자들이 대부분의 젊은 아내를 차지한 탓에 처음 결혼하는 남자의 90퍼센트는 자신보다 훨씬 나이가 많은(많게는 60세에 이르는) 과부와 결혼을 하였다. 늙은 아내들은 가임 연령이 지났거나 육체적인 매력이 없을 수도 있지만 그래도 젊은 신랑들은 이제 제대로 먹을 수 있게 되었다는 이유로 결혼에 환호하였다.[286] 인근 지역에 사는 그루트아일런드 섬의 원주민의 경우에는 나이 든 독신 남자에게 가사 노동을 할 10대 소년 한 명이 주어졌다.[287] '소년 노예'라고 불린 이들의 존재를 볼 때, 아내 역시 이와 비슷하게 노예 같은 역할을 하는 존재로 인식되었을 것으로 여겨진다.

이누이트나 티위족의 아내 약탈 행위는 수렵 채집인 남자가 아내를 구하는 방법 중 극단적인 예에 속하지만, 소규모 사회에서 남자에게 결혼이 중요하다는 것은 보편적인 현상이다. 콜리에와 로살도의 설명에 따르면, 결혼한 남자는 아내가 있기 때문에 남에게 요리한 음식을 달라고 부탁할 필요도 없고, 다른 이들을 자신의 화덕으로 초대할 수 있기 때문에 일종의 사회적 지위를 얻게 된다. 또한 남자는 일반적으로 아내보다 먼저 식사를 하고 가장 좋은 것을 고를 수 있기 때문에 더 잘 먹을 가능성이 높다. 마이클 시먼스의 표현에 따르면 남자들은 "여자들로부터 이타적인 너그러움을 요구한다."[288] 게다가 소규모 사회에는 결혼한 남자가 독신 남성이나 여성보다 좋은 음식을 더 많이 먹도록 해 주어 더욱더 유리한 입장에 놓이게끔 하는 금기들이 존재한다. 이러한 사회의 여성들 중에는 결혼하면 남편을 위해 음식을 만들어야 하고 처녀 때보다 일을 더 많이 해야 하기 때문에 결혼을 싫어하는 경우도 있다.

수렵 채집 여성의 입장에서 결혼에 불평등한 측면이 일부 있는 것은 사실이다. 하지만 남자를 위해 요리를 해야 한다는 사실은 그들에게 권력을 부여한다. 필리스 캐버리는 오스트레일리아 원주민 여성에 대해 다음과 같이 기술하였다. "그녀의 경제적 기술은 생존의 무기일 뿐 아니라, 남자에게 좋은 대우와 공정함을 강요하는 수단이기도 하다."[289] 아내가 요리를 잘하지 못할 경우 남편은 때리고, 고함을 지르고, 쫓아내고, 아내의 물건을 때려 부술지도 모른다. 그러면 아내는 요리를 거부하거나 떠나겠다고 위협함으로써 학대에 대항할 수 있다.[290] 그러나 이 같은 불화는 대개 결혼 초기의 특징인 것으로 보이고, 대부분의 부부는 보다 편안한 행동 양식을 발전시켜, 아내는 최선을 다해서 요리한 음식을 남편에게 대접하고 남편은 아내의 노력을 고맙게 여긴다. 그러므로 수렵 채집 사회에서 아내들은 일반적으로 나쁜 대접을 받지 않는다. 많은 민족지학자들은 대부분의 사회에 비교할 때, 수렵 채집 사회의 결혼한 여성들은 높은 지위와 자율성을 영위하는 삶을 산다고 결론 내렸다.

요리 때문에 개인의 자급자족이 종결되었다는 카트린 페를레스의 말은 옳았다. 요리가 꼭 사회적 활동일 필요는 없지만, 여자는 자신의 음식을 지켜 줄 남자와 그 남자를 뒷받침해 줄 사회를 필요로 한다. 그리고 남자는 자신에게 음식을 제공할 여자, 그리고 그 여자와의 관계를 존중해 줄 다른 남자들을 필요로 한다. 이처럼 사회적 규범을 정의하고 지지하며 지킬 것을 강요할 사회적 연결망이 없었다면, 요리는 혼돈으로 이어지고 말았을 것이다.

화식이 처음 도입되고 나서 얼마나 빨리 개인의 자급자족이 종결되었는지는 알 수 없다. 하지만 이론적으로는 남녀가 서로 보호해 주는 배우자 관계의 유대 체계가 신속하게 진화했을 것이라고 예상할 수 있다. 사실 최초의 요리사들은 현대의 수렵 채집인이 아니다. 요리가 사회 조직에 미친 영향을 확실하게 판단하기에는 그들의 삶의 방식에 대해 우리가 아는 것이 너무 적다. 요리가 도입되었을 당시 우리 조상들의 언어가 얼마나 발달해 있었는지도 알지 못한다. 오늘날에도 문화적으로 합의된 규범을 시행하기 위해서는 언어의 사용이 꼭 필요하다. 여성이 요리한 음식을 지키기 위해서도 마찬가지이다. 도둑질 행위에 대해 보고할 수 있어야 하기 때문이다. 하지만 수렵 채집 사회에서 발견되는 세 가지 핵심 행동 요소, 즉 식량을 지키는 수컷, 식량을 공급하는 암컷, 다른 이의 소유권에 대한 존중을 다른 동물들에서도 찾아볼 수 있다는 것만큼은 확실히 말할 수 있다. 이는 오늘날 식량을 보호하는 체제의 원시적인 형태가 맨 처음 화식을 시작한 사람들 사이에서 급속하게 진화했을 수 있다는 것을 의미한다.

식량을 지키는 수컷의 역할을 잘 보여 주는 예로 긴팔원숭이가 있다. 나무에 사는 작은 유인원인 긴팔원숭이는 암수 한 쌍이 이웃으로부터 자신들의 영토를 지킨다. 두 쌍의 긴팔원숭이가 영토의 경계에 있는 나무에서 마주치면 수컷들끼리 격렬하게 싸운다. 그리고 싸움에서 이긴 수컷의 짝인 암컷이 더 잘 먹는 경향이 있다.[291] 이처럼 수컷이 식량을 지키는 것은 동물 세계에서 비교적 흔한 일이다. 그런데 암컷이 수컷에게 식량을 제공하는 것으로 관찰된 종은 제우스벌레(zeus bug)라는 이름의 작은 오스트레일리아산 곤충 하나뿐이다. 제우스벌레의 수컷은 그 몸집이 암컷보다 작아서 암컷의 등에 올라 말처럼 타고 다닌다. 암컷의 등에서는 밀랍 같은 물질이 분비되는데 수컷은 이를 먹고 산다. 수컷을 먹여 살리는 것 외에 이 물질의 다른 용도는 밝혀지지 않았다. 암컷의 분비물을 먹지 못한 수컷은 경쟁자로 돌변해 암컷의 신선한 먹이를 훔친다.[292] 이와 같이 제우스벌레 암수의 기이한 관계를 발견한 연구자들은 암컷의 분비물이 아마도 자신에게 필요하지 않은 영양소로 이루어져 있기 때문에 먹이를 빼앗기는 것보다는 이로써 수컷을 먹여 살리는 것이 암컷의 생존에 더 유리하리라는 가설을 제기하였다. 이러한 체제는 암컷의 먹이 활동을 수컷이 방해하지 않도록 하기 위해서 진화한 것이 분명하다. 다시 말해서, 암컷은 수

컷이 착하게 행동하는 데 대한 보상 차원에서 먹을거리를 공급하는 것이다. 이는 인간에게서 볼 수 있는 체제와 비슷하다.

수컷이 다른 개체의 소유권에 대한 존중을 보이는 예는 암컷이 식량을 제공하는 사례보다 더 널리 발견된다. 눈에 띄는 예로, 홍해 주변의 사막에 사는 망토비비(hamadryas baboon)의 짝짓기 경쟁을 보자. 망토비비는 서로 안면이 없는 수컷끼리는 암컷을 두고 격렬하게 싸우지만, 서로 아는 사이인 수컷들 사이에서는 기존의 유대 관계에 개입하는 것이 철저하게 금지되어 있다. 동물학자 한스 쿠머(Hans Kummer)는 실험을 통해 이를 보여 주었다. 그는 먼저 같은 집단에서 온 두 마리의 수컷 사이에 음식을 놓아둠으로써 어느 쪽이 서열이 높은지 알아낸 다음, 두 마리를 별도의 우리에 가두었다. 서열이 높은 수컷이 지켜보도록 한 가운데, 쿠머는 서열이 낮은 수컷의 우리에 처음 보는 암컷을 집어넣었다. 서열이 높은 수컷은 모든 것을 볼 수 있었지만, 이들과 다른 우리 속에 있었기 때문에 서열이 낮은 수컷이 새로운 암컷과 관계를 맺는 것을 막을 방법이 없었다. 서열이 낮은 수컷은 암컷에게 다가가 재빨리 짝짓기를 했다. 몇 분 후 암컷은 수컷의 털을 다듬어 주는 행위를 통해 상대에 대한 승인 의사를 밝혔고, 이제 둘 사이에 유대가 형성되었다.

    이 시점에 쿠머는 암수가 밀월을 즐기고 있는 우리에 서열이 높은 수컷을 집어넣었다. 그러자 1시간 전만 해도 먹이를 다 빼앗아 먹을 정도로 우월한 지위를 과시했던 서열이 높은 수컷은 암컷에 대한 경쟁에는 관심을 보이지 않았다. 오히려 서열이 낮은 수컷이 암컷을 소유하는 데 대해 철저한 존중을 보였다. 이 실험을 촬영한 영상을 보면 서열이 높은 수컷의 시선은 서열이 낮은 수컷이 없는 곳으로만 향하여, 자신의 발치에 있는 자갈에 집중적으로 관심을 보이며 손가락으로 뒤집고 빙빙 돌리는 행동을 보인다. 그런가 하면 마치 날씨에 매혹되었다는 듯 구름을 뚫어지게 쳐다보기도 한다. 쳐다보지 않는 방향은 단 한

곳, 우리 속에서 눈에 가장 잘 띄는 암수 한 쌍이다. 이는 비슷한 상황에서 처음 보는 수컷이 암컷과 짝을 짓는 것을 목격한 경우와 전혀 다른 행동이다. 서열이 높은 수컷은 처음 보는 수컷에 대해서는 이처럼 존중하는 태도를 전혀 보이지 않는다. 쿠머의 실험은 수컷 사이의 유대가 수컷 간 상호 존중의 원천이라는 사실을 확인시켜 준다.[293]

이처럼 수컷이 식량을 지키고, 암컷이 식량을 제공하며, 서로 소유권을 존중하는 동물의 행동은 암컷에게 성적으로 접근하기 위한 수컷의 경쟁과 관련되어 있다. 이들 세 가지 행동 요소가 가정의 형성으로 이어진 것은 인간의 경우뿐이다. 인간에게는 무언가 다른 점이 있다. 여성이 자신이 제공하는 음식에 대한 보호를 필요로 한다는 것은 영장류 중 인간에게서만 볼 수 있는 특성으로, 노동의 성적 분업을 설득력 있게 설명해 준다.

인간의 가정이 음식에 대한 경쟁에서 기원한 것이라는 가설은 결혼의 일차적인 요인은 경제이고 성적 관계는 부차적인 요인이라고 본다는 점에서 전통적 견해에 대한 도전이라고 할 수 있다. 인류학자들은 흔히 결혼을 여성은 자원을 얻고 남성은 부성(父性)을 보장받는 교환 관계로 본다. 이러한 견해에 따르면 우리의 짝짓기 체계는 성관계에 근거하고, 경제적 고려 사항은 덤에 불과하다. 하지만 동물의 세계에서는 어떤 상대와 교미를 할 것인지를 결정하는 가장 중요한 요인이 식량이다. 짝짓기 체제가 먹이 공급 체제에 적응한 것이다. 예를 들어 암컷 침팬지는 넓은 먹이 영역을 지키기 위해 자신의 공동체에 속한 수컷 전체의 도움을 받아야 하기 때문에 특정 수컷과 유대 관계를 맺지 않는다. 반면 암컷 고릴라는 먹이 영역을 보호할 필요가 없기 때문에 특정 수컷과 자유롭게 짝을 지을 수 있다. 이와 같은 사례를 볼 때, 어떤 종의 짝짓기 체제는 먹이의 공급 방식에 사회적으로 어떻게 적응하는가에 따라 달라지는 것으로 보인다. 먹이 공급 방식이 짝짓기 체제에 적응하는 것이 아니다. 남자가 여자에게 경제적으로 의존한 결과는 사회마다 다른 형태로 나타나지만, 남자가 음식을 제공해 줄 아내를 필요로 한다는 것은 수렵 채집 사회의 보편적인 현상이라는 제인 콜리에와 미첼 로살도의 설명을 상기해 보자. 남자에게 결혼의 동기는 성관계 대상에 대한 필요보다는 일상적으로 반복되는 요리에 대한 필요인 듯하다.

더구나 남녀 간에 음식을 둘러싼 관계는 성적인 관계보다 더 엄격한 규율의 대상인 것으로 보인다. 한 예로 보네리프족의 경우, 남편들이 아내가 미혼 남성과 성관계를 갖는 것을 못마땅하게 여겼다. 물론 그럼에도 미혼 남성과 유부녀 간의 성관계는 일어났다. 그런데 남편들은 아내가 다른 유부남과 성관계를 하는 데 대해서는 상대적으로 관용적인 태도를 보였다.[294] 아마도 무분별한 성관계가 무분별한 식사 제공보다는 아내의 경제적 기여를 잃을 위험이 덜하다고 여긴 때문인 듯하다. 다른 많은 수렵 채집족에서도 그렇지만 혼전 성관계에 대한 보네리프족의 태도는 두드러지게 개방적이어서, 한 소녀는 자신의 오빠와 남동생을 제외한 그 집단의 모든 미혼 남자들과 성관계를 하기도 했다. 하지만 여자가 남자에게 음식을 제공하면 그 순간부터 여자는 그 남자와 결혼한 것으로 인식된다. 남자의 심장에 이르는 길은 위장을 경유한다고 생각하는 것은 비단 서양 사회만이 아닌 모양이다.

미국에서 결혼은 남녀에게 각기 다른 방식으로 영향을 미친다. 여자는 결혼 후 가사 노동을 추가로 해야 하는 탓에 노동 시간이 더 늘어나지만, 남자는 결혼 전에 비해 가사 노동을 더 많이 하지는 않는다.[295] 이러한 양상은 콜리에와 로살도가 소규모 사회에서 발견한, "결혼은 위계질서를 지닌 특정한 의무 체계 속에서 남녀를 묶어 준다. 이 체계는 여자가 남편을 위해 일을 할 것을 요구한다."[296]는 사실과 별반 다르지 않다.

빅토리아 시대 영국의 미술 평론가 존 러스킨(John Ruskin)은 여성의 가사 노동은 조화로운 분업의 결과이며 여성이 남성보다 우월하다는 주장을 폈다. 그리고 여성이 남성보다 체계화하는 기술이 뛰어나기 때문에 가정을 관리하는 데 더 유능하다고 하였다. 그러나 철학자 존 스튜어트 밀(John Stuart Mill)은 여성이 부당한 대우를 받는 것은 명백한 사실이라고 지적하였다. 그는 러스킨의 과감한 발언에 대해 "속이 텅 빈 칭송에 불과하다.…… 더 뛰어난 자가 더 못한 자에게 복종해야 하는 경우는 다른 어떤 상황에서도 존재하지 않기 때문이다. 그런 복종이 제도화된 질서로, 아주 자연스럽고 타당하게 여겨지는 경우는 달리 없다. 이런 주장이 하나라도 쓸모가 있다면, 그것은 남성이 권력은 부패한다는 것을 자백하기 위해서 쓸 때뿐이다."라고 말했다.[297]

빅토리아 시대의 영국 남성들이 권력을 자신들에게만 유리하게 사용했다는 밀의 고발은 산업화되지 않은 사회에도 잘 들어맞을지 모른다. 그 예로 바나티나이족 여성들은 다른 어느 사회에 못지않게 자신들의 생활에 대한 주도권을 누리며 남성보다 열등하다고 여겨지지도, 공공 영역에서 남성의 권위에 종속되어 있지도 않다. 그럼에도 여자는 피곤하고 남자는 쉬고 있을 때조차 요리는 여성의 몫이다. 마리아 리포우스키는 여자가 요리를 거부하면 어떤 일이 일어나는지 기술하지 않았지만, 이와 유사하게 평등주의적인 수렵 채집인 사회를 보면, 남편은 저녁 식사가 늦게 준비되거나 제대로 요리되지 않을 경우 아내를 때리기 십상이다. 의견이 대립하여 갈등이 있더라도 대부분의 여성은 선택권 없이 요리를 해야 한다. 남자들이 스스로의 이익을 위해 강요한 문화적 규범 때문이다.

지금까지 살펴본 것처럼 화식을 하게 된 결과로 인간에게 남녀 한 쌍의 유대 관계가 생겼다는 가설은 전 세계에 걸쳐 일어나는 모순에 대해 생각하게 한다. 음식을 익혀 먹는 것은 영양적으로 볼 때 우리에게 막대한 이득을 가져다주었다. 하지만 여성의 입장에서 보면 요리의 도입으로 인해 여성은 남성의 권위에 매우 취약해지게 되었다. 남자들이 훨씬 더 큰 수혜자였던 것이다. 화식은 여성에게 시간적 여유를 주었고 자녀들을 먹여 살릴 수 있게 해 주었지만, 동시에 남성 지배 문화가 강요하는 종속적 역할을 새로이 떠맡도록 하는 덫이 되었다. 그리고 남성이 문화적으로 우위를 차지하는 새로운 제도를 창조하고 영속화하였다. 그리 보기 좋은 그림은 아니다.

8 요리, 인류 진화의 불꽃

> 커다란 불길은 작은 불꽃 뒤에 생긴다.
>
> — 단테(Dante), 『신곡(The Divine Comedy)』

　장 앙텔므 브리야사바랭이 "당신이 무엇을 먹는지 알려 주면 당신이 무엇을 하는 사람인지 말해 주겠다."라고 했을 때, 이것이 얼마나 정곡을 찌르는 말인지 스스로는 알지 못했을지도 모른다. 심지어 오늘날에도 불과 화식이 미친 영향이 우리 유전자에 얼마만큼 깊이 새겨져 있는지 아무도 알지 못한다.

　우리들 삶의 속도를 예로 들어 보자. 우리는 대형 유인원과 비교할 때 20~30년 정도 더 오래 살고, 성적으로도 더 늦게 성숙한다. 이처럼 수명이 길다는 점을 볼 때, 우리 조상들은 육식 동물로부터 도망을 잘 쳤을 것이다. 포식자로부터 도망을 잘 치는 종일수록 더 오래 사는 경향이 있기 때문이다.[298] 예를 들어 단단한 껍질로 안전을 확보한 거북은 수십에서 수백 년을 살아, 같은 크기의 다른 동물들과 비교할 때 수명이 훨씬 더 길다. 새나 박쥐처럼 날아다니는 종 역시 생쥐나 뾰족뒤쥐(shrew)처럼 땅에서만 사는 종보다 오래 산다. 심지어 사람에게 포획된 상태에서도 이 같은 수명의 차이는 그대로 나타난다. 땅에서 사는 설치류 동물들은 2년을 넘게 사는 경우가 드물지만 같은 크기의 박쥐들은 20년간 살 수 있다. 이와 유사하게, 활강하는 동물(예컨대 하늘다람쥐처럼 — 옮긴이) 역시 활강 능력이 없는 친척보다 수명이 길다. 범고래(killer whale)가 접근할 수 없을 만큼 북쪽 멀리에 서식하는 그린란드고래(bowhead whale)의 수명은 100년이 넘는다. 초기 인류의 수명이 얼마나 되었는지는 알 수 없지만, 진화 과정에서 그들이 상대적으로 안전했던 데는 불의 사용이 크게 기여했음이 틀림없다.

젖떼기를 예로 들 수도 있다. 익힌 음식은 부드럽기 때문에 어머니가 아기의 젖을 떼는 데 도움이 되었을 것이고, 인류의 진화 과정에서 젖을 일찍 떼는 것은 산모가 건강을 빨리 회복하여 출산과 출산 사이의 간격을 줄일 수 있도록 해 주었을 것이다. 또한 익힌 음식은 에너지 가치가 높기 때문에, 아이들이 익힌 음식을 먹음으로써 더 빨리 성장할 수 있었을 것임이 틀림없다.[299] 젖을 떼는 시기가 빨라진 것은 사회적 행태에도 영향을 미쳤을 것이다. 출산 사이의 간격이 줄어 엄마들이 그 전보다 더 많은 자녀를 갖게 되었을 것이기 때문이다. 아장아장 걸음마를 시작한 아이 옆에 젖먹이 아기가 누워 있는 광경을 그려 보라. 이처럼 식구가 늘어남에 따라 할머니나 다른 친척들이 제공하는

도움이 더욱더 중요해졌을 것임은 쉽게 상상할 수 있다.[300] 침팬지 역시 할머니가 딸이 낳은 자식들에게 이동을 돕는다거나 털을 다듬어 주는 등 관심을 보이기도 하지만, 손자보다는 자신의 젖먹이를 돌보느라 바쁜 것이 보통이다. 새로운 음식 가공 방식 덕분에 아이들에게 도움이 되는 익힌 음식을 쉽게 주고받을 수 있게 되면서, 아이를 키우는 가정에서는 사람들이 서로 협동하도록 유도되었을 것이다(진화 과정에서 서로 협동하는 경향이 선호된다는 뜻 ― 옮긴이).

화식은 또한 힘든 시기(오늘날의 수렵 채집인도 삶을 어렵게 영위할 수밖에 없는 시기)에 충분한 식량을 구하지 못해 겪는 어려움을 해소하는 데 도움을 주었을 것이다. 이렇듯 익힌 음식 덕분에 삶이 편해졌을 것이라는 생각은 검약 유전자 가설(thrifty-gene hypothesis)에 이의를 제기한다. 검약 유전자 가설은 우리의 수렵 채집인 조상들이 처해 있던 환경은 계절에 따라 변화가 컸던 만큼 생리적으로도 그때그때 식량이 넘치거나 부족한 상황에 맞춰서 적응하게 되었다고 주장한다.[301] 그 때문에 우리 조상들이 에너지를 소화해서 신체에 저장하는 능력이 놀라운 효율성을 지녔다는 것이다. 이는 굶주림이 끊임없이 생존에 위협이 되었을 때는 매우 유용했던 적응이지만, 오늘날의 환경에서는 비만과 당뇨병의 원인이 된다고 검약 유전자 가설은 설명한다. 그러나 화식 가설은 이와 다른 견해를 제시한다. 다른 대형 유인원이나 아직 화식을 하지 않았던 조상들과 비교할 때 우리는 익힌 음식 덕분에 식량 부족으로 인한 고통을 훨씬 덜 받으며 진화했다는 것이다. 이것이 의미하는 바는, 인간이 쉽게 비만해지는 것은 오랜 옛날 주기적인 기근에 적응했기 때문이 아니라, 에너지가 높고 열량이 농축된 음식을 먹은 결과라는 것이다. 사람이 사육하는 대형 유인원 또한 영양가가 풍부한 익힌 음식을 먹고 비만해진다.

화식과 불의 이용은 우리 조상의 소화 생리학에 중대한 영향을 미쳤음이 틀림없다. 인류는 가까운 친척인 다른 유인원들과 비교할 때 짧은 시간에 높은 열량을 섭취하고(예컨대 빨리 소화되는 저녁 식사를 하고), 소화가 더 잘되는 단백질을 먹으며, 몸에 좋지 않은 메이야르 화합물(음식을 익히는 과정에서 당분과 아미노산이 결합하여 생성)을 더 농축된 상태로 반복해서 섭취한다. 그러므로 다른 유인원과 비교해 우리의 인슐린 체계에 변화가 있을 것이며, 단백질 가수 분해 효소의 성질이나 일련의 발암 물질 및 감염원에 대한 방어 체계 또한 달라졌을 것이라고 쉽게 예상할 수 있다. 어쩌면 우리가 고농도로 농축된 메이야르 화합물에 오랜 세월 동안 노출되어 있었다는 점을 고려할 때, 우리 종은 다른 유인원에 비해 메이야르 화합물 분자들에 대한 저항력이 더 클지도 모른다.

인류학자들은 흔히 인간이 처음으로 불을 제어하게 되면서 누린 매우 중요한 혜택이 체온을 유지하는 것이었다고 말한다. 하지만 이러한 견해는 화식을 하기 이전의 조상들이 불 없이 따뜻하게 지내는 데 어려움을 겪었을 것이라는 잘못된 해석을 담고 있다. 침팬지는 길게 이어지는 차가운 폭풍우 속에서 여러 밤을 지내고도 살아남고, 고릴라 역시 높은 산의 추운 기후에서도 아무것도 덮지 않고 잠을 잔다. 인간을 제외한 모든 동물이 불 없이도 적당한 체온을 유지하며 살아간다.[302] 우리 조상들도 처음 불을 제어하게 되었을 때 불이 제공하는 온기 덕분에 체온을 유지하는 데 쓰이는 에너지의 일부를 절약할 수는 있었겠지만, 온기를 위해 불을 필요로 하지는 않았을 것이다.

하지만 불을 쬐며 온기를 얻게 되면서 새로운 가능성이 탄생했다. 인간은 뛰어난 달리기 선수이다.[303] 장거리를 달리는 능력은 다른 어떤 영장류도 따라올 수 없고 심지어 늑대나 말보다도 더 잘 달린다는 주장도 있다. 대부분의 포유동물은 달리기를 하면 체온이 너무 쉽게 올라간다는 문제를 겪는다. 침팬지는 먹이를 잡기 위해 5분간 격렬히 움직이고 나면 기진맥진해서 헐떡거리며 눈에 띄게 더워 한다. 그러면 공기 순환을 촉진시키고 땀이 잘 분비되게 하여 과도한 열을 흩어 버릴 수 있도록 털을 곤두세우는데, 이 털 사이로는 땀이 방울방울 반짝인다. 대부분의 포유동물은 두꺼운 털가죽과 같은 단열 장치를 갖고 있어야 하기 때문에 이 문제에 대한 해결책을 발전시킬 수 없다. 단열 장치는 휴식을 취하거나 잠을 잘 때 체온 유지를 위해 반드시 필요하고, 운동을 해서 열이 많이 난다고 제거할 수는 없는 노릇이다. 기껏해야 공기 순환이 잘되도록 털을 곤두세우는 정도의 조정만을 할 수 있을 뿐이다.

열을 발산하기 위한 적응으로 가장 좋은 것은 애초에 이처럼 효과적인 단열 장치를 갖추지 않는 것이다. 생리학자 피터 휠러가 오래전부터 주장해 왔듯이 인간이 '털 없는 유인원'인 이유는 바로 이 때문인지도 모른다. 체모를 줄임으로써 직립 원인은 무더운 사바나 지역에서 체온의 과도한 상승을 막을 수 있었을 것이다. 하지만 직립 원인이 적은 체모를 가지고도 살아갈 수 있으려면 밤에 체온을 유지할 대안적 장치가 필요하다.[304] 그런데 불이 바로 이 장치가 되어 주는 것이다. 일단 불을 제어할 수 있게 되자, 우리 조상들은 육체적으로 활발히 활동하지 않을 때에도 체온을 따뜻하게 유지할 수 있었고, 이에 따라 많은 혜택이 주어졌을 것이다. 이를테면 인류는 체모가 없어진 덕분에 다른 동물들이 비활동적으로 변하는 더운 계절에도 장거리 여행을 더 잘할 수 있었을 것이고, 사냥감을 쫓거나 동물의 사체에 재빨리 접근하기 위해 장거리를 달릴 수 있게 되었을 것이다. 이처럼 불의 이용은 체모가 사라지도록 함으로써 인간으로 하여금 더 오랜 시간 동안 달리는 능력, 사냥하거나 다른 육식 동물로부터 고기를 훔치는 능력을 진화시키도록 하였다.

체모의 상실은 성인들에게는 이처럼 많은 혜택을 가져다주었지만, 아기들에게는 문제가 되었을 것이다. 아기들은 움직이지 않는 채로 오랜 시간을 보내기 때문에, 누군가에게 안겨 있거나 따뜻한 보금자리에 있지 않다면 체온이 떨어질 위험이 있다. 아마도 처음에는 어른들의 체모가 사라진 다음에도 아기들의 체모는 남아 있었을 것이다. 그러나 아기가 불가에 누워 있다면 체모가 불에 탈 위험이 있다. 그런데 오늘날 인간의 아기를 보면 다른 영장류 아기에게는 없는 독특한 특징을 지니고 있다. 바로 피부 근처에 열을 생산하는 두꺼운 갈색 지방층이 있다는 점이다. 이 지방층은 침팬지에게 있는 것과 같은 체모를 잃고 나서 열 적응을 한 것이 부분적으로 원인이 되었을 가능성이 크다.[305]

익힌 음식은 우리 조상들의 감정적인 측면에도 영향을 미쳤을 것으로 보인다. 음식을 먹고 잠을 자기 위해 불가에 모이다 보면 신체적으로 서로 가까이 접촉한 상태로 지낼 수밖에 없었을 것이다. 화를 내는 것이 파괴적인 싸움으로 번지지 않도록 하려면 이렇게 가까이 지내는 상황은 상당한 참을성을 필요로 했을 것이다. 최초로 가축화된 개는 참을성이 어떻게 진화했을지를 짐작하는 데 흥미로운 본보기이다. 생물학자 레이먼드 코핑어(Raymond Coppinger)와 로나 코핑어(Lorna Coppinger)에 따르면 늑대가 개로 진화하기 시작한 것은 약 1만 5000년 전, 늑대들이 음식물 쓰레기를 찾아 인간의 마을로 들어오면서부터라고 한다. 코핑어 부부는 늑대가 인간의 음식물 쓰레기라는 새로운 식량 자원에 흥미를 갖게 되었을 때 차분한 개체가 자연 선택에 유리했을 것이라고 주장한다.[306] 차분한 늑대가 인간의 거주지로 조용히 접근해 귀중한 식량을 더 쉽게 찾을 수 있었을 것이기 때문이다. 그런 의미에서 개는 사실상 일종의 자기 가축화를 겪은 것이다.

최초로 음식을 불에 익혀 먹은 사람들도 아마 이와 비슷한 과정을 겪었을 것이다. 불가의 식사에 매력을 느껴 익힌 음식을 먹는 사람들 중에서도 차분한 이들은 다른 이들과 더 쉽게 융화되고 불화를 일으키는 일도 적었을 것이다. 따라서 식사 시간의 평화를 깨고 과격하고 거칠게 행동하는 망나니들보다 식사 자리에서 쫓겨나는 일도 더 적고 익힌 음식에 더 자주 접근할 수 있었을 것이고, 그에 따라 다음 세대에 유전자를 더 많이 전할 수 있었을 것이다. 물론 하빌리스 집단이 육식을 시작했을 때에도 이처럼 참을성이 진화하는 과정이 존재했을지 모른다.

 이와 같이 가축화와 유사한 과정은 그 후 우리 조상들의 사회적 기술의 진화적 향상으로 이어졌을 수 있다. 동물의 세계에서는 참을성이 많은 개체가 협동과 의사소통을 더 잘해서, 침팬지들 사이에서는 보다 관대한 개체가 협동을 더 잘하고, 침팬지보다 더 참을성이 있는 보노보는 식량을 구하기 위해 협동을 해야 할 때 더욱 기꺼이 힘을 합치는 것을 볼 수 있다. 이와 유사하게, 실험을 위해 가축화시킨 여우들도 자신들의 야생 선조에 비해 더 참을성이 있고 인간의 신호를 잘 읽는다.[307] 따라서 보다 관대하고 참을성이 있는 개체들이 음식을 요리하는 불의 강한 유혹에 맞닥뜨린다면, 그들은 서로를 바라보고, 판단을 내리고, 이해하고, 신뢰할 수 있도록 침착함을 유지할 것이다. 그리고 이처럼 침착하게 대응하는 능력은 점차 향상되어, 직립 원인의 기질이 서로 편안하게 얼굴을 맞대고 의사소통을 하는 방향으로 진일보하게 되었을 것이다. 이와 같이 인내심과 의사소통 능력이 향상됨에 따라 우리 조상들은 서로를 이해하고, 동맹을 형성하며, 너그럽지 못한 사람들을 배척하는 일에도 능해졌을 것이고, 이러한 사회적 기질의 변화는 언어의 진화와 같은 의사소통 능력 향상에 기여했을 것이다.

 익힌 음식은 가족 내 역학 관계와 가족을 지탱하는 심리적 메커니즘에도 변화를 가져왔을 것이다. 초기 인류에서 남녀 한 쌍의 유대 관계가 발달한(만약 하빌리스 때 이미 이러한 유대 관계가 발달했다면, 초기 인류 때 더욱 완전한 형태로 다듬어진) 덕분에 남녀 사이에 애정이 깃든 결합이 중요해졌지만, 다른 한편으로는 화식의 시작으로 초래된 노동의 성적 분업과 교환이 가정 내 폭력을 조장하기도 했을 것이다. 요리에 대한 실망 때문에 아내를 때리는 것은 비단 수렵 채집인 문화에서만 볼 수 있는 것이 아니다. 사회학자 마저리 드볼트(Marjorie DeVault)는 미국의 가정을 연구한 결과 다음과 같은 사실을 알게 되었다. "대부분의 가정에서 남편은 자신이 아내로부터 가사 노동을 제공받을 자격이 있다는 강한 기대를 갖고 있다. 이 기대는 진정으로 평등한 관계를 구축하려는 시도를 좌절시키는 경우가 많으며, 때로는 폭력으로 이어지기도 한다."[308] 지그문트 프로이트(Sigmund Freud)는 우리는 화덕 주위에 있을 때 오줌 줄기로 불길의 갈증을 달래 주고 싶다는 원초적 충동을 억눌러야 한다고 말하며, 불에 대한 통제력이 자제심을 낳았다고 주장하였다.[309] 프로이트의 생각이 다소 억지스러운지는 몰라도 한 가지는 옳다. 바로 우리 종은 불과 함께 살아가는 법을 배웠을 때부터 급속하게 변했다는 점이다.

이러한 변화는 모두 최초로 요리가 시작된 신비로운 순간에 그 운명이 결정되었다. 하지만 너무 오래전의 일인데다가 아마도 매우 협소한 지역에서 비교적 빨리 일어났을 가능성이 크기 때문에 우리는 요리가 정확히 어떻게 시작되었는지 영원히 알아내지 못할지도 모른다. 그래도 대형 유인원의 행동이나 영양학, 고고학에 대해 점점 더 많은 지식이 축적되고 있으므로, 이 지식들로부터 추론해 볼 수 있다. 먼저 숲의 유인원 오스트랄로피테쿠스를 생각해 보자. 300만~200만 년 전 무렵 오스트랄로피테쿠스의 여러 속과 많은 종에 해당하는 이

들은 이미 아프리카 삼림지를 약 300만 년째 점유하고 있었다. 당시의 오스트랄로피테쿠스 중 우리에게 알려진 종은 오스트랄로피테쿠스 아파렌시스(*Australopithecus afarensis*), 오스트랄로피테쿠스 가리(*A. garhi*), 오스트랄로피테쿠스 아프리카누스(*A. africanus*)뿐으로, 이들마저도 이후 사라져 버렸다.

오스트랄로피테쿠스 종들의 멸종은 기후 변화 때문인 것으로 보인다. 아프리카의 기후는 약 300만 년 전부터 건조해지기 시작해, 삼림을 더 황량하고 먹을 것이 없는 곳으로 변화시켰다. 이 같은 사막화 때문에 오스트랄로피테쿠스가 부들이나 수련과 같은 물속 뿌리채소를 구하는 장소인 습지가 줄어들었고, 과일과 씨를 구하기도 더 힘들어졌을 것이다. 오스트랄로피테쿠스 종들은 이제 달라진 식량 환경에 적응하거나 도태되는 수밖에 없었다. 여기서 두 계보가 살아남았다.

한 계보는 평소에 그리 좋아하지는 않지만 먹을 것이 부족한 시기를 위해 예비용으로 저장해 두곤 했던 땅속 식물에 더 크게 의존하는 방법으로 적응했다. 이 계보의 후손들은 빠른 속도로 커다란 턱과 큰 어금니의 발달을 보였는데, 이들은 파란트로푸스(*Paranthropus*), 즉 '건장한' 오스트랄로피테쿠스라는 새로운 속으로 식별되었다. 약 300만 년 전에 출현한 파란트로푸스는 오스트랄로피테쿠스 아파렌시스나 오스트랄로피테쿠스 아프리카누스의 후손일 가능성이 있다. 이들은 건조한 삼림 지대의 일부 지역에 서식하면서 우리 인류의 조상으로서 100만 년 전까지 번성하였는데, 그 외모는 여전히 직립 보행하는 침팬지 같았다. 하지만 파란트로푸스는 조상인 오스트랄로피테쿠스보다 뿌리채소나 기타 식물의 영양 저장 기관에 크게 의존하였다.[310]

또 하나의 계보는 인간으로 이어져 육식을 하기 시작했다. 오스트랄로피테쿠스는 오늘날 침팬지나 다른 영장류들이 대부분 그렇듯 사냥감의 신선한 고기를 발견했을 때는 육식을 좋아한 것이 분명하다. 따라서 오스트랄로피테쿠스는 치타나 자칼(250만 년 전까지 아프리카에 이들의 가까운 친척들이 있었다.) 같이 한번 상대해 볼 만한 육식 동물이 사냥해 놓은 동물의 사체를 훔치는 짓도 마다하지 않았을 것이다. 오늘날 침팬지가 비비가 사냥한 어린 영양이나 돼지의 사체를 훔치는 것처럼 말이다. 하지만 사자나 다른 검치고양이과 동물에게서 고기를 훔치는 것은 너무 위험한 행동이었을 것이다.[311] 심지어 사자와 하이에나도 먹을 것을 놓고 경쟁하는 과정에서 죽고 죽임을 당하는데, 오스트랄로피테쿠스는 이들과 경쟁하기에 너무 연약하고 동작도 느렸을 것이다.

이런 어려움을 고려할 때, 오스트랄로피테쿠스가 영양이나 다른 사냥감의 고기에 어떻게 접근할 수 있었는지는 분명치 않다. 동물을 죽이는 새로운 방법을 발견했을지도 모른다. 그렇게 사냥에 성공하면 고기를 잘라 낼 몇 분의 시간을 얻을 수 있었을 것이다. 뒤늦게 현장에 도착한 대형 육식 동물이 자신들을 쫓아낼 때까지 말이다. 아니면 심각한 부상이나 사망의 위험을 무릅쓰지 않고도 위험한 육식 동물에 대항할 방법을 찾았는지도 모른다. 여러 명이 무리를 이루어 뿌리를 캐는 데 쓰는 나무 막대기를 변형해서 만든 간단한 창을 무기로 들고 육식 동물에 대항했을 수도 있다. 오늘날 세네갈의 침팬지들이 나무 구멍에 숨은 갈라고원숭이(bush baby)를 찌르는 데 쓰는 작은 막대기 같은 것을 사용해서 말이다.[312] 어쩌면 오늘날 탄자니아 곰비의 침팬지가 돼지나 인간을 위협하기 위해 정확히 조준하여 던지듯이, 적을 향해 돌을 던졌을 수도 있다.[313] 오스트랄로피테쿠스가 돌을 던졌다면 돌이 땅에 떨어질 때 깨지면서 무언가를 절단하는 도구로 쓸 수 있는 박편이 생긴다는 것을 우연히 알게 되었을 수도 있다.[314]

그 기술이 무엇이었든 간에 늦어도 260만 년 전에는 과거에는 대형 육식 동물만 먹을 수 있었던 동물의 사체에서 우리 조상들 중 일부가 고기를 얻고 있었던 것이 분명하다. 그 이후 수십만 년에 걸친 시기에서 돌 도구에 의한 충격 흔적과 절단 자국이 동물의 뼈에서 발견된다는 사실은 '하빌리스는 거북에서 코끼리에 이르는 동물의 사체에서 고기를 잘라 낼 수 있을 만큼 긴 시간을 위험 지역에서 보냈다.'는 것을 증명한다.

그리고 그 결과 이들은 대단히 유익한 식량 자원을 새로이 갖게 되었다. 하빌리스는 고기를 스테이크처럼 자를 수 있었다.[315] 그리고 침팬지는 가끔 망치 돌로 견과류를 내리친다. 이 두 가지 사실로부터 우리는 하빌리스가 고기를 먹기 전에 두들겨 볼 정도의 인지 능력을 가졌고, 두들긴 고기를 더 좋아하게 되었으리라는 것을 확신할 수 있다.

하빌리스는 상당한 양의 식물성 양식 또한 섭취했을 것이다. 건기와 같이 식량이 부족한 시기에는 고기의 지방 함유량이 1~2퍼센트 수준까지 내려갔을 것이기 때문에, 식물성 양식이 결정적으로 중요했을 것이다. 하빌리스의 어금니를 보면 그 크기와 형태가 오스트랄로피테쿠스의 어금니와 유사하여, 조상이 먹었던 식물성 양식을, 즉 어려운 시기에는 뿌리와 알줄기, 요행히 찾을 수 있을 때는 부드러운 씨앗과 과일 등을 계속 먹어 왔음을 알 수 있다. 아마도 하빌리스는 침팬지처럼 견과류의 껍질을 두들겨 부숴서 부드러운 씨를 꺼내 먹었을 것이다. 하빌리스가 두들기는 것 이상으로 정교한 방법을 사용하여 식물성 음식을 가공할 줄 알았을 것이라고는 생각되지 않는다. 수렵 채집인을 보면 식물성 양식의 영양가를 높이기 위해 사용하는 거의 모든 가공 방법이 불과 관련되어 있다. 녹말을 젤라틴화하려면 열이 필요하기 때문이다. 따라서 불을 제어할 수 있게 되기까지 하빌리스는 식물성 양식을 익히지 않고, 열량이 낮은 상태로 먹는 수밖에 없었을 것이다.

이에 대한 돌파구는 아주 단순한 계기로 열렸을 수 있다. 불이 반드시 무(無)에서 탄생해야 할 필요는 없기 때문이다. 즉 불을 구할 수 있었다면 이를 돌보기는 비교적 쉬웠을 것이다. 수렵 채집 사회에서는 2살배기 어린 아이도 엄마의 불에서 막대기를 꺼내 자신의 불을 지필 수 있다.[316] 심지어 침팬지나 보노보도 불을 돌볼 수 있다.[317] 칸지(Kanzi)라는 이름의 수컷 보노보는 심리학자 수 새비지럼보(Sue Savage-Rumbaugh)와 기호를 사용하여 의사소통할 수 있는 것으로 유명하다. 칸지는 숲으로 외출을 나간 어느 날 '마시멜로'와 '불'을 의미하는 기호를 만진 일이 있다. 그리고 성냥과 마시멜로를 받은 칸지는 잔가지를 꺾고 성냥으로 불을 붙인 뒤 마시멜로를 구웠다. 하빌리스의 신체 대비 뇌 크기는 대형 유인원의 거의 2배에 달했음을 고려할 때, 불을 살려 둘 만한 정신적 능력을 지녔을 가능성이 매우 크다.

직립 원인으로 진화한 하빌리스에 대해 우리가 갖는 의문은 이들이 어떻게 불을 돌보았는가가 아니라, 어떻게 불을 정기적으로 구할 수 있었는가 하는 점이다. 찰스 다윈은 『인간의 유래(The Descent of Man)』에서 인간이 불을 이용하게 된 기원이 돌들이 부딪칠 때 우연히 생긴 불꽃이었을 것이라는 동료 고고학자 존 러벅(John Lubbock)의 생각을 언급하고 있다.[318] 이와 같은 발상은 인류학자 제임스 프레이저(James Frazer)뿐 아니라 시베리아의 야쿠트(Yakut)족도 좋아하여, 모닥불 주위에 둘러앉아 어떻게 망치질이 불의 사용으로 이어졌는지 이야기하곤 한다.[319] 하빌리스도 분명히 도구를 만들기 위해 돌들을 부딪치다가 불꽃이 튀는 것을 보았을 것이다. 고기를 연하게 만들기 위해 두들길 때 몽둥이뿐 아니라 망치 돌도 사용했다면, 그때도 불꽃이 튀었을 수 있다. 그리고 그 근처에는 흔히 오늘날 많은 사람들이 불 피울 때 사용하는 풀이나 부싯깃용 버섯(부싯깃 버섯, 말굽버섯 등이 대표적이다. ─ 옮긴이)과 같이 불붙기 쉬운 마른 재료가 있었을 것이다.[320]

이에 대해 인류학자들은 많은 종류의 돌이 부딪칠 때 생기는 불꽃의 온도가 너무 낮거나 불꽃이 금방 죽어 버려 불을 붙이기에 적합하지 않다고 경고한다.[321] 하지만 흔한 광석 중 하나로 황과 철을 함유한 황철석은 부싯돌과 부딪히면 아주 훌륭한 불꽃을 만들어 낸다. 그 때문에 황철석과 부싯돌은 북극에서 티에라델푸에고 제도에 이르는 광범위한 지역에서 수렵 채집인들이 불을 피우기 위한 일반적인 장비로 쓰인다.[322] 만약 하빌리스 중 특정 집단이 황철석이 예외적으로 많은 지역에 살았다면, 계획한 것도 아닌데 우연히 불을 피우는 일이 꽤 자주 있었을 것이다.

꼭 의도적으로 불을 피우는 과정을 거쳐야만 불을 제어할 수 있게 되는 것은 아니다. 또 다른 가능성을 상상해 보자. 하빌리스가 처음 기원했을 때부터(적어도 230만 년 전) 직립 원인이 출현하기까지(적어도 180만 년 전) 수십만 세대 동안, 하빌리스가 돌을 부딪칠 때 나오는 불꽃이 우연히 근처의 덤불에 옮겨 붙어 작은 불로 번지는 일이 가끔씩 발생했을 수 있다. 이럴 때 잘난 체하는 10대들이 용감하게 나뭇가지의 불붙지 않은 쪽을 잡고 연기 나는 잔가지나 불타는 잎을 서로에게 들이대며

장난을 친다고 상상해 보자. 실제로 어린 침팬지들은 이와 유사하게 곤봉으로 사용하는 나무 막대기를 가지고 서로 괴롭히는 장난을 친다. 어른들은 불타는 몽둥이를 휘두르는 일이 상대에게 어떤 효과를 미치는지를 배우고, 불로 다른 사람들에게 겁을 주는 경험은 곧 사자나 검치고양이, 하이에나와 같은 대형 육식 동물을 위협하는 중대한 일로 옮겨진다. 침팬지가 표범을 상대로 곤봉을 휘두르는 것과 비슷한 행태다. 처음에는 불이 꺼진다. 하지만 시간이 흐르면서 불씨가 불로 자라는 것을 다시 목격하게 된 하빌리스는 불이 꺼지지 않도록 살려둘 가치가 있다는 것을 배우게 된다. 이들은 곧 위험한 동물을 막는 데 도움을 주는 수단의 하나로 불을 계속 관리하게 된다.

　이와 같은 시나리오 외에도 여러 가지 다른 가능성들이 있다. 날씨가 계속 건조해져서 자연적으로 화재가 나는 일이 빈번해졌을 수 있다. 그러자 사람들은 익은 씨앗을 찾기 위해 덤불을 태우는 불길의 뒤를 따라 걸었을지도 모른다. 아니면 벼락을 맞은 뒤 천천히 타고 있는 나무에서 불을 얻었을 수도 있다. 실제로 유칼립투스 나무는 8개월 동안이나 연기를 피우며 탈 수 있다.[323] 어쩌면 터키 남부 안탈리아 부근에 있는 불길처럼 자연적인 불의 원천이 영구적으로 제공되고 있었는지도 모른다. 이곳에 있는 불길은 천연가스 때문에 발생하여 길게 띠를 이루고 있는데, 약 3,000년 전 호메로스(Homeros)의 『일리아드(Iliad)』에 기록된 이래 지금까지 꺼지지 않고 있다.[324]

　사람들이 불을 이용해야겠다는 확신을 갖게 되기까지는 자연적 화재를 여러 차례 겪는 경험이 꼭 필요했을 것이다. 하빌리스의 모든 집

단이 불을 제어하지는 않았던 것으로 볼 때, 그러한 경험 없이는 쉽게 확신할 수 없었던 것 같다. 하지만 불똥 같이 자연에서 기인한 불의 원천이 있었다면 불을 만드는 방법을 배울 필요가 없었을 것이다. 자연에서 계속해서 얻을 수 있었을 것이고, 종국에는 다른 집단으로부터 구해 올 수 있었을 것이다. 폭풍우가 몰아쳐서 인근 지역의 불을 모조리 꺼 버릴 확률은 급속히 낮아졌을 것이다. 오스트레일리아 원주민의 경우, 물에 젖거나 홍수에 잠겨서 불을 잃어버린 무리는 이웃 무리로부터 불을 구해 오곤 하는데, 불을 주는 쪽은 흔히 석영 박편이나 붉은 황토 등의 대가를 기대한다.[325] 이 같은 교환은 영역의 경계를 넘어서 일어나기도 한다. 위험한 행동이지만 불을 되살리는 것은 생존에 관련된 일이기 때문에 포기하는 경우는 없다.

불이 꺼지지 않도록 계속 살려 두는 것은 큰 업적이다. 하지만 이동할 때 불붙은 통나무를 운반하는 일은 어렵지 않다. 수렵 채집인들은 이처럼 불붙은 통나무의 형태로 불을 옮긴다. 그 통나무를 들고 있는 사람이 계속 걷고 있는 한은 산소가 잘 공급되어 통나무는 계속 연기를 뿜는다. 어딘가에 멈추면 사람들은 곧 연기를 뿜는 통나무 주변에 막대기 몇 개를 놓고 입으로 후후 불어서 작은 불을 피운다.[326]

불이 인간 생활의 중심이 되기까지의 과정에서 중요한 단계는 바로 밤에 불을 유지하는 것이었다. 한 무리의 하빌리스가 낮에 육식 동물로부터 스스로를 보호하기 위해 불붙은 통나무를 운반해 왔다고 상상해 보자. 밤이 되자 이들은 나무 위에 올라가 보금자리를 만들고, 불붙은 통나무는 나무 아래에 놔둔다. 이런 경우에는 다음 날까지 불이 꺼지지 않도록 땔감을 더 공급해 놓아야 하는데, 처음에는 우연히 학습하게 되었겠지만 곧 계획적으로 땔감을 공급하는 단계에 이르게 되었을 것이다. 그러고는 불을 계속 살리기 위해 불가에 앉아 있는 단계에 이르러, 불이 제공하는 빛과 온기, 보호라는 장점을 경험하게 되었을 것이다.

그렇게 밤 동안 불을 살려 둘 수 있게 된 이후, 어딘가에서 한 무리의 하빌리스가 우연히 음식 조각을 불속에 떨어뜨리는 일이 일어나고, 익은 다음에 먹어 보고는 맛이 좋다는 사실을 배운다. 이 같은 행동을 반복하면서 이 무리는 최초의 직립 원인으로 진화했을 것이다. 맛있는 익힌 음식이라는 새로운 식단은 이후 창자가 작아지고 뇌와 몸집이 커지며 체모가 줄어드는 방향으로의 진화로 이어졌다. 또한 달리기와 사냥도 더 잘하게 되고, 수명이 길어졌으며, 기질도 더 차분해지고, 남녀 간의 결합이 새로운 중요성을 갖게 되었다. 여기서 그치지 않는다. 불에 익혀서 부드러워진 식물성 음식 때문에 자연 선택에 의해 더 작은 치아가 선호되었고, 불이 제공하는 보호 기능 때문에 땅 위에서 잠을 잘 수 있게 되는 동시에 나무 타는 능력을 잃게 되었다. 그리고 아마도 여성은 남성을 위해 음식을 요리하게 되고, 남성은 이 덕분에 고기와 꿀을 구하러 다닐 자유 시간을 더 많이 얻게 되었을 것이다. 아프리카의 다른 지역에 사는 하빌리스가 수십만 년에 걸쳐 날음식을 먹고 있는 동안, 운 좋은 한 무리가 이렇게 직립 원인이 되었다. 그리고 인류는 이로부터 시작되었다.

후기

요리의 진화, 요리의 물리학

불로 음식을 익히는 행위는 다른 사람의 식사를 준비하는 책무를 탄생시켰고, 이는 오늘날 하나의 산업으로 발전하였다. 대규모 공장에서 가공하는 대중적 음식은 흔히 미세 영양소가 부족하고, 지방이나 설탕, 소금이 너무 많이 함유되어 있을 뿐 아니라, 독특한 맛이 있는 경우도 거의 없다며 비난의 대상이 된다. 하지만 이들 음식이야말로 우리가 원하도록 진화한 음식이다. 그런데 이제 그에 따른 결과는 '과잉'이다. 21세기로 접어들 무렵, 61퍼센트의 미국인들은 "그 직접적인 영향으로 건강에 문제가 생기기 시작할 만큼 과체중이었다."[327] 미국인의 일일 에너지 섭취량은 1977~1995년 사이에 거의 200칼로리나 증가했다. 과당 함량이 높은 옥수수 시럽, 값싼 야자 기름, 정백 도정한 밀가루와 같은 제품을 손쉽게 구할 수 있게 된 탓이다. 그 결과 미국에서는 존 케네스 갤브레이스(John Kenneth Galbraith)가 반세기 전에 지

적한 대로, 못 먹어서 죽는 사람보다 너무 많이 먹어서 죽는 사람이 더 많아지고 있다.[328] 이처럼 손쉽게 구하고 먹을 수 있는 음식이 늘고 비만한 사람들이 증가하는 경향은 산업화된 많은 국가에서 나타난다. 건강이 악화되는 이러한 경향을 되돌리려면 열량이 낮은 음식을 더 많이 먹어야 한다. 하지만 일반 슈퍼마켓에서 그런 음식을 찾기란 힘든 일이다. 우리에게 저열량 음식을 좋아하는 성향이 없기 때문이다. 어떤 음식을 먹을 때 그것을 먹음으로써 섭취하는 열량이 얼마나 되는지 더 잘 안다면 적절한 음식을 고르기가 좀 더 쉬울 것이다. 그러므로 우리는 고도로 가공된 음식물일수록 열량이 더 높다는 사실에 보다 주의를 기울일 필요가 있다.

이는 영양 생물 물리학에 대한 보다 나은 이해를 필요로 한다. 먼저 고기에 대해 생각해 보자. 단백질 소화의 생화학적 과정은 이미 잘 알려져 있다. 연구자들은 음식이 소화관을 따라 이동하는 동안 어떤 지점에서 어떤 분비액이 음식 분자에 작용하는지, 즉 어떤 지점에서 어떤 효소의 작용에 의해 어느 화학적 결합이 분해되는지, 창자벽에 있는 세포와 막이 소화 산물을 어떻게 운반하는지, 점막 세포가 산도와 무기 염류 농도의 변화에 어떻게 반응하는지 정확히 알고 있다. 생화학적 지식은 이미 정교하리만큼 자세하게 알려져 있는 것이다.[329]

그러나 이처럼 상세히 알려진 전문 지식은 단백질 소화에 관한 것이지 고기 자체에 관한 것이 아니다. 영양학은 화학적인 측면에만 지나치게 몰두한 나머지 물리적 실체를 잊고 있다. 연구자들은 위로 들어가는 음식이 연쇄적인 생화학적 반응을 할 준비를 갖춘 영양 용액인 것처럼 가정하고 다룬다. 우리가 고기를 먹었을 때 우리 몸의 소화 효소가 작용하는 대상은 유리된 단백질이 아니라 끈적끈적한 3차원의 덩어리라는 점을, 그리고 이 덩어리는 치아에 씹힌 근육 조각이 마구 모여 이루어지며 각각의 근육 조각은 결합 조직으로 된 여러 겹의 관에 휘감겨 있다는 사실을 간과하고 있는 것이다. 음식물의 물리적 구조가 얼마나 복잡한지는 분명 중요한 문제이다. 음식물 덩어리가 얼마나 쉽게 소화 가능한 영양소로 전환되는지, 그리고 그에 따라 우리가 얼마나 많은 열량을 얻는지에 영향을 미치기 때문이다. 3장에서 살펴보았던 오카 교코의 실험에서 사료에 열량을 따로 추가하지 않았는데도 실험군의 들쥐는 대조군의 들쥐에 비해 복부 지방이 30퍼센트 더 증가했다. 실험군의 쥐들에게 적용된 변수는 사료가 씹기에 더 부드러웠다는 점뿐이었다. 1장에서 살펴본 '진화 식단' 실험에서는 참가자들에게 체중을 유지하기에 충분한 열량을 공급했음에도 이들의 체중이 빠르게 감소하는 것을 볼 수 있었다.

    음식의 에너지 가치를 평가하는 데는 기술적인 어려움이 있다. 음식의 구성과 구조가 너무나 복잡한데다, 인간의 소화 기관은 음식마다 각기 다른 방법으로 처리하기 때문에 영양학자들도 음식의 영양학적 가치를 직접적으로 평가할 수 없다. 그 때문에 영양학자들은 주어진 음식을 먹어서 얻을 수 있는 열량을 정확히 계산하는 대신, 대략적으로 추정할 뿐이다. 이때 추정치의 근거로 삼는 것은 학자들 사이에서 합의된 일련의 규칙이다. 약정이라 불리는 이들 규칙은 완벽하지는 않지만, 아주 쉽게 소화되는 음식에 대해서는 썩 훌륭한 추정치를 제공한다.

한 세기가 넘는 기간 동안 음식의 에너지 가치를 평가하는 데 압도적으로 많이 쓰여 왔고, 오늘날 서구 사회에서 음식의 영양 성분 표시 체계의 근간을 이루고 있기도 한 약정은 바로 애트워터 시스템이다. 이 체계를 발명한 윌버 올린 애트워터(Wilbur Olin Atwater)는 1844년에 태어나 19세기 말 코네티컷에 있는 웨슬리안 칼리지의 화학 교수가 되었다. 애트워터는 가난한 사람들이 한정된 자원을 가지고 먹을 것을 충분히 얻을 수 있도록 한다는 뜻깊은 목표를 가지고 있었다. 그는 먼저 다양한 음식들이 제공하는 열량을 각각 알아내는 일부터 시작했다. 애트워터는 인체가 에너지원으로 사용하는 세 가지 영양소가 단백질, 지방, 탄수화물이라는 것을 알고, 봄베 열량계라고 불리는 간단한 실험 장치를 이용해서 대표적인 단백질, 지방, 탄수화물 음식이 완전 연소할 때 얼마나 많은 열이 발생하는지를 기록하였다. 그 결과 서로 다른 종류의 음식에 들어 있는 각 영양소의 연소열은 그리 큰 변이를 보이지 않는다는 사실을 알게 되었다. 예컨대 단백질은 어떤 종류의 음식에 들어 있든지 상관없이 그램당 4킬로칼로리를 조금 넘는 열을 배출하는 것이다.

이제 애트워터는 두 가지 정보가 더 필요했다. 첫 번째는 어떤 식품이 함유한 주요 영양소, 즉 단백질, 지방, 탄수화물의 양이었다. 지방은 단백질이나 탄수화물과 달리 에테르에 녹는 성질 때문에 그 양을 계산하기 쉬웠다. 애트워터는 음식물을 잘게 잘라서 에테르와 섞어 흔든 다음 에테르에 녹아 나온 물질의 무게를 측정함으로써 음식별 지방 함량(보다 정확히 말하면 지질의 함량으로, 여기서 지질은 상온에서 고체 상태인 지방과 액체 상태인 기름을 모두 포함한다.)을 알아낼 수 있었다. 이와 동일한 방법이 오늘날에도 사용되고 있다. 반면 단백질은 따로 식별해 내는 검사법이 딱히 없었기 때문에 지수화하기가 어려웠다. 그러나 애트워터는 단백질 무게에서 평균 16퍼센트가 질소라는 사실에 착안하여, 먼저 질소 함량을 측정할 방법을 찾아냈고 이를 통해 단백질 함량도 알아낼 수 있었다.

가장 어려운 것은 탄수화물이었다. 탄수화물의 함량을 식별하는 방법은 그때나 지금이나 존재하지 않기 때문이다. 그러나 애트워터는 음식물에 포함된 주된 유기물이 바로 3대 영양소인 단백질, 지방, 탄수화물이기 때문에, 유기물의 총량만 알면 탄수화물의 양을 계산할 수 있다는 생각을 하기에 이르렀다. 여기서 음식물이 함유한 유기물의 총량을 알아내기 위해 그는 음식물을 완전히 태웠다. 그러면 불에 타지 않는 광물질만 재로 남는데, 이것이 바로 음식물의 무기물 부분이므로, 무기물의 무게를 측정할 수 있는 것이었다. 따라서 탄수화물의 함량은 자연히 음식물의 총 무게에서 단백질, 지방, 무기물의 무게를 빼고 남는 수치로 구할 수 있었다.

이렇게 하여 애트워터는 음식에 포함된 단백질, 지방, 탄수화물의 함량을 측정했다. 이제 그가 필요로 한 두 번째 정보는 사람이 먹은 음식 중 얼마나 많은 부분이 소화되는가, 즉 먹은 음식 중 배설되지 않고 인체에 의해 사용되는 양이 얼마나 되는가 하는 것이었다. 이를 알아내기 위해 그는 정확히 측정된 양의 음식을 먹는 사람들의 배설물을 분석하였고, 먹은 것 중 얼마나 많은 부분이 소화되었는지를 3대 영양소별로 측정할 수 있었다. 여기서 그는 영양소별 소화율이 음식에 따라 별 차이를 보이지 않는다는 사실을 다시 한번 확인하며, 사소한 변이는 무시할 수 있다고 상정하였다.

이제 필요한 정보, 즉 3대 영양소에 함유된 에너지 양, 음식에 포함된 3대 영양소의 양, 음식이 인체 내에서 사용된 양을 모두 얻은 애트워터는 영양소 내 변이를 무시하면서, 오늘날까지 식품 산업과 정부 표준의 근간을 이루는 약정을 제안하게 되었다. 그는 음식 중 인체 내에서 소화되지 않는 부분의 비율은 대부분 10퍼센트를 넘지 않는다는 사실을 발견하고, 이를 감안할 때 단백질과 탄수화물은 그램당 4킬로칼로리, 지질은 그램당 9킬로칼로리를 생산한다고 주장하였다. 이 수치들은 애트워터의 종합 계수로 알려져 있다.

이 단순하고 편리한 시스템은 애트워터 약정의 기반을 이룰 뿐 아니라, 미국 농무부의 「국가 표준 식품 영양 데이터베이스」 및 맥켄스와 위다우슨의 『음식의 성분』이 제공하는 영양소 성분 표를 만드는 데도 사용된다. 그러나 영양학자들은 애트워터 약정에 중대한 한계가 있다는 것을 오래전부터 인식하고 있었기 때문에 다양한 방법으로 수정, 보완하려는 노력이 있어 왔다. 그중 한 가지는 애트워터의 종합 계수를 좀 더 세분하는 것으로, 반세기에 걸친 영양 생화학의 연구 성과를 반영하여, 마침내 1955년에 애트워터 개별 계수가 도입되었다. 같은 단백질이라도 달걀 단백질은 그램당 4.36킬로칼로리, 현미 단백질은

3.41킬로칼로리 등으로 그 종류에 따라 생산하는 열량의 변이 값이 다르다는 점을 고려한 것이다. 이후 이러한 변이 값에 대한 정보가 축적되어 방대한 목록을 이루게 되었다.

영양소 구성을 분석하는 시스템에도 수정이 가해졌다. 애트워터는 식품에 포함된 모든 질소는 단백질의 일부이고, 질소는 모든 단백질 무게의 16퍼센트를 차지한다고 가정하였다. 하지만 실제로는 비단백질 아미노산과 핵산과 같은 분자도 질소를 포함하며, 이들은 소화가 될 수도 있고 되지 않을 수도 있다. 또한 단백질에 따라서는 질소 함량이 16퍼센트를 넘기도 하고 그에 미치지 못하기도 한다. 이에 따라 16퍼센트라는 애트워터의 평균치는 마카로니 단백질은 17.54퍼센트, 우유 단백질은 15.67퍼센트 등과 같이 수십 년에 걸쳐 항목별 수치로 대치되었다.

여기서 애트워터 시스템에 가해진 수정을 언급하는 것은 영양학자들이 이 시스템을 개선하기 위해 활발히 노력해 왔다는 점과 더불어 이들이 제안한 수정이 전체적으로 보면 사소한 수준이라는 점을 보여주기 위해서이다. 예컨대 달걀 단백질이 그램당 생산하는 열량(4.36킬로칼로리)은 현미 단백질(3.41킬로칼로리)보다 높긴 하지만 둘 다 애트워터의 추정치 4킬로칼로리에서 크게 벗어나지 않는다. 사실 개별 계수 시스템으로 보다 정확한 결과를 얻을 수 있기는 하지만 수정의 전체적 효과는 미미하여 일부 영양학자(특히 영국 학자)들은 아직도 종합 계수를 선호하기도 한다. 물론 그들이 사용하는 종합 계수도 애트워터 시대 이후로 수정된 것이기는 하지만 말이다.

종합 계수는 처음 고안된 이후로 고정된 적이 없어, 시간이 흐르면서 더 많은 계수들이 계속 추가되었다. 심지어 애트워터 본인도 자신의 시스템을 수정하였는데, 알코올을 별개의 범주로 분리한 것이 그 예다(그는 알코올의 열량에 그램당 정확히 7킬로칼로리라는 수치를 부여했다.). 이로부터 한참 뒤인 1970년 탄수화물 계열에 단당류라는 새로운 종합 계수가 추가되었다. 식이 섬유(비녹말 다당류)에 대해서도 새로운 종합 계수들이 제안되었다. 식이 섬유는 다른 탄수화물에 비해 소화가 워낙 잘 안 되기 때문에 그램당 4킬로칼로리보다 적은 에너지 값을 매길 필요가 있는 것이 분명하여, 2킬로칼로리라는 수치가 제안되었다. 애트워터 시스템은 이밖에도 소변이나 가스 생산으로 인한 에너지 손실도 반영하도록 수정되는 등 여러 가지 수정 작업을 거쳐 왔다. 그 때문에 애트워터 시스템은 근본적인 철학은 그대로이지만 계속해서 변화되고 있다.[330]

애트워터 시스템은 이처럼 끊임없이 수정되는 융통성 있는 약정이기는 하지만, 오늘날에도 여전히 식품의 에너지 값을 평가하기 위한 기본 근거로 사용된다. 이 시스템 덕분에 우리는 일반적인 익힌 음식을 먹을 때 얼마나 많은 열량을 섭취하는지 계산할 수 있고, 너무 많이 먹는지 아니면 너무 적게 먹는지 판단할 수 있다. 하지만 애트워터 시스템은 익히지 않은 음식이나 입자가 큰 통밀가루와 같이 소화가 잘 되지 않는 음식의 에너지 값을 제대로 평가하지 못하도록 하는 두 가지 결정적인 문제점을 가지고 있다.

첫째, 애트워터 약정은 소화가 비용이 많이 드는 과정이라는 점을 고려하지 않는다. 음식을 먹으면 우리 몸의 대사율은 평균 25퍼센트까지 올라간다.[331] 이는 물고기(136퍼센트)나 뱀(687퍼센트)에 비해 엄청나게 낮은 수치로, 인간의 소화 비용이 다른 종에 비해 작다는 것을 보여준다. 그 이유 중 하나는 아마도 우리가 익힌 음식을 먹기 때문일 것이다. 비록 다른 종에 비해 낮기는 하지만, 인간의 입장에서 소화 비용은 여전히 중요한 부분이고 이 비용은 음식의 종류에 따라 내려갈 수도 올라갈 수도 있다.

애트워터는 봄베 열량계에서 음식물을 연소시킬 때 이처럼 복잡한 부분을 전혀 고려하지 않은 채, 인간은 음식물에 들어 있고 인체가 소화시킨 에너지를 모두 이용할 수 있다고 가정하였다. 애트워터는 음식물이 봄베 열량계 내에서 연소될 때 나오는 에너지와 인체 내에서 이용되는 에너지의 양이 동일하다고 결론지은 것으로 보인다. 하지만 인간의 신체는 봄베 열량계가 아니다. 우리는 몸 안에 있는 음식물을 단순히 연소시키는 것이 아니라 소화라는 복잡한 일련의 과정을 거쳐 처리하는데, 이 과정에서는 열량이 소모된다. 소화에 드는 비용은 영양소에 따라 달라, 단백질은 탄수화물보다 더 많은 비용이 들고 지방의 소화 비용이 가장 낮다. 1987년의 연구에서 고지방 식사를 한 사람들은 자신들이 섭취한 열량의 5배에 육박하는 열량을 탄수화물로 섭취한 사람들과 동일한 체중 증가를 보였다.[332] 음식 중 단백질의 비율이 높을수록 소화 비용은 높다. 그리고 동물 실험 결과로 볼 때, 질기고 딱딱한 음식을 먹을 때의 소화 비용이 연한 음식을 먹을 때보다 높다는 것을 예상할 수 있다.[333] 입자가 작은 음식에 비해 입자가 큰 음식이,[334] 여러 차례 나눠서 먹는 것에 비해 한 번에 많이 먹는 음식이, 온도가 높은 음식에 비해 낮은 음식이 더 많은 소화 비용을 필요로 한다. 그뿐이 아니다. 개인차도 크게 작용해서, 마른 사람들은 뚱뚱한 사람들에 비해 소화 비용이 높은 경향이 있다. 비만 때문에 소화 비용이 낮은 것인지 낮은 소화 비용 때문에 비만이 되는 것인지는 알려지지 않았다. 어느 쪽이 사실이든 체중에 신경 쓰는 사람에게는 중요한 정보이다. 비만한 사람은 똑같은 열량을 섭취해도 낮은 소화 비용 때문에 마른 사람보다 더 쉽게 살이 찌는 것이다. 삶은 때로 불공평하다.

이 문제를 더욱 심각하게 만드는 애트워터 시스템의 두 번째 오류는 첫 번째 오류와 밀접히 연관되며 똑같은 중요성을 갖고 있는데, 바로 음식이 소화되는 비율이 그 형태가 고체이든 액체이든, 섬유질 함량이 높든 낮든, 날것이든 익혔든 상관없이 항상 일정하다고 가정한 것이다. 애트워터 종합 계수에서 고려된 요인 중 하나가 소화되지 않은 채 배설되는 음식의 비율이었다는 점을 기억하자. 애트워터는 이 비율이 10퍼센트 이하로 낮고 항상 일정하다고 가정하였으나, 이 가정은 잘못된 것이었음이 오래전부터 알려져 왔다. A. L. 메릴(A. L. Merrill)과 B. K. 와트(B. K. Watt)는 1955년 애트워터 개별 계수 시스템을 도입하면서, 특히 곡물의 소화율은 제분을 얼마나 미세하게 했는가에 영향을 받는다고 언급한 바 있다. 아주 곱게 빻은 밀가루는 완전하게 소화될 수 있지만, 거칠게 빻은 밀가루는 30퍼센트까지도 인체 내에서 이용되지 않고 배설되는 결과를 낳을 수 있다는 것이다. 이러한 이유로 메릴과 와트는 모든 음식의 소화율에 구체적인 상황에 대한 자료를 적용할 것을 요구했다.[335] 하지만 이러한 자료를 구하는 것은 불가능한 경우가 많다. 음식마다 그 물리적 상태에 따라 소화율이 어떻게 되는지를 파악하려면 엄청나게 많은 실험을 해야 하기 때문이다. 게다가 동일한 영양소라도 음식을 먹는 상황에 따라 그 소화율이 달라지기 때문에 이 문제는 더욱더 복잡해진다. 예를 들어 같은 단백질이라도 섬유질이 낮은 음식에 들어 있을 때보다 섬유질이 높은 음식에 들어 있을 때 그 소화율이 더 낮다. 덜 익힌 음식에 대해서도, 우리는 완전히 익힌 음식부터 전혀 익히지 않은 음식까지 단계별로 음식을 익힌 시간이 음식의 소화 비율에 어떻게 영향을 미치는지에 관해 띄엄띄엄 부분적인 정보만을 가지고 있을 뿐이다. 적합한 측정, 즉 몸 밖으로 배출한 배설물이 아니라 소장의 끝 부분에서 소화되지 않은 음식을 채취하는 회장 소화율을 이용한 연구는 거의 없다.

이 모든 요인들이 개별 음식의 실제 열량 값을 결정하는 데 너무도 중요한 역할을 하기 때문에 많은 영양학자들이 애트워터 약정을 대폭 수정할 것을 요구하는 것이다.[336] 하지만 소화 비용과 소화율의 차이가 미치는 영향을 파악하는 데 필요한 정보는 얻기도 어려울뿐더러, 영양 성분 표시 체계에 반영하기도 쉽지 않다. 이와 같은 이유로 많은 전문가들이 여전히 애트워터 종합 계수 시스템을 널리 선호한다. 영양학은 근본적으로 두 가지 선택에 직면해 있다. 막대한 노력을 들여서 계량화하기 어렵기는 하지만 정밀한 영양가 자료를 축적해 나가는 방안, 아니면 영양가에 대해 정확하지 않은 근사치밖에 내놓지 못하는, 계량화는 쉽지만 생리학적으로 비현실적인 수치를 이용하는 방안이다. 현실적으로 각각의 음식별로(그리고 음식의 다양한 궁합에 따라) 그때그때 상황에 맞게 조정한 현실적인 영양가를 파악하기는 어렵기 때문에, 대중에게는 소화 과정의 현실이 반영되지 않은 영양가의 추정치가 제공된다. 「국가 표준 식품 영양 데이터베이스」와 『음식의 성분』에 씌어진 자료를 모은 과학자들은 날음식은 익힌 음식에 비해 체내에서 실제로 생산하는 에너지가 더 적고, 날음식의 비율이 높을수록 신체에서 이용되지 못하고 배출되는 비율도 높아진다는 것을 분명 알고 있었을 것이다. 하지만 이들은 구시대적인 근사치 측정 기술에 갇혀 있었고, 그 결과 거짓말을 낳았다. 영양 성분표의 자료는 음식의 입자 크기는 중요하지 않고 음식을 익히는 것은 에너지 가치에 아무런 영향을 미치지 않는다고 가정하고 있는 것이다. 그 반대가 진실임을 증명하는 증거 자료들이 풍부한데도 말이다.

우리가 먹는 음식에 실제로 포함된 열량을 평가할 수 있는 능력이 없는 탓에 우리의 음식과 음식 가공 기술은 점점 비만을 조장하는 방향으로 변화하고 있다. 따라서 음식의 물리학은 중요한 부분이다. 식료품을 사러 가면 과거 어느 때보다도 더 곱게 간 밀가루, 더 부드럽게 가공한 음식, 더 높게 농축된 열량이 우리를 기다리고 있다. 입자가 거친 곡물 빵은 트윙키(Twinky, 미국 과자업체, 그 제품 — 옮긴이)에, 사과는 사과주스에 자리를 내주었다. 그리고 현재의 영양 성분 표시 체계는 소비자들로 하여금 주요 영양소는 같은 중량이라면 어떻게 조리하든 같은 열량을 낼 것이라고 생각하도록 오도하고 있다. 뱀은 분쇄한 고기를 먹었을 때 더 많은 영양을 섭취했고, 들쥐는 연하게 만든 사료를 먹었

을 때 더 살이 쪘다. 인간이라고 다르지 않을 것이다. 음식의 딱딱한 정도가 건강에 미치는 효과를 측정하려 한 연구가 딱 하나 있었는데, 일본 여성들을 대상으로 한 이 연구에 따르면 더 부드러운 음식을 먹을수록 허리가 더 굵었고 이는 더 높은 사망률로 이어졌다.[337] 이 연구는 아직 예비 단계여서, 앞으로 그런 효과가 얼마나 지속적으로 나타나는지를 알게 되기까지는 시간이 걸릴 것이다. 하지만 여기서 시사하는 바는 명백하다. 우리는 소화하기 쉬운 음식을 먹기 때문에 살이 찐다. 우리는 음식의 열량만 가지고는 우리가 알아야 할 것을 제대로 알 수가 없다.

이제 음식의 영양가를 추정할 때 음식의 물리적 구조가 미치는 영향을 포함시키도록 애트워터 약정을 수정할 때가 되었다. 그리고 음식 평론가 마이클 폴란(Michael Pollan)의 주장처럼 우리는 영양소가 아니라 진짜 음식을 고를 수 있도록 스스로를 교육시킬 때가 되었다.[338] 폴란이 말한 진짜 음식이란 자연 그대로이거나 약간만 가공한, 쉽게 알아볼 수 있고 친숙한 음식이다. 반면 영양소란 필수 지질, 아미노산, 비타민 등과 같이 눈에 보이지 않는 화학 물질로, 우리가 의심해 볼 생각도 없이 믿어야 할 과학적 전문 지식의 대상이다. 음식이 가공되지 않을수록 비만 문제는 덜 심각해질 것이라는 것은 쉽게 예상할 수 있는 바이다.

한때 우리는 우리 종에게 무한한 적응 능력(특히 음식에 관해서)이 있다고 믿었다.[339] 각기 다른 수많은 사람들이 100퍼센트 식물에서 100퍼센트 동물에 이르는 다양한 식단에 의존하여 살아가고 있기 때문에 인간의 진화적 성공은 오로지 창의성에만 달려 있다고 생각하기 쉽다. 극단적으로 말하자면, 우리 종은 진화적 생태 환경을 자유롭게 창조할 수 있는 것처럼 보인다.

하지만 우리가 화식을 하는 동물이라는 사실이 말하는 바는 이와 다르다. 우리의 조상들은 항상 땔감을 어떻게 구할지, 음식을 위한 경쟁을 어떻게 통제할지, 불가를 둘러싼 사람들의 사회를 어떻게 조직할지와 같은 문제들에 직면하며 살았다. 세계의 다른 곳에 사는 수백만 명의 사람들에게는 오늘날에도 여전히 그렇지만, 한때는 어떻게 하면 익힌 음식을 충분히 얻을 것인가가 식사에 있어 가장 큰 문제였던 시기도 있었다. 하지만 풍요로운 삶을 살 수 있는 우리 행운아들에게는 도전할 방향이 바뀌었다. 이제 아주 오랜 옛날부터 의존해 온 익힌 음식을 보다 건강한 방향으로 개선할 방법을 찾아낼 때이다.

감사의 말

화식의 중요성을 이해하기 위해 노력하도록 이끌어 준 친구들, 동료들, 그리고 정보를 제공해 준 이들에게 깊은 감사를 드린다. 나와 함께 연구를 수행한 Rachel Carmody, NancyLou Conklin-Brittain, Jamie Jones, Greg Laden, David Pilbeam에게 특히 감사한다. 이 원고의 초안을 보고 편집자로서, 학자로서 조언을 아끼지 않은 이들에게도 특별히 고마움을 전한다. Dale Peterson, 이제는 고인이 된 Harry Foster, Martin Muller, Elizabeth Ross, Bill Frucht는 아주 꼼꼼한 부분까지 의견을 제시해 주었다. Rachel Carmody, Felipe Fernandez-Armesto, Elizabeth Marshall Thomas, Victoria Ling, Anne McGuire, David Pilbeam, Bill Zimmerman은 친절하게도 원고 초안을 처음부터 끝까지 읽어 주었다. 각 장에 대해 의견을 제시해 준 Robert Hinde, Kevin Hunt, Geoffrey Livesey, Bill

McGrew, Shannon Novak, Lars Rodseth, Kate Ross, Stephen Secor, Melissa Emery Thompson, Brian Wood에게도 감사한다. 이밖에도 여러 가지 다른 지원 및 아이디어, 조언을 제공해 준 다음 분들에게 고마움을 표한다. Leslie Aiello, Ofer Bar-Yosef, Dusha Bateson, Pat Bateson, Joyce Benenson, Jennifer Brand-Miller, Alan Briggs, Michelle Brown, Terry Burnham, Eudald Carbonell, John Coleman, Matthew Collins, Randy Collura, Debby Cox, Meg Crofoot, Roman Devivo, Irven DeVore, Nancy DeVore, Nate Dominy, Katie Duncan, Peter Ellison, Rob Foley, Scott Fruhan, Dan Gilbert, Luke Glowacki, Naama Goren-Inbar, John Gowlett, Peter Gray, Barbara Haber, Karen Hardy, Brian Hare, Jack Harris, Marc Hauser, Kristen Hawkes, Sarah Hlubik, Carole Hooven, Sarah Hrdy, Stephen Hugh-Jones, Kevin Hunt, Dom Johnson, Doug Jones, Sonya Kahlenberg, Ted Kawecki, Meike Köhler, Kat Koops, Marta Lahr, Mark Leighton, Dan Lieberman, Susan Lipson, Julia Lloyd, Peter Lucas, Meg Lynch, Zarin Machanda, Bob Martin, Chase Masters, 고(故) Ernst Mayr, Rob McCarthy, Rose McDermott, Eric Miller, Christina Mulligan, Osbjorn Pearson, Alexander Pullen, Steven Pyne, Eric Rayman, Philip Rightmire, Neil Roach, Diane Rosenberg, Lorna Rosen, Norm Rosen, Kate Ross, Stephen Secor, Diana Sherry, Riley Sinder, Catherine Smith, Barb Smuts, Antje Spors,

Michael Steiper, Nina Strohminger, Michael Symons, Mike Wilson, Tory Wobber, Brian Wood, Kate Wrangham-Briggs. 대학에서 각별히 도움을 준 고(故) Jeremy Knowles, Doug Melton, David Pilbeam, 조용히 집필할 수 있도록 도움을 준 Weston Public Library(Massachusetts) 관계자 여러분, Alison Ross, Kenneth Ross(Badachro, Scotland), Robert Foley, Marta Lahr(Leverhulme Center for Human Evolutionary Studies, Cambridge, UK), Medical Library of the University of Cambridge(UK)에도 감사한다. 그리고 2001년 4월, 무화과나무 아래서 3주 동안 이 책의 제안서를 썼던 우간다 키발레 국립 공원 관계자들에게도 고마움을 표하고 싶다.

불에 익히는 요리에 대한 나의 관심은 대부분 침팬지와 인간의 행태가 같기도 하고 다르기도 한 이유를 이해하려고 노력한 데서 유래하였다. 운 좋게도 나는 우간다 키발레 국립 공원과 탄자니아 곰비 국립 공원에서 침팬지 생태학을 연구할 기회를 가질 수 있었다. 키발레 국립 공원에서 연구할 수 있도록 재정을 지원해 준 National Science Foundation, Leakey Foundation, National Geographic Society, MacArthur Foundation, Getty Foundation에 감사한다. 나와 함께 연구를 수행한 Colin Chapman, Kim Duffy, Alexander Georgiev, Ian Gilby, Jane Goodall, David Hamburg, Kevin Hunt, Gil Isabirye-Basuta, Sonya Kahlenberg, John Kasenene, Martin Muller, Emily Otali, Amy Pokempner, Herman Pontzer, Anne Pusey, Melissa Emery Thompson, Michael Wilson에게 특별한 감

사를 표한다.

고(故) Harry Foster는 이 책을 지원하는 도박 같은 위험을 감수해 주었다. 그가 살아서 이 책이 완성되는 것을 보지 못해 마음이 아프다. Basic Books 출판사의 Amanda Moon, Elizabeth Stein, Bill Frucht의 지원과 John Brockman, Katinka Matson의 인내심은 이 책의 완성을 완성하는 데 정말 중요한 역할을 했다.

이 책의 집필은 대단히 보람 있는 일이었지만, 그 과정에서 우리 가족들에게 많은 고통을 주었다. 사과와 사랑을 담아 이 책을 Ross, David, Ian, 특히 Elizabeth에게 바친다.

주(註)

1) 인류의 진화에 대해서는 Klein 1999, Wolpoff 1999, Lewin and Foley 2004 를, 대중적인 자료로는 Zimmer 2005, Wade 2007, Sawyer et al. 2007 참조.
2) Toth and Schick 2006.
3) 내가 하빌리스라고 부르는 화석은 관례적으로 오스트랄로피테쿠스 하빌리스 또는 호모 하빌리스로 불린다.: Haeusler and McHenry 2004, Wood and Collard 1999. 내가 하빌리스라고 부르는 것은 이들이 둘 중 어느 쪽에도 꼭 들어맞지 않기 때문이다. 하빌리스와 직립 원인이 언제 나타나서 언제 사라졌는지는 정확하게 알려지지 않았다. 하빌리스에 대한 가장 최근의 증거로는 144만 년 전의 것이 있다(케냐의 Koobi Fora, 표본 번호 KNM-ER 42703, Spoor et al. 2007). 직립 원인은 190만 년 전에 존재했던 것으로 볼 수도 있지만(KNM-ER 2598), 확실히는 178만 년 전에 존재했다고 할 수 있다(KNM-ER 3733, Antón 2003). 따라서 직립 원인과 하빌리스가 살던 시기가 50만 년 가까이 겹쳤을 수 있다. 물론 두 종이 꼭 같은 시대에 동일한 장소에서 살았다는 의미는 아니다. 직립 원인의 특징은 Aiello and Wells 2002, Antón 2003 참조.
4) 명명에 관련된 논쟁에 대해서는 Antón 2003, p.127 참조.

5) 육식 가설의 역사에 대해서는 Cartmill 1993 참조. 육식이 인간의 진화와 적응에 중요한 역할을 했다는 가설을 옹호하는 최근 자료로는 Stanford 1999, Kaplan et al. 2000, Stanford and Bunn 2001, Bramble and Lieberman 2004 등이 있다. 이에 대한 비평은 O'Connell et al. 2002 참조.
6) Darwin 1871(2006), p.855. 불 피우는 방법을 배우는 데 대한 설명과 저녁 식사를 요리하는 것으로 끝나는 야영 생활에 대한 보고는 Darwin 1888 참조.
7) Darwin 1871(2006), p.867.
8) Lévi-Strauss 1969, Leach 1970, p.92.
9) Brillat-Savarin 1971, p.279.
10) Coon 1962, Brace 1995, Perlès 1999, Goudsblom 1992 참조. 인용문은 Symons 1998, pp.213, 223; Fernandez-Armesto 2001, p.4에서 발췌.
11) Wrangham et al. 1999, Wrangham 2006 참조. Collard and Wood 1999와 Wood and Strait 2004는 '불로 요리하기'가 직립 원인의 진화를 자극했다는 입장으로 간략히 주장을 펼친 바 있다.
12) Polo 1926, p.94.
13) 진화 식단 실험은 Fullerton-Smith 2007의 서술 참조.
14) 열성적인 생식주의자들은 익히지 않은 음식으로만 식사를 하지만 생식주의자임을 자처하는 사람들 일부는 절반을 익힌 음식으로 먹기도 한다. 대부분의 생식주의자들은 완전 채식주의자로, 곡류, 견과류, 채소, 과일 등을 먹는다. 아보카도처럼 기름기 많은 과일은 특히 중요할 수 있다(Hobbs 2005).
15) Koebnick et al. 1999, Donaldson 2001, Fontana et al. 2005. 쾨브닉의 연구가 표본 수가 가장 많고 식단의 폭이 넓지만, 결과는 비슷했다. Donaldson 2001은 채식주의자를 연구하였는데, 건조 보리 주스와 함께 하루 19차례씩 과일과 채소를 먹은 피험자들은 익힌 음식을 먹었던 과거보다 몸이 좋아졌다고 느꼈다. 하지만 에너지 섭취량은 20퍼센트 낮은 것으로 나타나, 여자들은 하루에 1,460칼로리, 남자들은 1,830칼로리를 섭취했다. Fontana et al. 2005는 생식주의자들을 동일한 나이와 신장을 가진 이들로 구성된 비교 집단과 연구했는데, 날먹을거리를 먹은 여성들의 체중이 익힌 음식을 먹은 비교 집단에 비해

12.6킬로그램이 덜 나갔다. 남자들은 17.5킬로그램이 덜 나갔다.

16) Rosell et al. 2005.
17) 언론인 Jodi Mardesich의 일기는 www.slate.com/id/2090570/entry/2090637/에 실렸다.
18) Koebnick et al. 2005.
19) Barr 1999. Barr는 안정적인 체중을 유지하는 여성들의 경우, 채식주의자가 육식을 하는 사람보다 생리 불순을 더 적게 겪었다는 사실도 보고했다.
20) Ellison 2001은 운동이 번식 기능에 미치는 영향에 대해 서술하고 있다.
21) Thomas 1959.
22) Conklin-Brittain et al. 2002.
23) Silberbauer 1981.
24) Jenike 2001.
25) Fry et al. 2003.
26) Hobbs 2005, Donaldson 2001.
27) Hobbs 2005.
28) Arlin et al. 1996.
29) Howell 1994.
30) Symons 1998, p.98은 화식과 육식이 자연에 맞지 않는다는 한 그리스 자료를 인용하고 있다.
31) 그의 주장은 1813년에 *A Vindication of Natural Diet*로 발표되었다. 그의 아내 Mary Shelley는 육식이 정신을 좀먹는다는 남편의 주장에 고무되어 1818년 소설 『프랑켄슈타인(*Frankenstein*)』을 펴낼 때 부제를 The Modern Prometheus라고 붙였다(Shelley 1982). 상상 속 황금시대의 조상들처럼 프랑켄슈타인이 창조한 남자('괴물'로 알려진)는 처음에는 장과류 열매를 먹고 사는 채식주의자였다가 거지들이 버려둔 모닥불을 발견하고는 불에 익히면 내장의 맛이 좋아진다는 사실을 알게 되었다. 그녀는 음식을 불에 익히는 것은 맛을 더 좋게 하기 위해서라는 기존의 생각을 그대로 따랐으나 괴물이 자신은 더 조악한 음식을 먹고도 살 수 있다는 점을 제외하면 모든 면에서 실제 인간과 거

의 똑같다고 선언한 것을 볼 때, 오늘날의 인간이 익힌 음식을 필요로 한다는 점을 인정한 것으로 보인다. 그녀 자신은 익힌 음식을 먹었다.

32) Devivo and Spors 2003.
33) Fontana et al. 2005. 건강에 미치는 다른 영향은 Koebnick et al. 2005.
34) 수메르인: Symons 1998, p.256. "오직 야만인만이"는 Symons 1998, p.100에서 Chevalier Louis de Jaucourt의 말을 인용. 세리족: Fontana 2000, p.22., Fontana 2000, p.xxvii는 McGee가 세리족에 대해 쓴 내용 중 많은 부분이 신뢰를 받지 못하고 있다고 말했다. 세리족이 원시적임을 증명하고 싶었던 McGee는 자신의 선입견을 뒷받침하기 위해 근거 없는 주장을 했던 것이다. Felger and Moser 1985, p.86는 "세리족이 고기나 썩은 고기를 날로 먹는다는 과거의 주장은 어느 정도 과장되었거나 직접 보지 않은 간접 정보일 수 있다." 고 했다. 루웬조리의 피그미: 우간다 신문 *New Vision*의 2007년 3월 2일자는 농촌 복지 개선국 행정관의 말을 인용. 피그미는 많이 연구되었는데, 카메룬부터 우간다까지 어디에서도 음식을 익혀 먹는다. 불을 피울 줄 모르는 종족이 존재한다는 주장은 수없이 많았지만, 이런 주장들 역시 주의 깊게 확인해 본 결과 사실이 아닌 것으로 드러났다. 물론 특정 개인이 불을 잘 피우지 못하는 경우는 있을 수 있으나 부싯돌 등 적실한 도구를 마침 손에 가시고 있시 않을 수도 있다. 지금까지 알려진 인간 사회는 모두 요리를 한다는 내용은 Tylor 1870, p.239, 모두 불을 피운다는 내용은 Frazer 1930, Gott 2002 참조.
35) Howell 1994.
36) Stefansson의 일기의 상세한 내용은 Pálsson 2001, p.95, 97, 100, 204, 210, 282 참조. 또한 Stefansson 1913, p.174, Stefansson 1944도 참조.
37) Jenness 1922, p.100.
38) Tanaka 1980, p.30에서 발췌. 수렵 채집인의 저녁 식사에 관한 증거 자료: 이누이트족: "불로 익힌 음식은 하루 한 차례만, 저녁 때 먹었다."(Burch 1998, p.44.), 티위족: "해질 무렵이면 (내 아내들 중) 최소한 두세 명은 무언가 구해 가지고 돌아올 가능성이 크고, 그러면 우리 모두가 식사를 할 수 있다."(Hart and Pilling 1960, p.35.), 아란다족: "주된 식사는 사냥과 마나(멜라네시아 일대 원

시 종교에서 말하는 초자연적인 힘 — 옮긴이) 수집을 나갔다가 돌아오는 저녁 즈음에 먹는다. 여자들은 땔감을 모은다."(Schulze 1981, p.233.), 시리오노족: "주된 식사는 항상 늦은 오후나 이른 저녁에 먹고," 핵가족 단위로 각각 자신의 음식을 요리한다(Holmberg 1969, p.87.), 안다만 제도 원주민: "오후가 되면 여자들은 종류가 무엇이든 자신이 구한 양식을 가지고 돌아오고, 그 후 남자들이 양식을 가지고 돌아온다. 사냥에 실패한 경우가 아닌 한, 숙소는 하루 중 주된 식사인 저녁을 준비하느라 분주해진다.…… 고기가 공동체의 구성원들에게 분배되면, 여자는 가족의 저녁 식사를 요리한다."(Radcliffe-Brown 1922, p.38.), 틀링기트족: "과거에는 하루 두 차례만 식사를 했다. 일어나자마자 아침을…… 그리고 저녁 식사를", "든든하게 먹는 식사는 저녁이었다.…… 사냥꾼이나 여행자는 숙소에 안전하게 도착하거나 하루 일과가 끝날 때까지 음식을 먹으려 하지 않았다."(Emmons 1991, p.140.) 보고된 사례 중 수렵 채집인의 주된 식사가 저녁 식사가 아닌 경우는 없었다.

39) Isaacs 1987의 부록을 토대로 항상 익혀 먹는 식물성 양식을 종류별로 보면, 뿌리채소(51종 중 76퍼센트), 씨앗(45종 중 76퍼센트), 견과류(16종 중 75퍼센트)의 비율이 과일(97종 중 5퍼센트)보다 훨씬 높다. 낮에 간단한 음식을 날로 먹는 사례는 오스트레일리아: O'Dea 1991, 페루: Johnson 2003 참조.
40) Robertson 1973.
41) Valero and Biocca 1970, chapter 13.
42) Holmberg 1969, p.72.
43) Murgatroyd 2002.
44) 태평양: Heyerdahl 1996; 안데스: Read 1974; 에식스: Philbrick 2000; 일본군: Onoda 1974.
45) Letterman 2003, p.73의 Woodes Rogers 인용.
46) 익힌 음식과 가축: Mabjeesh et al. 2000, Campling 1991, Pattanaik et al. 2000, Medel et al. 2002, Medel et al. 2004, Nagalakshmi et al. 2003. 소는 일정량 이상의 섬유질이 필요한 탓에 한계가 있다(Owen 1991).
47) Stead and Laird 2002. 익힌 어분은 1937년, 익힌 닭 사료는 1944년 이미 개발

되었지만, 익히는 것의 가치는 최근에 와서야 인정받게 되었다. 영국의 수산 양식업에서 가장 중요한 연어 양식은 어분에 크게 의존한다. 세계 수산 양식 사료의 20~35퍼센트를 차지하는 어분의 주재료는 멸치나 정어리 같은 작은 바다 생선이다. 이를 익히고 압착해서 건조한 다음 갈아서 만드는 어분은 20세기 말~21세기 초, 매년 600만~700만 톤이 생산되었다. 1980년대 영국의 연어 양식장에서는 압출 성형을 거치지 않는 전통적 방식의 압착 공정으로 생산된 사료를 사용했기 때문에 값이 쌌다. 이 경우, 재료의 온도는 섭씨 60~70도로, 재료를 파스타 조각처럼 압착한 뒤 절단해서 환약 모양으로 만든다. 당시 영국에서 연어는 비싸서 1파운드(약 450그램)당 7파운드 정도에 거래되었다. 연어의 성장이 더디고 오늘날에 비해 폐사율도 높았지만, 높은 가격 덕분에 양식업자들은 이윤을 얻을 수 있었다. 그러나 이후 연어 가격이 떨어지기 시작하고, 경제적 압박을 받은 양식업자들의 입장에서는 제대로 된 사료를 선택하는 것이 중요해졌다. 그러자 양식 사료업자들은 사료를 더 잘 익혀서 압출 성형하는 신기술을 적용, 어분과 곡물 성분을 수압으로 누르고, 최고 섭씨 120도에 이르는 고온 증기로 찐 다음, 고압 형틀로 찍어 냈다. 가공 온도를 높인 덕분에 녹말의 젤라틴화 비율을 높이고 병원균을 더 효과적으로 죽일 수 있었다. 작은 공 모양의 사료는 압출 성형 과정에서 수분이 순간 기화하는 압력 때문에 부풀어, 소화율을 증가시킬 것으로 생각되었다. 사료 가공법의 변화와 함께 양식 산업 전반의 실적이 개선되어, 1990년대 양식 어류의 평균 체중은 2.5킬로그램에서 거의 4킬로그램으로 높아졌다. 또한 약 60퍼센트였던 생존율도 90퍼센트로 상승했고, 생산 비용은 떨어졌다.

48) Palmer 2002는 개에게 날것을 먹이는 효과에 대해 논의한다. BARF 식단에 대해서는 www.barfworld.com/html/barf_diet/barfdiet.shtml 참조.

49) Carpenter and Bloem 2002, Fisher and Bruck 2004, Pleau et al. 2002.

50) 인간의 입이 작은 이유 중 하나는 다른 영장류에 비해 입술이 만드는 공간이 작기 때문이다. 뼈를 비교해서 나타나는 차이는 이보다 작다. Kay et al. 1998은 인간 48명, 침팬지 44마리의 유골에서 구강의 부피를 측정한 결과, 인간의 구강 부피(0.107cc)는 침팬지(0.113cc)보다 아주 약간 작았다(수치로 보아 입을 다

문 상태의 부피를 측정한 듯하다. 그래도 너무 작은 수치라 저자가 단위를 잘못 표기한 것이 아닌지 의심이 든다. — 옮긴이). DeGusta et al. 1999이 제시한 영장류 33마리의 자료를 이용하여 구강 크기를 계산한 결과에 따르면, 인간의 입은 침팬지보다 아주 조금 크다. 물론 체중에 대비한 상대적인 입 크기는 침팬지보다 작다. Smith and Jungers 1997의 연구에 따르면, 침팬지 3아종별 야생 성체 체중의 중간 값은 암컷 42킬로그램, 수컷 46킬로그램이었다. 한편 피그미에서 사모아인에 이르는 인구 집단 7곳의 중간 값은 여성 53킬로그램, 남성 61.5킬로그램이었다. 즉 인간이 침팬지보다 상대적으로 26~34퍼센트 무겁다는 결론이 나온다. 그러나 이 구강 부피 수치가 유럽인을 측정한 것이므로, 보다 현실적인 분석을 위해 유럽인의 체중 자료를 이용해 보면, 덴마크인 여성 62킬로그램, 남성 72킬로그램을 침팬지와 비교했을 때 인간이 48~57퍼센트 무겁다는 계산이 나온다. 인간의 입이 특히 작은 것처럼 보이는 것은 침팬지와 달리 입이 얼굴 앞쪽으로 돌출해 있지 않고 두개골 아래쪽으로 깊숙이 밀려 들어가 있기 때문이다. 구강 부피는 겉에서 보는 것보다 크다. Lucas et al. 2006은 화식이 인간의 입에 미치는 효과에 대한 이야기한다.

51) Stedman et al. 2004. 턱 근육의 미오신 구성이 상세하게 연구된 것은 짧은꼬리원숭이뿐이지만, 다른 유인원도 이와 비슷할 것으로 추정된다. MYH16 유전자에 돌연변이가 일어난 시점을 확실히 알기 위해서는 더 많은 연구가 이루어져야 할 것이다. 최근에는 이 돌연변이가 530만 년 전에 일어났을 가능성을 제기하는 연구도 있었는데 그 이유에 대해서는 알 수가 없다.

52) Predmosti 유적에서 발견된 2만 5000년 전 인류의 치아를 조사한 Kay 1975를 토대로 한 자료를 Neil Roach가 제공해 주었다. 연한 음식으로 인해 턱과 치아가 작아진다는 것은 Lucas 2004, Lieberman et al. 2004가 검토했다. Milton 1993은 대안적 이론, 즉 인간의 작은 치아는 무른 과일에 적응한 결과인지도 모른다는 주장을 했다. 하지만 지난 200만 년 동안 인류는 무른 과일을 흔히 구할 수 없었으리라는 것이 일반적인 의견이다. 과거에 비해 작은 치아를 가졌던 이 시기에 인류는 대초원 지역의 땅 위에서 살았기 때문이다.

53) Lucas 2004.

54) 영장류 40종과 포유동물 73종을 조사한 Martin et al. 1985의 자료이다.
55) 키발레 국립 공원에서 관찰한 결과에 의하면, 체중 41킬로그램의 야생 침팬지는 매일 1.4킬로그램(건조 무게를 기준으로)을 먹는 반면 동일 체중의 칼라하리 부시먼은 0.7킬로그램을 먹는다. 도시의 생식주의자들도 이 정도를 먹는다. 건조 무게를 기준으로 한 하루 음식 섭취량과 인간 및 침팬지 체중 사이의 상관관계는 Barton 1992, 현대 도시의 생식주의자는 Wrangham and Conklin-Brittain 2003, 섬유질 함량은 Conklin-Brittain 2002 참조.
56) Martin et al. 1985에 따르면 인간의 신체 표면적은 영장류 42종의 62퍼센트보다 작으며, 포유동물 74종을 통해 예상할 수 있는 크기의 76퍼센트에 불과하다. Milton 1999는 우리 소화계의 크기에 비해 소장이 상대적으로 긴 편이라고 지적했다. 이는 사실이지만, 소장이 우리의 체중에 비해 길다는 것은 아니다. 따라서 밀턴이 지적한 것이 특수한 적응을 의미하지는 않는다.
57) Leonard and Robertson 1997.
58) Martin et al. 1985는 인간의 체중 대비 결장 표면적이 영장류 38종의 92퍼센트보다 작으며, 포유동물 74종으로 예상할 수 있는 크기의 58퍼센트에 불과함을 발견했다.
59) 인간이 식물성 양식에 의존한다는 것은 Bunn and Stanford 2001 참조.
60) Chivers and Hladik 1980과 Milton and Demment 1988의 자료를 가지고 계산하고, 인간과 영장류 35종의 장 부피를 비교했다. 장의 부피가 예상한 수치의 60퍼센트라는 것은 Aiello and Wheeler 1995 참조.
61) Lucas et al. 2008은 인간의 턱 근육이 작은 것은 씹을 때 인체가 그 힘을 정확히 느낄 필요가 있기 때문이라고 설명했다.
62) Aiello and Wheeler 1995, p.205.
63) Wrangham and Conklin-Brittain 2003, Milton 1999, Stanford and Bunn 2001이 육식 가설을 검토했다.
64) Aiello and Wheeler 1995.
65) Ungar 2004.
66) Chivers and Hladik 1980, 1984, Martin et al. 1985, MacLarnon et al. 1986,

Milton 1987, 1999. 오스트랄로피테쿠스의 장이 컸으리라는 것은 넓게 퍼진 흉곽을 통해 알 수 있다.

67) Milton 1999는 육식 동물과 영장류의 음식물 통과 시간을 비교. Meyer et al. 1985, 1988은 인간과 개에게 익힌 닭 간을 먹인 후 통과 시간을 비교, 위 내용물의 50퍼센트가 비는 데 인간은 105분, 개는 180분이 걸렸다. Tanaka et al. 1997, Ragir 2000도 참조. 고양이는 Armbrust et al. 2003 참조.

68) 음식을 가공하기 위해 도구를 사용한 것이 초기 인류의 행태적 적응의 핵심이라는 견해는 Oakley 1962 참조. Milton and Demment 1988은 인류 계보의 치아와 장 크기가 작아진 것을 도구 사용으로 설명할 수 있다고 했다. Teaford et al. 2002는 앞니 크기가 작아진 것 또한 관련이 있을 수 있다고.

69) Sherman and Billing 2006은 고기의 세균 감염 문제를 상세히 검토한다.

70) Stefansson 1944, p.234에서 발췌. Speth 1989는 Stefansson이 뉴욕에서 의사의 감독 아래 1년간 고기만 먹고 사는 실험을 한 경과를 기술하고 있다. 식사는 주로 단백질 25퍼센트, 지방 75퍼센트였지만, 한동안 단백질의 비율을 45~50퍼센트로 높였다. 그러자 그는 메스꺼움, 설사, 식욕 부진, 일반적 불쾌감 등을 경험하게 되었고 다시 단백질을 25퍼센트로 낮추자 이틀 만에 상태가 좋아졌다. 단백질 함량의 최대 한계는 Speth 1989 참조.

71) 만약 씹을 필요가 없는 골수를 많이 섭취할 수 있었다면, 그래서 입과 턱, 치아는 작은 채로 장이 단백질-지방 소화에 특화하는 현상이 일어날 수 있었다면, 익히지 않은 음식만 먹고도 번성할 수 있었을지 모른다. 하지만 골수가 식사의 주요 요소였을 수는 있어도 오직 골수만 먹었을 가능성은 없다. 인류 진화사에서 입과 턱, 치아의 크기가 달라진 시기 부근의 동물 뼈에서 칼자국이 심심치 않게 발견되는 것을 보면 말이다.

72) 메이야르 화합물이 건강에 미치는 영향은 Vlassara et al. 2002 참조.

73) Nishida 2000이 탄자니아 침팬지들의 먹이를 분석, 맛의 목록을 만들었다.

74) Ragir et al. 2000, Sherman and Billing 2006.

75) *National Nutrient Database for Standard Reference* 2007, Food Standards Agency의 *The Composition of Foods* 2002 참조. 음식의 열량이

익히지 않았을 때와 익혔을 때 어떻게 달라지는지를 알아보기 위해 음식(건조 상태)의 무게당 열량을 비교해 보았다. 대상 음식은 익히지 않았을 경우와 익혔을 경우 모두에 대해 영양소 자료가 보고된 것들로 골랐다. 당근은 삶으면 1.7퍼센트, 등심은 구우면 1.5퍼센트 에너지가 증가했다. 반면 에너지 함량이 약간 감소하는 경우도 있어, 근대는 1.8퍼센트, 안심은 2.0퍼센트 감소했다. 전체적으로 양쪽의 효과는 서로 상쇄되었다. 익힌 음식과 날먹을거리의 에너지 함량을 보여 주는 그래프는 탄수화물이 풍부한 음식이든 단백질이 풍부한 음식이든 상관없이 평균적 에너지 함량은 거의 동일한 것으로 나타냈다.

76) Aiello and Wheeler 1995, p.210.
77) Shady Brook Farms사 제품.
78) Jenkins 1988, p.1156.
79) McGee 2004는 요리 과학에 대한 훌륭한 자료를 담고 있다. Wandsnider 1997은 수렵 채집인의 요리 기법을 사용할 때 음식에 일어나는 화학적 변화를 검토했다.
80) Atkins and Bowler 2001, Table 9.4.
81) 집에서 요리한 강낭콩: Noah et al. 1998; 보리 플레이크: Livesey et al. 1995; 콘플레이크, 흰 빵, 귀리: Englyst and Cummings 1985; 바나나: Langkilde et al. 2002, Englyst and Cummings 1986, Muir et al. 1995; 감자: Englyst and Cummings 1987; 밀: Muir et al. 1995. 그에 대한 검토는 Carmody and Wrangham(근간) 참조.
82) Eastwood 2003과 Gaman and Sherrington 1996은 교과서적 설명을 제시, Olkku and Rha 1978는 이를 상세하게 검토. Svihus et al. 2005와 Tester et al. 2006은 최첨단 연구를 검토. 녹말을 구울 때 생기는 효과에 대한 사례 연구는 Karlsson and Eliasson 2003을 참조. Lee et al. 2005는 들쥐에게 젤라틴화가 더 많이 된 음식을 줄수록 가수 분해와 포도당 흡수율이 높아짐을 보여 준다. 동물들이 녹말을 불완전하게 소화하는 예라 할 수 있다.
83) 그 크기가 작기는 하지만 우리는 음식에서 그래뉼을 감지할 수 있다. 직경 500분의 1밀리미터인 입자를 포함한 음식물을 입천장에 대고 혀로 밀거나 혀와 입

술 사이에서 마찰시켜 보면, 입자가 전혀 들어 있지 않은 음식물과 비교할 때 더 까끌까끌하게 느껴진다. 그 때문에 녹말 그래뉼의 존재를 탐지하는 데 우리 입 속의 감촉을 이용할 수도 있다. Engelen et al. 2005a는 입자 크기가 알려진 이산화규소와 폴리스티렌 알갱이를 후식에 넣어서, 인간의 입자 인식 능력을 검사했다. 기존에는 음식물이 부드럽다거나 까끌까끌하다고 느끼는 데 영향을 주는 요인이 기름기 같은 윤활 성분뿐이라고 생각되었다. 하지만 이 실험을 통해 사람들이 녹말 그래뉼처럼 극미한 입자가 들어 있는 음식물을 까끌까끌하다고 느낄 수 있다는 사실이 밝혀졌다. 그러므로 우리는 익히지 않은 녹말을 질감에 미치는 영향을 통해서 탐지(그리고 기피)할 수 있는 것이다.

84) 포도당 사슬은 두 가지 형태(또는 분자 구조)로 존재한다. 첫 번째인 아밀로펙틴은 '좋은' 분자로, 포도당 단일체 200만 개가 개방된 가지 구조로 산만하게 얽혀서 하나의 거대 분자를 이룬 것이다. 젤라틴화가 일어나면 아밀로펙틴은 소화 효소의 작용에 노출되는 탓에 주로 아밀로펙틴으로 구성된 녹말은 분해가 빨라 혈당 지수가 높고 소화가 잘된다. 두 번째인 아밀로오스는 녹말 그래뉼에서 차지하는 중량이 평균 20~30퍼센트지만, 실제 농도는 0~70퍼센트로 다양하다. 아밀로오스는 50~500개의 포도당 단일체로 구성된 작은 분자로 이 단일체들은 가지를 뻗지 않은 채, 상대적으로 짧은 사슬을 이루며 일렬로 늘어선 구조로 되어 있어, 스스로, 때로는 지질과 함께 휘감기며 관통이 불가능한 소수성(疏水性, 물 분자와 쉽게 결합하지 못하는 성질 — 옮긴이) 구조를 형성할 수 있다. 그 때문에 젤라틴화가 일어난 다음에도 아밀라아제를 비롯한 소화 효소에 저항성을 갖는다. 아밀로오스가 풍부한 녹말은 체중 감량을 원하거나 당뇨 위험이 있는 사람들에게 좋은 식품이다. 특히 아밀로오스 고농축은 녹말이 소화에 저항하는 주요 이유로 작용한다. Brown et al. 2003은 익히면 아밀로오스의 소화가 더 쉬워짐을 보였다. 하지만 아밀로오스 함량이 60퍼센트를 넘으면 익혀도 녹말의 소화 저항성을 완전히 제거할 수 없었다.

85) Collings et al. 1981.
86) Brand-Miller 2006.
87) Carmody and Wrangham(근간)에서 검토하고 있다.

88) Christian and Christian 1904, p.159.
89) Roach 2004는 날달걀의 가치에 대한 보디빌더들 간의 논란을 언급.
90) Isaacs 1987, p.166.
91) 에뮤 알은 Basedow 1925, p.125., 야간족은 Gusinde 1937, p.319 참조.
92) Evenepoel et al. 1998, 1999.
93) Rutherfurd and Moughan 1998, p.909에는 "아미노산이 대형 포유동물의 대장 점막에서 조금이라도 의미를 부여할 수 있을 만큼도 흡수되지 않는 것으로 보인다."고 언급되어 있다.
94) 연구자들은 회장 절제술을 받은 환자에게 추적 가능한 꼬리표가 달린 달걀을 먹인 다음, 30분마다 회장 유출물을 수거하는 동시에 날숨도 채집했다. 이들은 소화 과정(회장 유출물로 관찰)이 날숨에서 검출되는 안정된 동위 원소의 양과 밀접히 관련되어 있다는 사실을 발견했다. 이를 통해 날숨 검사만으로도 꼬리표가 달린 단백질의 소화 정도를 알 수 있음이 밝혀졌고 이후 날숨 검사는 건강한 자원자들의 달걀 소화를 연구하는 데 이용되었다.
95) 날달걀의 단백질이 익힌 달걀의 단백질만큼 소화가 잘되지 않음을 발견한 것은 가열이 인간의 장내 단백질의 소화에 미치는 영향을 처음 확인한 사례이다. 하지만 이는 다른 연구에서도 암시되어 왔다. 그 예로, 알레르기 연구를 위해 아침 식사로 각각 날달걀과 익은 달걀을 먹은 여성들로부터 모유를 수집한 Palmer et al. 2005를 보면 실험 참가자들이 달걀을 먹은 뒤로 모유의 난백 알부민 농도가 높아졌는데, 그 속도는 익힌 달걀을 먹은 쪽이 날달걀을 먹은 쪽에 비해 약 2배 빨랐다. 익힌 달걀이 더 빨리 소화되는 것을 보여 주는 또 하나의 사례인 것이다. Hawk 1919는 날달걀의 흰자가 익힌 흰자보다 불완전하게 이용된다는 것을 뒷받침하는 증거가 있다고 주장했다. 그리고 Cohn 1936은 날달걀의 흰자를 많이 먹은 들쥐의 성장이 익힌 흰자를 먹은 들쥐에 비해 더디다는 것을 보여 주었다. 그 원인을 부분적으로는 항트립신 성분 때문으로, 또 부분적으로는 날달걀 단백질이 익힌 달걀 단백질보다 위를 통과해서 소장으로 가는 속도가 더 빠르기 때문으로 보았다. 이는 Evenepoel et al. 1998 역시 확인했다. 날달걀의 에너지 흡수율이 적은 것은 위를 빨리 통과하기 때문이라는

Cohn의 주장은 오늘날의 자료로는 뒷받침되지 않는다. 첫째, 소화의 대부분이 위에서 이루어진다는 생각은 최근 수십 년간 밀려나서, 대부분의 소화는 소장에서 이루어진다는 것이 정설이 되었다. 둘째, Evenepoel et al. 1998은 달걀 단백질이 회장에 도달할 때까지 걸리는 시간에 차이가 없다는 사실을 발견했다(날것이나 익힌 것이나 모두 약 5.3시간). 이는 날달걀이 익힌 달걀보다 소장에 머무는 시간이 길다는 것을 의미한다. 따라서 소장이 소화 작용이 가장 활발한 장소라는 점을 고려할 때, 날달걀이 익힌 달걀보다 더 소화가 잘되었어야 한다.

96) McGee 2004, Wandsnider 1997.
97) Davies et al. 1987이 가열한 경우와 가열하지 않은 경우 소 혈청 알부민이 트립신에 의해 분해되는 속도를 연구한 결과, 약간만 가열해도 단백질은 4배나 쉽게 소화되었다.
98) 비어 있는 위의 수소 이온 농도(pH)는 보통 2 이하다. 그런데 모든 소화 생리학자들이 이처럼 높은 산도가 단백질 변성에 중요한 역할을 한다고 받아들이는 것은 아니다. Johnson 2001과 King 2001 모두 위산의 기능은 세균을 죽이고 펩시노겐을 펩신으로 전환하는 데 있다고 말할 뿐, 변성은 언급하지 않는다. 이와 대조적으로, Sizer and Whitney 2006, p.81는 "위산은 단백질의 가닥을 풀고 위의 단백질 소화 효소를 활성화하는 작용을 한다. 그러면 효소가 단백질 가닥을 더 작은 조각으로 분해한다."고 보고한다.
99) Gaman and Sherrington 1996.
100) 틀링기트족: Emmons 1991, pp.140~143.; 페미컨: Driver 1961, p.71.; 오스트레일리아 원주민: Berndt and Berndt 1988, p.99.
101) Sannaveerappa et al. 2004는 인도의 젖빛고기(milkfish)를 소금에 24시간 동안 절이면 근육의 큰 단백질이 충분히 변성된다는 것을 발견했다. 햇빛에 말리면 효과가 더욱 좋았다.
102) Beaumont 1996, p.ix.
103) Beaumont 1996, p.125.
104) Beaumont 1996, p.77.

105) Beaumont 1996, p.104.

106) Beaumont 1996, p.47.

107) Beaumont 1996, p.35.

108) Beaumont 1996, p.48.

109) BBC 뉴스, 2006년 4월 10일자. http.//news.bbc.co.uk/go/pr/fr/-/1/hi/england/london/4894952.stm; www.wagyu.net/home.html.

110) Lawrie 1991, p.199.

111) "연함"은 정의하기 어려운 속성이다. 단단함은 균열이 생기도록 하는 데, 질김은 부수는 과정이 계속되기 위해, 필요한 힘을 측정한 값이다. 탄성은 변형된 뒤 얼마나 빨리 원래 모습으로 돌아오는지 말해 주며, 음식물을 삼키기 전에 씹어야 하는 횟수는 '씹기 어려운 정도'라고 할 수 있다. 이 모든 속성들이 우리가 통상적으로 "연하다." 또는 입에서 "살살 녹는다."라고 표현하는 인식에 영향을 미친다. 이밖에도 즙이 많다(수분을 내놓는 비율이 높음)거나 기름기가 많다(입안을 덮고 있는 얇은 지방 막을 제거하기 어려운 성질)는 요소 또한 영향을 미친다. 그런데 이들 속성은 고기 부위별로 차이가 있다. 그리고 불에 익히면 각기 다른 방법으로 질감에도 영향을 미친다. Lucas 2004는 음식의 물리학을, Ruiz de Huidobro et al. 2005는 고기의 질감을 검토한다.

112) Symons 1998, p.94.

113) Beeton 1909, p.108.

114) Tanaka 1980, p.38, 39.

115) Emmons 1991, p.141.

116) Gusinde 1937, p.325

117) 유트족: Pettit 1990, p.44.; 오스트레일리아 원주민: Dawson 1881, p.17.; 이누이트족(창자): Jenness 1922, pp.104, 106.; 이누이트족(간과 콩팥): Jenness 1922, p.100.; 침팬지: 저자의 개인적 관찰. 한편 Philbrick 2000은 해안가에 사는 식인종이 간을 날로 먹는 것을 보고한다. 그러나 식인 풍습은 음식을 불로 익히는 행위를 포함하는 것이 보통이다.

118) Fernandez-Armesto 2001, p.88.

119) Gaman and Sherrington 1996.
120) Lawrie 1991, chapter 3.
121) Woodhead-Galloway 1980.
122) 고기의 질김을 재는 기준으로 가장 널리 쓰이는 것이 Warner-Bratzler 전단력(剪斷力)으로, 금속제 칼날로 고기를 자를 때 드는 힘을 측정한다. Warner-Bratzler 측정값은 고기의 '질김'에 대한 사람들의 인식과 일치하는 경향이 있다. 하지만 일반 소비자에게 질김은 다양한 고기 선택 기준 중 한 가지 요소에 불과하다. 그래서 소비자 맛 심사 위원단이 고기를 직접 씹어 보고 평가하는 것이 가장 정확하다고 할 수 있다. 비록 시간과 비용이 많이 들고 결과의 일관성이 약간 떨어지기는 하지만(예컨대 나라마다 고기 선호가 다르다.). Warner-Bratzler 전단력: Harris and Shorthose 1988, Tornberg 1996; 국가별 선호도 차이: Lawrie 1991; 익혀서 연해진 고기: 새우는 Rao and Lund 1986, 문어는 Hurtado et al. 2001, 토끼는 Combes et al. 2003, 염소는 Dzudie et al. 2003, 쇠고기는 de Huidobro et al. 2005 참조.
123) Rombauer and Becker 1975, p.86.
124) Hunt 1961, p.17. Brillat-Savarin의 *Gastronomy as a Fine Art* 1826에서 재인용한 것이다.
125) Oka et al. 2003. 딱딱한 사료와 부드러운 사료가 내는 평균 힘은 각각 85.5뉴턴, 41.8뉴턴이었다.
126) 비단뱀: Secor 2003.; 두꺼비: Secor and Faulkner 2002.; 소화 비용에 대한 개관은 Secor 2008 참조.
127) Boback et al. 2007.
128) 암컷 침팬지에 대해서는 Thompson et al. 2007, Williams et al. 2002, 에너지와 인간의 생식 기능에 대해서는 Ellison 2001 참조.
129) Jolly and White 1995.
130) Aiello and Wheeler 1995, Rowlett 1999, Ragir 2000, Foley 2002.
131) 화식이 치아 크기의 축소에 영향을 미쳤을 것이라는 Brace의 견해를 추종하는 사람은 많지 않았다. 하지만 화식의 잠재적인 중요성을 강조하는 데 있어서

는 Brace가 오늘날 대부분의 인류학자들보다도 많은 일을 하였고, 인간이 최초로 불을 통제하기 시작한 것은 약 25만 년 전이라는 그의 고고학적 증거 해석은 최근 수십 년 사이에 학계의 지배적인 견해로 자리 잡은 것으로 보인다(예컨대 James 1989와 그의 논문에 대한 논평을 보라.).

132) Bricker 1995.

133) Pastó et al. 2000.

134) Barton et al. 1999. Pullen 2005와 Victoria Ling(개인적 대화)은 전기 구석기 시대부터 그 이후에 불을 사용한 증거를 훌륭히 검토하고 있다.

135) Pullen 2005.

136) Pullen 2005.

137) Clark and Harris 1985.

138) Albert et al. 2003.

139) 불을 사용한 증거가 풍부한 또 다른 유적지로는 41만~32만 년 전의 것으로 추정되는 Bilzingsleben 거주지가 있다. 이 유적에 대해 Mania 1995(Mania and Mania 2005)는 거주지 바깥에 화덕들이 있고, 원형의 포장 도로 중심에 또 하나의 화덕이 있다고 주장한다. 땅 위에 각기 분리되어 군데군데 불에 탄 영역이 여럿 있는데, 이것이 화덕이 있던 장소이다.

140) Gowlett 2006, Preece et al. 2006. Beeches Pit에는 불탄 뼈들도 있다. 화덕 주위에 인공 유물이 널려 있는 상태로 과거에 있었던 일을 재구성해 보면, 인간의 특징을 가진 존재들이 불가에서 망치로 때리는 행위를 한 것으로 보인다. 특히, 약 30개의 돌 박편(2개는 실제로 불에 탔다.)을 맞춰 보면, 한 사람이 돌망치로 돌을 내리친 것과 당시 피워져 있던 불 사이의 연관성이 직접적으로 드러난다. 인간의 사회적 행동이 이 불을 중심으로 일어났다는 증거는 없지만 이 지역에서 각기 다른 형태의 양면 석기가 다수 발견되었다는 점을 감안하면, 논리적으로 그렇게 해석할 수 있다(Gowlett et al. 2005). 2007년 John Gowlett은 친절하게도 이 조용한 삼림 지역에 나를 데려가 주었다. 그곳에는 과거의 유적지에서 시작된 경사가 고대의 연못이 있던 지역으로 이어지고 있었다. 나는 오래 전 누군가가 따뜻한 불가에 앉아 잘못 선택한 부싯돌을 돌로 내리쳤을 그 장소

에 쪼그리고 앉아 있었다.
141) Thieme 2000, 2005. 처음 보고된 것은 창 4개였다(Thieme 1997). 하지만 Thieme 2000은 정확한 개수는 밝히지 않고 6개 이상이라고 다시 보고했다. 그중 창 1개는 말의 엉덩이뼈 옆에서 발견되었다(Thieme 1997). 소나무로 만든 4번 창을 제외하면 모두가 가문비나무 창으로, 나이테가 빽빽한 각기 다른 나무를 베서 껍질을 벗기고 옆 가지를 제거해 만들었다. 창의 촉은 나무 그루터기의 가장 단단한 부위를 가공한 것이었다. 6번 창의 길이는 2.5미터에 달한다.
142) Goren-Inbar et al. 2004.
143) Alperson-Afil 2008, p.1733.
144) James 1989.
145) Rowlett 1999, Boyd and Silk 2002.
146) Mallol et al. 2007.
147) John Gowlett, Alfred Latham과의 개인적 대화(2006년 11월). Swart krans 동굴(100만 년보다 더 오래되었다.)은 백운석이라서 풍화에 강하다.
148) 불을 사용한 흔적은 없지만 주위에 있는 동시대의 유적에서 불의 흔적이 풍부하게 발견되는 곳으로, 이란 Bisitun의 Tangier 지역에 있는 High Cave와 Charente의 Grotte Suard를 꼽는다(Oakley 1963). Sergant et al. 2006은 유럽 대평원 북서부의 모래로 뒤덮인 지역에 대해 이와 유사한 보고를 하고 있다. 거의 모든 신석기(예컨대 농경이 시작되기 전 1만 년) 유적지에서 불탄 뼈, 조개 껍데기, 인공 유물이 발견되었지만, 구조를 갖춘 화덕은 없고 모닥불을 피운 흔적 또한 극히 드물다. 확인되지 않은 많은 유적지들도 마찬가지이다.
149) Victoria Ling과의 개인적 대화(2007년).
150) Stahl 1989, p.19. "온기를 위해 불을 사용한 시기는 음식을 조리하기 위해 불을 체계적으로 사용한 시기보다 수천 년이나 수십만 년 앞설 수도 있다."
151) Wobber et al. 2008.
152) Wobber et al. 2008.
153) Penny Patterson과의 개인적 대화(2007년 5월).
154) Hiiemae and Palmer 1999.

155) Kadohisa et al. 2005b.

156) Kadohisa et al. 2004, Kadohisa et al. 2005a.

157) de Araujo and Rolls 2004는 자당(蔗糖)과 식물성 기름, 즉 점도가 알려진 카르복시메틸셀룰로오스 용액을 피험자 12명에게 주었을 때, 그들의 신경 반응을 fMRI로 평가했다. 개괄적인 내용에 대해서는 Rolls 2005 참조.

158) 갈라파고스핀치(*Geospiza fortis*)는 Boag and Grant 1981, Grant and Grant 2002 참조. 그랜트 부부의 연구는 Weiner 1994에 설명되어 있다.

159) Boback 2006.

160) Gould 2002.

161) 오늘날 우리는 어금니 크기의 감소 양상이 브레이스가 생각한 것보다 더 복잡하다는 것을 알고 있다(Bermudez de Castro and Nicolas 1995).

162) 침팬지와 고릴라의 식성이 이렇게 차이 나는 것은 고릴라의 장에서 음식물이 머무는 시간이 더 길기 때문인 것 같다. 장에 머무는 시간이 길어지니 식물 섬유가 발효될 기회가 더 많아져서 고릴라는 질이 낮은 먹이로도 생존할 수 있는 것이다. Milton 1999 참조. 침팬지와 고릴라의 생태 및 행태 비교는 Wrangham 2006 참조.

163) 고릴라는 약 9세, 침팬지는 약 14세가 되어야 번식이 가능하다. 또한 고릴라의 출산 간격은 평균 3.9년이지만, 침팬지는 5.0~6.2년에 이른다(Knott 2001). 이는 고릴라가 잎을 먹는 덕분인지도 모른다. 성장과 번식이 빨라지는 방향으로 진화하는 것이 충분히 가능할 만큼 먹이가 안정적으로 공급되는 것이다.

164) Wrangham 2006.

165) 가장 초기의 호모 사피엔스에 대해 White et al. 2003 참조.

166) Lieberman et al. 2002.

167) Rightmire 1998, 2004. 직립 원인의 두개 용량은 900cc였으나 하이델베르크인으로 진화하면서 1,200cc로 늘어났다.

168) Antón 2003, McHenry and Coffing 2000. 저작 면적은 어금니 2개와 작은 어금니 1개의 면적을 합친 것을 말하는데, 초기 직립 원인의 저작 면적은 377제곱밀리미터인데 비해 하빌리스의 저작 면적은 478제곱밀리미터이다.

169) 하빌리스는 612cc, 직립 원인은 871cc(McHenry and Coffing 2001).
170) Mehlman and Doran 2002.
171) Werdelin and Lewis 2005.
172) Walker and Shipman 1996. 직립 원인에 관한 일반적인 내용은 Antón 2003, 하빌리스와의 비교에 대해서는 Haeusler and McHenry 2004, Wood and Collard 1999 참조. Hunt 1991에 따라 나는 오스트랄로피테쿠스와 하빌리스가 나무 위에서 잠을 잘 만큼 나무 타기의 명수였다고 가정한다. 그것이 지배적인 견해이지만, Ward 2002는 오스트랄로피테쿠스가 나무를 얼마나 잘 탔는지 확신할 수 없다고 말하며 조심스러운 태도를 취한다. 하지만 오스트랄로피테쿠스가 땅바닥에서 잠을 잤다는 것은 상상하기 어렵다.
173) Kaplan et al. 2000.
174) Haeusler and McHenry 2004는 하빌리스의 다리가 길었다고 주장한다(상체는 나무 타기에 적응한 상태에서). 두개골 이외의 뼈 조각이 다리 길이를 재구성해 볼 만큼 많이 남은 표본은 2개밖에 없어서, 이 문제는 아직 논쟁 중이다. 나는 하빌리스가 나무 위에서 잤으리라 가정하지만 만약 Haeusler와 McHenry가 옳다면 하빌리스가 어디서 잤느냐는 문제는 훨씬 복잡해진다.
175) Pascal의 *Pensées* 1670.
176) Alexander 1990.
177) Wrangham et al. 2006.
178) Deaner et al. 2007.
179) Dunbar 1998.
180) Shultz and Dunbar 2007.
181) Cnotka et al. 2008.
182) Connor 2007.
183) Carl Zimmer, *New York Times* (2008년 3월 4일), Holekamp et al. 2007.
184) Darwin 1871(2006), p.859.
185) Dunbar 1998, Byrne and Bates 2007.
186) Aiello and Wheeler 1995.

187) Khaitovich et al. 2008.

188) Fish and Lockwood 2003은 영장류의 뇌 크기가 먹이 품질과 관련 있음을 보여 줌으로써 아이엘로와 휠러의 제안을 지지했다. Hladik et al. 1999는 큰 뇌의 부담을 상쇄하느라 신체 다른 부분의 크기 역시 작아진 것이라고 보았다.

189) Kaufman 2006.

190) Isler and van Schaik 2006은 이와 마찬가지로 인간도 이동 비용이 감소한 덕분에 뇌가 더 커지는 방향으로 진화할 수 있었을지 모른다고 제안한다.

191) Leonard et al. 2007.

192) 2008년 하버드 대학교에서 열린 공개 좌담회에서 Leslie Aiello는 최근의 증거들로 볼 때, 직립 원인의 뇌 용량 증가가 화식으로 설명될 수 있을 것 같다고 말했다.

193) 침팬지의 뇌 용량은 Adolph Schultz(2005년 David Pilbeam과의 개인적 대화). 오스트랄로피테쿠스의 뇌 자료는 McHenry and Coffing 2000 참조.

194) Laden and Wrangham 2005, Hernandez-Aguilar et al. 2007, Yeakel et al. 2007.

195) Conklin-Brittain et al. 2002.

196) Aiello and Wheeler 1995는 오스트랄로피테쿠스의 양식 품질이 높아진 게 견과류나 씨앗 등의 단단한 음식을 더 많이 먹은 결과일지 모른다는 대안을 제시했다. 하지만 그러한 양식은 뚜렷하게 계절을 타므로 양식이 부족한, 즉 다른 종류의 먹을거리가 필요해지는 계절이 생길 수밖에 없다. 이런 대체 양식이 장의 최소 크기를 결정했을 것이다.

197) McHenry and Coffing 2000.

198) 고기를 건조하는 것은 하빌리스가 사용했을 법한 식품 가공 방법이라고 추론할 수 있다. 말리면 단백질이 변성되고 먹을거리의 품질은 높아진다.

199) Rightmire 2004.

200) Lee 1979, p.193.

201) McBrearty and Brooks 2000.

202) Brace 1995. 흙화덕에서 요리하기에 대해서는 Smith et al. 2001 참조.

203) Spencer 1927, p.19.
204) Mazza et al. 2006.
205) Man 1932에 조리 방법이 서술되어 있다.
206) Gusinde 1937, pp.318~320.
207) Mitani et al. 2002, Doran and McNeilage 1998.
208) Washburn and Lancaster 1968, p.23.
209) 나는 1981년에 Monique Borgerhoff-Mulder와 함께 하드자족의 숙소에서 며칠 밤을 보낸 적이 있다. 하지만 본문의 설명은 대부분 Hawkes et al. 1997, 2001a, 2001b, Marlowe 2003, Brian Wood 2008(개인적 대화) 등 민족지학자의 보고를 토대로 했다. 하드자족이 이웃의 농민, 목축민들과 장기적인 관계를 맺어 왔다는 점은 거의 모든 수렵 채집인들의 경우와 유사하다.
210) Marshall 1998, p.67.
211) Kaberry 1939, p.35.
212) Megarry 1995, Bird 1999, Waguespack 2005에서 개괄적인 내용 소개.
213) Steward and Faron 1959.
214) Hart and Pilling 1960.
215) "거의 모든 [사회에서] 여자들이 주된 관심을 갖는 먹을거리의 속성은 흔하고 크기가 작으며, 찾아내거나 줍는 데 실패할 위험이 상대적으로 적고, 가공에 손이 많이 가는 것이다. 반면 남자들이 선호하는 자원은 대개 구하기 어렵고, 더 크고, 쫓다가 실패할 위험이 크며, 가공이 쉬운 것이다."(Bird 1999, p.66) 여자들이 구하는 먹을거리는 식단의 기본이 되는 양식으로, 너무나 중요해서 과잉 채취로 인한 고갈이 무리 이동의 주요 이유가 될 정도이다.
216) Isaacs 1987이 댐퍼를 준비하는 과정에 대해 기술한다.
217) Kaberry 1939, p.36.
218) 185곳의 사회를 표본 조사한 결과, 남자가 더 많이 하는 활동은 벌채, 금속 세공, 광석 제련, 바다 포유동물 사냥뿐이었다(Murdock and Provost 1973, Wood and Eagly 2002).
219) Kevin Hunt 2005(개인적 대화). 영장류 40종의 자료를 편집했다.

220) 아마도 영장류의 식사에서 볼 수 있는 가장 극단적인 성별 간 차이는 수컷 침팬지가 암컷보다 고기를 더 먹는다는 점일 것이다. 하지만 암컷이든 수컷이든 고기를 많이 먹지는 못하고, 암수 모두가 시간의 50~70퍼센트를 과일을 먹는 데 소비한다. 그러므로 침팬지 암수 간 고기 섭취량의 차이는 인간의 경우와 비교했을 때 상대적으로 미미하다. 수컷이 먹는 고기의 양을 측정한 결과 중 최대량이 하루 40그램으로, 전체 섭취 열량의 2퍼센트에도 미치지 못했을 것이다 (Kaplan et al. 2000, Table3).

221) Stefansson은 이누이트 남성이 아침에 아내에게 흔히 "내가 돌아올 때 저녁 식사 꼭 준비해 놔."라고 말했다고 한다. 인간이 아닌 다른 동물들에서는 이와 비슷한 행태도 발견되지 않는다. Yanigasako 1979는 사회 인류학의 관점에서 혈통 집단으로서의 가정(family)과, 함께 살면서 음식의 생산과 소비 또는 번식과 육아의 단위로서의 가정(household)을 구분하여 살펴본다. 개괄적인 내용은 Panter-Brick 2002 참조.

222) Lee and DeVore 1968.

223) 9개 집단의 평균치는 여자 34퍼센트, 남자 66퍼센트(Kaplan et al. 2000).

224) Durkheim 1933, p.56. "그러므로 우리는 분업을 새로운 각도에서 검토할 수 있게 되었다. 이 경우에 분업이 제공하는 경제적 효과는 분업으로 인한 도덕적 효과에 비해 보잘것없다. 분업의 진정한 기능은 2명이나 그 이상의 사람들 사이에 결속력을 만들어 내는 것이다."

225) Lancaster and Lancaster 1983, p.36, 51.

226) 인류학과 고고학에서는 노동의 성적 분업이 "최근"에 일어난 일이라고 여기는 경향이 늘고 있다. 예컨대 약 4만 년 전의 후기 구석기 시대(Steele and Shennan 1996, Kuhn and Stiner 2006)라는 것이다. 이는 이보다 이른 시기의 성 분화와 관련된 활동은 고고학적으로 확인하기 어렵다는 데 기인한다.

227) Washburn and Lancaster 1968, p.301. Washburn은 특별히 요리를 노동의 성적 분업이라는 맥락에서 검토하지는 않았지만 그의 글들에서 불을 이용한 요리가 더 나중에 생긴 것이라는 견해가 드러난다.

228) Wrangham 1977.

229) Clutton-Brock and Harvey 1977은 영장류의 몸집이 클수록 씹는 데 더 많은 시간을 소모한다는 사실을 보여 주었다. R. Wrangham, Z. Machanda, R.McCarthy(미출간)는 인간이 날먹을거리를 먹고 살려면 적어도 42퍼센트의 시간을 씹는 데 사용해야 할 것이라고 추정했다. 먹기의 의미를 씹기로 일관성 있게 정의하고, 오류를 바로잡고 폭을 넓힌 일련의 자료를 토대로 내린 추정치이다. 이들의 분석을 보면, 인간의 체중이 침팬지보다 무거운데도, 인간의 씹는 시간 추정치는 곰비 침팬지보다 낮다(50퍼센트 이상). 추정에 사용된 자료가 영장류 전체를 대상으로 한 것이기 때문이다. 도표를 그려 보면 대형 유인원은 영장류의 씹는 시간을 나타낸 선(체구가 더 작은 원숭이들 때문에 선이 아래쪽으로 내려갔다.)보다 위쪽에 있는 경향을 보인다. 그러므로 42퍼센트라는 수치는 많이 양보하여 잡은 것이다.

230) 다양한 문화에 따른 인간의 시간 사용 행태에 대한 자료는 Johnson 1975을 통해 영감을 받은 연구들이고 Human Relations Area Files가 논문 시리즈의 형태로 발간했다.: Ye'kwana, Hames 1993; Quechua, Weil 1993; Newar, Munroe et al. 1997; Mekranoti, Werner 1993; Logoli, Munroe and Munroe 1991; Kipsigi, Mulder et al. 1997; Samoans, Munroe and Munroe 1990b; Black Carib, Munroe and Munroe 1990a; Machiguena-Camaná, Baksh 1990; Machiguenga-Shimaa, Johnson and Johnson 1988; Yukpa, Paolisso and Sackett 1988; Maduresse, Smith 1995. Hofferth and Sandberg 2001은 미국 어린이들에 관한 자료를 제공해 준다. 음식을 먹는 데 걸리는 시간을 24시간 기준으로(그리고 내가 여기서 수면 시간을 제외한 활동 시간에서 차지하는 비중을 계산하여 퍼센트로 나타내서) 정리한 결과는 다음과 같다. 9~12세, 77분(9.8퍼센트); 6~8세, 63분(7.5퍼센트); 3~5세, 69분(8.4퍼센트); 0~2세, 99분(14.4퍼센트).

231) 식물성 양식은 Waldron et al. 2003, 고기는 Barham 2000 참조. 재배 식물로 만든 먹을거리 역시 야생 식물에 비해 더 부드럽다고 가정할 수 있다.

232) Engelen et al. 2005b는 266명을 대상으로 음식물 씹는 속도를 측정했다. 그 결과, 음식의 단단한 정도와 음식을 삼키기 전에 씹는 횟수 간의 상관 지수가

0.95에 달한다.
233) Agetsuma and Nakagawa 1998은 음식은 더 많이 필요한데 음식의 품질이 낮을 때 일본원숭이들의 식사 시간이 1.7배 더 길어진다는 것을 보였다.
234) Pontzer and Wrangham 2004의 추정에 따르면, 우간다 키발레 국립 공원의 어미 침팬지는 하루 1,814칼로리를, 성체 수컷은 1,558칼로리를 소비했다.
235) 수컷 침팬지가 하루 1,550칼로리를 소비하고(Pontzer and Wrangham 2004) 먹이를 씹는 데 6시간이 걸린다고 가정하면, 시간당 258칼로리를 소화한다는 계산이 나온다.
236) 수컷 야생 침팬지의 하루 사냥 시간은 2.3분인데, 일일 사냥 시도 횟수의 중앙값 0.13과 평균 사냥 지속 시간(17.7분)으로부터 계산한 수치이다. 집단 사냥 동안에 각 개체 모두 사냥을 한다고 (사실과 달리) 가정했기 때문에, 2.3분이라는 추정치는 실제보다 높게 잡혀 있다. 그럼에도 이 자료는 침팬지가 사냥에 매우 적은 시간을 쓴다는 것을 보여 준다는 의미가 있다.
237) Waguespack 2005. 하드자족의 남자는 Hawkes et al. 2001b 참조.
238) Watts and Mitani 2002.
239) 곰비의 수컷을 628시간 관찰한 자료로, 식사 중간 휴식은 348회, 식사 간격의 중앙값은 20.3분, 평균은 43.5분이었다(Wrangham, 미출간 자료).
240) 침팬지의 사냥 성공률은 약 50퍼센트밖에 되지 않는다. 그리고 1마리 잡았다 해도 특정 수컷이 조금이라도 고기를 얻을 수 있다는 보장은 없다. 사냥 성공률: Gilby and Wrangham 2007; 하드자족: "5년간 모든 계절을 망라해 250일을 그들의 숙소에서 함께 지내며 기록한 바에 따르면, 일주일이나 그보다 더 긴 기간 동안도 사냥한 큰 동물의 고기를 먹지 못하는 일이 여러 차례 있었다."(O'Connell et al. 2002).
241) 여성은 63.6퍼센트의 사회에서 요리를 "거의 독점적으로", 34.2퍼센트의 사회에서 "주로" 하는 것으로 나타났다. 그 다음으로 여성의 몫으로 꼽히는 활동은 채소 요리(94.3퍼센트의 사회에서 대부분 여자의 몫), 물 길어 오기(91.4퍼센트), 세탁(87퍼센트)이 있었다(Murdock and Provost 1973).
242) 토다족 남성이 요리를 담당한다는 것은 Murdock이 토다족을 현지에서 연구

한 Rivers 1906을 잘못 해석한 결과였다. Marshall 1873, p.82은 여성이 예외 없이 매일 음식을 요리한다고 언급하였고, Breeks 1873는 남자가 땔감을 구하러 간 사이 여자가 요리를 하고 물을 길었다고 서술했다. Prince Peter 1955는 직접 현지에서 연구한 뒤 Murdock의 오류를 바로잡았다.
243) Truk: Gladwin and Sarason 1953; Marquesans: Handy 1923.
244) 남녀 모두 "일상생활의 상당 부분을 음식의 생산과 준비에 할애했다." (Gladwin and Sarason 1953, p.137) 빵나무 열매를 먹는 사회에서 남자는 공동체를 위해, 여자는 가정을 위해 요리를 하는 구별은 많은 사회에서 발견된 사례들 중 가장 극단적인 예이다. 축제와 같은 공동체 전체의 행사에서, 제례용 음식 준비 시, 때로는 요리하는 고기가 대형 동물일 때 남자가 요리를 맡는 경향이 있다. 이럴 때에도 빵나무 열매의 경우와 마찬가지로, 남자들이 집단으로 요리하고 그 결과물을 서로 나누었다(Goody 1982, Subias 2002).
245) Lepowsky 1993, p.290.
246) Lepowsky 1993, p.xii.
247) Lepowsky 1993, p.289.
248) Hagen 1988.
249) 예컨대 심리학자 Wendy Wood와 Alice Eagly는 이렇게 말한다. "남성이나 여성 어느 한쪽이 더 효율적으로 할 수 있는 활동도 있기 때문에, 주어진 조건에서 어떤 종류의 일상 활동은 한쪽 성이 하는 것이 더 쉬울 수 있다. 여러 사회에서 여성과 남성이 보완적인 관계를 맺고 분업을 하는 덕분에 효율성이 더 높아져 전체적으로는 이득이 된다."(Wood and Eagly 2002, p.702) 진화적 가설에도 이와 동일한 설명이 널리 퍼져 있다. Marlowe 2007은 식물성 음식이 더 많은 환경에서는 남자들이 채집 활동을 더 많이 한다는 것을 발견했다. 여자들은 육아와 병행할 수 있는 먹을거리를 구하는 경향이 있고, 남자들은 이와 다른 종류의 일을 하는 것이다(Marlowe 2007). Becker 1985는 미국 가정에서 노동의 성적 분업이 효율적이라는 증거를 검토했다.
250) Gilman 1966(1898), p.5.
251) Christian and Christian 1904, p.78.

252) Symons 1998, p.213이 번역한 Perlès 1977 참조.
253) Goudsblom 1992, p.20.
254) Fernandez-Armesto 2001, p.5.
255) Symons 1998, p.121. Symons는 함께 나누는 행위로서의 요리의 중요성을 시적으로 요약하여, 양념이 "선(善)을 분배한다."고 표현하였다.
256) 고고학자 Martin Jones는 2007년 저서 *Feast: Why Humans Share Food*에서 화식과 협동의 연관성에 대한 설명이 불확실함을 담아내고 있다. Jones는 인간의 음식 공유는 영장류의 본능적 성향에 기인한 것이라고 생각하였다. 때로 영장류 어미가 새끼들에게 음식을 주는 것이 목격되는 데서 알 수 있듯이 말이다. 아프리카 조상들이 중요한 식물성 양식이 부족할 때면 사냥을 더 많이 함으로써 대처하는 등, 인간은 주도적으로 베푸는 관용을 바탕으로 번성하였다고 Jones는 설명한다. 사냥에 대한 수요가 협동, 뇌 크기의 증가, 화식을 낳았다는 것이다. "현대 인류의 뇌가 지닌 유일무이한 능력 덕분에 우리는 가장 진귀한 행동 양식을 갖게 되었다. 바로 음식을 함께 나누기 위해 화덕 주변에 모여 앉아 대화를 나누는 행동이다."(Jones 2007, p.299). 이는 분명 사실일 수 있지만, 화식과 협동이 정확히 어떻게 관련되는지에 대해 많은 해석 가능성을 열어놓고 있다.
257) Tindale 1974은 오스트레일리아 원주민들이 불을 훔치기 위해 40킬로미터를 여행한 사례를 기록하였다.
258) Marshall 1998, p.73.
259) 고기를 둘러싼 경쟁: Goodall 1986; 음식이 한번에 먹을 수 있는 성질인지의 중요성: Wittig and Boesch 2003; 빵나무 열매: Hohmann and Fruth 2000; 트인 들판에 사는 수사자는 흔히 암사자들의 음식을 훔친다(이와 달리 삼림 지역에서 더 넓게 분포하는 수사자는 스스로 사냥해서 먹이를 구한다.).: Funston et al. 1998; Spiders: Arnqvist et al. 2006.
260) Gilby 2006.
261) Stanford 1999, p.122는 수컷 침팬지가 "암컷이 자신과 짝짓기를 할 때까지 고기 조각에 손대지 못하게 한다."고 말한다. 이와 유사한 단정적인 표현이 널리

인용되고 있는데, 그 유래는 1970년대까지 거슬러 올라간다. 하지만 오늘날의 보다 상세한 분석에 따르면 암컷의 성적 지위는 고기를 얻는 데 영향을 미치지 못하며, 고기를 받은 암컷이라고 해서 짝짓기를 할 확률이 높은 것도 아니다(Gilby 2006). 게다가 성적으로 수용적인 암컷이 수컷과 동행하면 사냥의 성공률이 떨어진다(Gilby et al. 2006). Gilby et al. 2006은 침팬지가 "성관계를 위한 고기"를 보여 준다는 옛 관념은 "고기 또는 성관계"라는 새 아이디어로 대치될 필요가 있다고 서술한다.

262) 인류 계보에 속하는 종에서 남자들은 대부분 여자들보다 몸집이 컸을 뿐 아니라 더 공격적인 행동적 특징을 보인다. 특히 얼굴의 폭에서 중요한 차이를 보여, 남자의 얼굴 폭이 여자보다 넓은 경향이 있는데, 이는 공격적인 행태의 특징이다. 보노보는 암컷이 수컷보다 작은 몸집을 지녔음에도 대형 유인원 중 유일하게 자신의 먹이를 수컷으로부터 보호할 수 있다. 하지만 수컷 보노보는 더 공격적인 행태를 보이는 침팬지에 비해, 상대적으로 좁고 어려 보이는 얼굴을 가졌다. 초기 사람과(科) 종의 해부학적 구조에서 수컷이 보노보처럼 여성화되었다는 증거는 보이지 않는다(Wrangham and Pilbeam 2001).

263) Turnbull 1965, Grinker 1994.

264) Turnbull 1974, p.28.

265) Turnbull 1965, p.198.

266) Collier and Rosaldo 1981, p.283.

267) Jenness 1922, 특히 p.99.

268) Hart and Pilling 1960. 전체를 발췌하면 다음과 같다. "만일 내게 아내가 1~2명밖에 없었다면 나는 굶주렸을 것이다. 하지만 현재 10~12명의 아내가 있어, 아침에 이들을 사방으로 보내면 저녁에 적어도 2~3명은 양식을 구해 올 가능성이 있다. 그러면 우리 모두가 식사를 할 수 있다." 따라서 여성들도 남성과의 관계를 통해 음식을 공유할 수 있게 된다. 한 가정이 생산하는 식량의 양은 남자의 위신에 결정적인 역할을 하여, "티위족에게 성공의 가장 구체적인 상징은 잉여 양식을 소유한 것이다."(p.52). 구타에 대한 발췌는 p.55 참조.

269) Kelly 1993은 음식과 관련된 금기가 남자에게 유리하다고 주장한다. 금기(특

정 계층의 사람은 고기를 먹지 못하게 하는 것)가 남자보다 여자에게 더 많이 적용되는 탓이다. 수렵 채집인 남성이 여성보다 더 잘 먹고, 그래서 건강도 더 좋은 사례는 오스트레일리아 남동부 지역을 조사한 Pate 2006 참조.

270) Driver 1961, p.79.
271) Hamilton 1987, p.41.
272) 남자들이 음식을 공유하는 방법은 Kelly 1993이 검토하였다.
273) Hamilton 1987, p.42.
274) Turnbull 1965, p.124. 안다만 제도 사람들과 비교해 보자. "가족의 모든 구성원이 식사를 함께한다. 다른 기혼자나 미혼 남자와 식사를 할 수 있는 것은 기혼 남자뿐이다. 기혼자는 자기 가족이 아닌 여자와는 결코 함께 식사할 수 없다. 단, 나이가 정말 훨씬 많은 기혼자라면 괜찮다. 미혼 남자는 남자들하고만, 처녀는 여자들하고만 분리해서 식사를 해야 한다."(Man 1932, p.124).
275) Mbuti에 대해서는 Turnbull 1965, p.118. Collier and Rosaldo 1981은 결혼식 없이 같이 사는 것만으로 결혼이 시작되는 수렵 채집인들을 검토하였다.
276) Oosterwal 1961, p.82은 Bonerif와 Berrik를 포함해 Tor 지역에 사는 여러 부족에 대해 보고하였는데, 그 양상이 대개 비슷해서 이들 모두를 Bonerif로 총칭하고 있다. Oosterwal 1961, p.65은 여자는 남편을 통해서만 그에게 사고야자를 줄 수 있고, 그렇지 않을 경우 오해를 불렀을 것이라고 말했다.
277) Boehm 1999.
278) 예를 들어 Lorna Marshall 1998, p.84은 !Kung 부시먼 사이에서 음식 도난 사건에 들은 것은 오직 한번뿐이었다고 말한다. 소유권이 표시된 꿀 나무에서 한 남자가 꿀을 땄고, 이 때문에 소유권자는 그 남자를 죽인 사건이었다. 여기서 살인 행위는 처벌받지 않고 집단에서 묵시적인 용인을 받았다.
279) Robinson 1846, p.145.
280) Kaberry 1939, p.36
281) Gregor 1985, p.26.
282) Turnbull 1965, p.206.
283) Collier and Rosaldo 1981, p.284. Bonerif의 독신자는 먹을 것이 너무 적어서

보통 숙소를 떠나 배회했다(Oosterwal 1961, p.77). Bonerif에서 형편이 가장 좋은 남자는 새신랑이었는데, 아내가 젊고 체력이 좋기 때문이었다. 빈면 엄마나 여자 형제가 없는 독신 남성은 먹을 것이 거의 없었다. 그래서 먹을 것이 더 필요한 남자들은 나중에 살해나 복수를 당할 위험까지도 감수하면서 이웃 집단을 습격해 여자를 납치해서라도 결혼을 했다.

284) Riches 1987, p.25.
285) Oosterwal 1961, p.117.
286) Hart and Pilling 1960.
287) Rose 1960, p.20.
288) Symons 1998, p.171. 시먼스는 먹을거리를 나누는 것이 그의 견해가 말하는 요리의 본질이지만, 공평하지는 않다고 강조하였다.
289) Kaberry 1939, p.36.
290) 식사 준비가 늦은 데 따른 결과: Mbuti, Turnbull 1965, p.201; Siriono, Holmberg 1969, p.127; Inuit, Jenness 1922; Bonerif, Oosterwal 1961, p.94 참조. 화가 나서 요리를 거부하는 아내: Mbuti, Turnbull 1965, p.276.
291) Fuentes 2000.
292) Arnqvist et al. 2006.
293) Kummer 1995.
294) Oosterwal 1961, p.99, 134.
295) Browne 2002.
296) Collier and Rosaldo 1981, p.279.
297) Mill 1966(1869), p.518. Millett 1970이 빅토리아 시대의 Mill과 Ruskin 1902(1865)의 논쟁을 검토하였다.
298) 안전하게 사는 종의 수명이 길다는 것은 Austad and Fischer 1991 참조. Reznick et al. 2004는 이 관계가 반드시 직접적인 것은 아님을 보여 준다.
299) 직립 원인의 성장 속도를 추정하는 것은 복잡한 문제이고, 화석 자료는 혼란스럽기만 하다(Aiello and Wells 2002, Moggi-Cecchi 2001). Dean et al. 2001은 초기 호모속 치아의 법랑질이 하루에 증가하는 비율이 아프리카 유인원과

같다는 것을 보이면서, 직립 원인의 치아 성장 속도가 하빌리스보다는 빠르다고 결론 내렸다. 그리고 이는 직립 원인의 신체 성장 속도가 (유인원처럼) 빠르다는 것을 의미한다고 설명하였다. 인도네시아에서 발견된 직립 원인 유아의 유골 역시 빠른 성장 이론을 지지한다. 유골은 두개골 봉합선으로 볼 때 사망 당시 1살밖에 되지 않은 것으로 추정되지만, 그럼에도 뇌 성장이 대부분 끝나 있었다. 이는 성장 속도가 침팬지와 비슷하여 호모 사피엔스보다 훨씬 빨랐음을 의미한다(Coqueugniot et al. 2004). 반면 Smith 1991이 사랑니가 나는 시기(청소년기가 끝나는 시기로 여겨진다.)에 대한 자료를 조사한 결과, 직립 원인은 호모 사피엔스, 하빌리스는 오스트랄로피테쿠스 같은 성장 양상을 보였다. Clegg and Aiello 1999는 두개골 분석과 치아 분석을 통합하여, 직립 원인(투르카나 소년을 기초로)의 성장 속도가 호모 사피엔스의 범위 안에 있다고 설명하였다. 이 논쟁은 계속되고 있다(Antón 2003). 내가 여기서 직립 원인이 불을 제어하고 요리를 했다고 보고 예측한 이들의 생활사에 대한 일련의 자료는 Hawkes et al. 1998이 할머니가 딸의 육아를 돕는다고 보고 예측한 것과 거의 똑같다는 점을 주목하라. 불의 제어와 할머니의 육아 도움은 함께 작용했을 수 있지만, 어느 쪽이 성장, 출산율, 수명에 더 큰 영향을 미쳤을지는 분명치 않다. 인류의 젖떼기 시기가 빨라진 것에 대해서는 Low 2000 참조. 새로운 이유식(익힌 음식 — 옮긴이)의 등장으로 아이들의 성장 속도가 더 빨라졌어야 하지만, 뇌가 커지고 수명이 더 길어져서 에너지 일부가 면역 및 기타 방어 체계로 전환되느라 성장은 오히려 느려진 것으로 예측된다. 수명이 긴 영장류의 뇌가 더 크다는 것에 대해서는 Kaplan and Robson(2002) 참조. 수명과 관련하여 면역 체계에 대한 에너지 투자는 Rolff 2002와 Nunn et al. 2008이 아직 이해된 부분이 적은 이 분야에 약간의 증거를 제시한다.

300) Hrdy 1999와 Hawkes et al. 1998은 수렵 채집인 가족 내부 협동의 중요성을 논의한다.

301) 검약 유전자 가설을 검토한 Wells 2006은 인류가 불규칙적인 식량 공급에 생리적으로 적응했다고 설명한다. 그는 대형 유인원은 계절에 따른 양식 공급의 현저한 변동을 겪지 않는다고 암시하지만, 이는 사실이 아니다(Pusey et al.

2005). Pond 1998이 지적했듯이, 같은 크기의 열대 동물과 비교해서 인간은 계절적으로 식량이 부족한 시기에 체지방 감소량이 상대적으로 작다.
302) 다윈은 불의 이용이 추위에 대한 적응 반응이라고 생각한 것으로 보인다. 새로운 상황에 대한 인간의 적응 능력을 검토한 글에서 다윈은 "추운 기후로 이주할 때 그는 옷을 입고, 오두막을 지으며 불을 피운다.; 그리고 그냥은 소화하지 못했을 음식을 불을 이용해서 요리한다."(Darwin 1871, chapter 6). 최초로 불을 사용한 사람들은 불이 꼭 필요하지는 않았지만, 에너지 측면에서 혜택을 입었을 수 있다(Pullen 2005).
303) Bramble and Lieberman 2004.
304) Wheeler 1992는 인간이 체모를 잃은 것은 열을 발산하기 위해서라고 설명하였지만, 야간 체온 조절 문제를 해결하기 위해 불을 사용했을 가능성에 대해서는 논의하지 않았다. Pagel and Bodmer 2003은 인간이 움직이지 않을 때 체온을 유지하는 문제를 불이 해결해 주었으리라 지적하면서도 체모 상실로 인해 얻는 혜택이 주간의 열 발산율 상승보다는 기생충에 대한 취약성을 줄이는 데 있을 것이라고 주장하였다.
305) Kuzawa 1998은 아기의 지방층이 예외적으로 두꺼운 것은 없어진 털을 대신해 단열재 역할을 하기 위한 것이라는 설이 일반적이지만, 감염에 대항할 에너지를 공급하거나 양식이 부족할 때 살아남을 수 있도록 하는 등의 추가적인 기능도 가지고 있다고 하였다. 인간의 아기는 태어나기 직전에 평균 15퍼센트의 지방이 늘어나는데, 대부분의 포유동물은 1~2퍼센트에 불과하다. Pond 1988은 흔히 다 성장한 인간 역시 상대적으로 지방이 많다고 가정하지만, 성인에게서 지방이 단열재 역할을 한다는 생각에는 반대 증거가 많다고 주장한다. 지방 비율이 높은 것은 추운 기후나 더운 기후를 불문하고 거의 동일한 현상이며, 지방이 집중된 위치 또한 단열에 효과적인 곳이 아니다.
306) Coppinger and Coppinger 2000.
307) 인내심이 더 강한 침팬지: Melis et al. 2006a, 2006b; 인내심이 더 강한 보노보: Hare et al. 2007; 인내심이 더 강한 여우: Hare et al. 2005.
308) DeVault 1997, p.180.

309) Goudsblom 1992, p.19에서 인용.

310) Sponheimer et al. 2006.

311) Werdelin and Lewis 2005는 초기 인류와 선행 인류의 진화 기간 동안 아프리카에서 살던 육식 동물들을 검토하였다.

312) Pruetz and Bertolani 2007.

313) Goodall 1986.

314) Toth and Schick 2006은 260만 년 전을 기점으로 석기 시대 초기의 돌 사용을 검토하였다.

315) 하빌리스의 음식을 먹기 위한 전략에 대해서는 Perlès 1999, Dominguez-Rodrigo 2002, Ungar 2006 참조. Plummer 2004는 하빌리스와 직립 원인의 도구 사용 및 식습관에 대해 논의하였다.

316) Goudsblom 1992, p.197은 Tiwi와 Kung !San 부족에서 2살과 3살 아이가 엄마의 불로부터 자신 몫의 불을 피운 사례를 보여 준다.

317) Brewer 1978, pp.174~176은 세네갈에서 야생에 재정착한 침팬지들이 음식을 익히고 온기를 얻기 위해 모닥불을 초보적인 방식으로 관리했다고 서술했다. Raffaele 2006은 Savage-Rumbaugh(Savage-Rumbaugh and Lewin 1994)가 연구했던 Kanzi라는 이름의 보노보가 불을 피운 것을 언급하였다. Brink 1957은 요하네스버그 동물원의 침팬지들이 계속 불을 붙여 가며 줄담배를 피우는 것을 묘사한다.

318) Darwin 1871, p.52. 하빌리스가 사용했을 것이 분명한 올두바이 석기 중에는 고기를 연하게 만드는 데 쉽게 쓰였을 주먹 크기의 망치 돌이 수없이 많았다 (Mora and de la Torre 2005).

319) Frazer 1930. p.226.

320) 생존 교본은 말굽버섯속에 속하는 버섯들로 불을 피울 것을 추천한다. 불꽃이 버섯 위로 떨어지면 원의 형태로 천천히 퍼져 나가며 오랫동안 꺼지지 않기 때문이다(예로 www.wildwoodsurvival.com/survival/fire/twostones 참조). 특히 선호되는 종은 동아프리카에 흔한 *Fomes fomentarius*이다. 부싯깃버섯은 불을 아주 잘 보존하여 Osage 인디언은 속이 빈 나무에서 부싯깃버섯

을 채취하여 불을 붙이고, 이를 흙 속에 묻어 속이 빈 홍합의 껍데기 안에 놓고 줄로 묶어 둠으로써 불씨를 며칠씩 살려 놓기도 하였다.

321) Oakley 1955, Collin et al. 1991 참조. Rowlett 1999는 Koobi Fora에서 불씨를 만들기 좋은, 규질암(珪質岩)으로 된 인공 유물이 이례적으로 많이 발견되었다고 보고하였다.

322) Hough 1926, Frazer 1930.

323) Clark and Harris 1985.

324) 이 불길은 올림푸스 산기슭의 Antalya 인근에서 볼 수 있다. 좁은 바위틈에서 메탄을 비롯한 여러 가지 기체가 몇 미터씩 분출되면서, 벌거벗은 산허리에 "영원한" 불길의 밀집 지역을 만든다. Homer는 괴물 키메라가 내뿜는 죽음의 입김이 흙에 불을 붙인 곳이라고 묘사하였다. 지난 2000~3000년간 불길의 높이는 낮아진 것으로 보이지만 불이 꺼질 조짐은 전혀 없다.

325) Tindale 1974.

326) Turnbull 1962, p.28에는 중앙아프리카 Mbuti 피그미의 행태가 묘사되어 있다. "길 가다 휴식을 위해 멈출 때 이들이 가장 먼저 하는 일은 깜부기불의 포장을 풀고 마른 잔가지들을 주위에 놓은 뒤 한두 번 입으로 불어 불을 피워 올리는 것이다." 한편 Basedow 1925, p.110은 이와 유사한 오스트레일리아 Aranda의 행태를 서술한다. "원주민이 소유한 가장 중요한 것은 아마도 불 막대일 것이다. 행진 중이든 숙소에 있든 항상 가지고 다닌다. 이렇게 중요한 불 막대는 사실 한쪽 끝이 연기를 내면서 타는 짧은 길이의 마른 나뭇가지나 나무껍질에 불과하다. 운반할 때는 손에 들고 이리저리 흔들며 다닌다. 밤길을 갈 때는 길을 밝히기에 충분할 만큼 불길을 살려 두기 위해서 흔드는 동작이 더 활발해진다. 야간에 한 무리의 원주민이 일렬종대로 이렇게 불 막대를 흔들며 행진하는 풍경은 정말 인상적이다. 행렬이 멈추면 이들은 곧바로 불을 피운다. 낮에는 음식을 요리하기 위해, 밤에는 잠자는 동안 온기를 얻기 위해서다. 이동할 때는 새 막대에 불을 옮겨 붙인 뒤 다음에 멈추는 장소까지 가져간다." 이런 행태는 광범위한 수렵 채집인 사회에서 일반적인 것으로 보고되고 있다.

327) Critser 2003.

328) Galbraith 1958.
329) Johnson 1994, 2001, Smith and Morton 2001.
330) Southgate and Durnin 1970이 애트워터 종합 계수를 확장, Southgate 1981은 이를 더 수정한 안을 제시하였다.
331) 소화 비용과 여기에 영향을 미치는 요인에 대한 자료는 Secor 2008 참조.
332) Sims and Danforth 1987.
333) Secor 2008.
334) Heaton et al. 1988.
335) Merrill and Watt 1955.
336) Livesey 2001은 애트워터 시스템의 수정을 요구하는 전문가 검토 의견 22건, 각종 보고서, 규정집을 인용하였다. 종합적으로, 이 문서들은 소화 과정의 체열 증대 효과를 고려해야 한다는 관점을 지지한다.
337) Murakami et al. 2007 참조. See et al. 2007은 굵은 허리와 높은 사망률 간의 연관성을 보여 준다.
338) Pollan 2008.
339) 고고학자 Robert Kelly는 다음과 같이 말한다. "원래의(original) 인간 사회라거나 기저가 되는 인간의 적응 같은 것은 존재하지 않는다. 현대의 수렵 채집인을 연구하여 현대 사회와의 접촉이 미친 영향을 배제하고(만일 그것이 가능하다면) 수렵 채집인 본래의 생활 방식을 재구축하고 그들의 보편적인 행태를 밝히는 것은 불가능한 일이다. 본래의 생활 방식이라는 것 자체가 존재한 일이 없기 때문이다."(Kelly 1995, p.337). 고고학자 Rick Potts도 같은 의견을 제시한다. "인간의 조상이 살았던 환경의 특성을 일련의 특정한 반복 요소들이나 통계적 정규 분포, 즉 획일적인 문제들(그 해결을 위해 인간에게만 있는 인지 체계가 나타난)로 설명하는 것은 명백히 틀린 생각이다."(Potts 1998, p.129-130). 그러나 화덕에 대한 인간의 적응을 보면, 이와 같은 견해는 수정될 필요가 있어 보인다.

참고 문헌

Agetsuma, N., and N. Nakagawa. 1998. "Effects of Habitat Differences on Feeding Behaviors of Japanese Monkeys: Comparison Between Yakushima and Kinkazan." *Primates* 39:275-289.

Aiello, L., and J. C. K. Wells. 2002. "Energetics and the Evolution of the Genus *Homo*." *Annual Review of Anthropology* 31:323-338.

Aiello, L., and P. Wheeler. 1995 "The Expensive-Tissue Hypothesis: The Brain and the Digestive System in Human and Primate Evolution." *Current Anthropology* 36:199-221.

Albert, R. M., O. Bar-Yosef, L. Meignen, and S. Weiner. 2003. "Quantitative Phytolith Study of Hearths from the Natufian and Middle Palaeolithic Levels of Hayonim Cave (Galilee, Israel)." *Journal of Archaeological Science* 30:461-480.

Alberts, S. C., H. E. Watts, and J. Altmann. 2003. "Queuing and QueueJumping: Long Term Patterns of Reproductive Skew Among Male Savannah Baboons." *Animal Behavior* 65:821-840.

Alexander, R. D. 1987. *The Biology of Moral Systems*. Hawthorne, NY: Aldine de Gruyter.

———. 1990. "How Did Humans Evolve? Reflections on the Uniquely Unique Species." *Museum of Zoology, The University of Michigan, Special Publication* 1:1-40.

Alperson-Afil, N. 2008. "Continual Fire-Making by Hominins at Gesher Benot Ya'aqov, Israel." *Quaternary Science Reviews* 27:1733-1739.

Antón, S. C. 2003. "Natural History of *Homo Erectus*." *Yearbook of Physical Anthropology* 46:126-170.

Antón, S. C., and C. C. I. Swisher. 2004. "Early Dispersals of Homo from Africa." *Annual*

Review of Anthropology 33:271-296.

Arlin, S., F. Dini, and D. Wolfe. 1996. *Nature's First Law: the Raw-Food Diet*. San Diego: Maul Brothers.

Armbrust, L. J., J. J. Hoskinson, M. Lora-Michiels, and G. A. Milliken. 2003.. "Gastric Emptying in Cats Using Foods Varying in Fiber Content and Kibble Shapes." *Veterinary Radiology and Ultrasound* 44:339-343.

Arnqvist, G., T. M. Jones, and M. A. Elgar. 2006. "Sex-Role Reversed Nuptial Feeding Reduces Male Kleptoparasitism of Females in Zeus Bugs (Heteroptera; Veliidae)." *Biology Letters* 2:491-493.

Atkins, P., and I. Bowler. 2001. *Food in Society: Economy, Culture, Geography*. London: Arnold.

Austad, S. N., and K. E. Fischer. 1991. "Mammalian Aging, Metabolism, and Ecology— Evidence from the Bats and Marsupials." *Journal of Gerontology* 46:B47-B53.

Baksh, M. 1990. *Time Allocation Among the Machiguenga of Camaná*. New Haven, CT: Human Relations Area Files Inc.

Barham, P. 2000. *The Science of Cooking*. Berlin: Springer.

Barr, S. I. 1999. "Vegetarianism and Menstrual Cycle Disturbances: Is There an Association?" *American Journal of Clinical Nutrition* 70:549S-554S.

Barton, R. A. 1992. "Allometry of Food Intake in Free-Ranging Anthropoid Primates." *Folia primatologica* 58:56-59.

Barton, R. N. E., A. P. Currant, Y. Fernandez-Jalvo, J. C. Finlayson, P. Goldberg, R. Macphail, P. B. Pettitt, and C. B. Stringer. 1999. "Gibralter Neanderthals and Results of Recent Excavations in Gorham's, Vanguard and Ibex Caves." *Antiquity* 73:13-23.

Basedow, H. 1925. *The Australian Aboriginal*. Adelaide, Australis: F. W. Preece.

Beaumont, W. 1996 (first published 1833). *Experiments and Observations on the Gastric Juice and the Physiology of Digestion*. Mineola, NY: Dover.

Becker, G. S. 1985. "Human Capital, Effort, and the Sexual Division of Labor." *Journal of Labor Economics* 3:S33-S58.

Beeton, I. 1909. *Mrs. Beeton's Book of Household Management*. London: Ward, Lock.

Bermudez de Castro, J. M., and M. E. Nicolas. 1995. "Posterior Dental Size Reduction in Hominids: The Atapuerca Evidence." *American Journal of Physical Anthropology* 96:335-356.

Berndt, R. M., and C. H. Berndt. 1988. *The World of the First Australians*. Canberra, Australis: Aboriginal Studies Press.

Bird, R. 1999. "Cooperation and Conflict: The Behavioral Ecology of the Sexual Division of Labor." *Evolutionary Anthropology* 8:65-75.

Boad, P. T., and P. R. Grant. 1981. "Intense Natural Selection in a Population of Darwin's Finches (Geospizinae) in the Galápagos." *Science* 214:82-85.

Boback, S. M. 2006. "A Morphometric Comparison of Island and Mainland Boas (*Boa constrictor*) in Belize." *Copeia*:261-267.

Boback, S. M., C. L. Cox, B. D. Ott, R. Carmody, R. W. Wrangham, and S. M. Secor. 2007. "Cooking Reduces the Cost of Meat Digestion." *Comparative Biochemistry and Physiology* 148:651-656.

Boehm, C. 1999. *Hierarchy in the Forest: The Evolution of Egalitarian Behavior*. Cambridge, MA: Harvard University Press.

Boyd, R., and J. B. Silk. 2002. *How Humans Evolved*. New York: W. W. Norton.

Brace, C. L. 1995. *The Stages of Human Evolution*, 5th ed. Englewood Cliffs, NJ: Prentice-Hall.

Bramble, D. M., and D. E. Lieberman. 2004. "Endurance Running and the Evolution of Homo." *Nature* 432:345-352.

Brand-Miller, J. 2006. *The New Glucose Revolution*. New York: Da Capo Press.

Breeks, J. W. 1873. *An Account of the Primitive Tribes and Monuments of the Nilagiris*. London: W. H. Allen.

Brewer, S. 1978. *The Forest Dwellers*. London: Collins.

Bricker, H. M. 1995. *Le Paleolithique Superieur de l'Abri Pataud (Dordogne): Les Fouilles de H. L. Movius, Jr.* Paris: Documents d'Archéologie Française, Maison des Sciences de l'Homme.

Brillat-Savarin, J. A. 1971. *The Physiology of Taste: Or Meditations on Transcendental Gastronomy (1825)*. New York: Alfred A. Knopf.

Brink, A. 1957. "The Spontaneous Fire-Controlling Reactions of Two Chimpanzee Smoking Addicts." *South African Journal of Science* 53:241-247.

Brown, M. A., L. H. Storlien, I. L. Brown, and J. A. Higgins. 2003. "Cooking Attenuates the Ability of High-Amylose Meals to Reduce Plasma Insulin Concentrations in Rats." *British Journal of Natrition* 90:823-827.

Browne, K. 2002. *Biology at Work: Rethinking Sexual Equality*. New Brunswick, NJ: Rutgers University Press.

Bunn, H. T., and C. B. Stanford. 2001. "Research Trajectories and Hominid Meat-Eating." In *Meat-Eating and Human Evolution*, C. B. Stanford and H. T. Bunn, eds., 350-359. New York: Oxford University Press.

Burch, E. 1998. *The Inupiaq Eskimo Nations of Northwest Alaska*. Fairbanks: University of Alaska Press.

Byrne, R. W., and L. A. Bates. 2007. "Sociality, Evolution and Cognition." *Current Biology* 17:R714-R723.

Campling, R. C. 1991. "Processing Grains for Cattle—a Review." *Livestock Production Science* 28:223-234.

Carmody, R., and R. W. Wrangham. At press. "The Energetic Significance of Cooking." *Journal of Human Evolution*.

Carpenter, J. E., and S. Bloem. 2002. "Interaction Between Insect Strain and Artificial Diet in Diamondback Moth Development and Reproduction." *Entomologia Experimentalis et Applicata* 102:283-294.

Cartmill, M. 1993. *A View to a Death in the Morning: Hunting and Nature through History.* Cambridge, MA: Harvard University Press.

Charnov, E. L. 1993. *Life-History Invariants: Some Explorations of Symmetry in Evolutionary Ecology.* Oxford, UK: Oxford University Press.

Chivers, D. J., and C. M. Hladik. 1980. "Morphology of the Gastrointestinal Tract in Primates: Comparison with Other Mammals in Relation to Diet." *Journal of Morphology* 166:337-386.

—————. 1984. "Diet and Gut Morphology in Primates." In *Food Acquisition and Processing in Primates*, D. J. Chivers, B. A. Wood, and A. Bilsborough, eds., 213-230. New York: Plenum Press.

Christian, M. G., and Christian, E. 1904. *Uncooked Foods and How to Use Them: A Treatise on How to Get the Highest Form of Animal Energy from Food.* New York: The Health-Culture Company.

Clark, J. D., and J. W. K. Harris. 1985. "Fire and Its Role in Early Hominid Lifeways." *African Archaeological Review* 3:3-27.

Clegg, M., and L. C. Aiello. 1999. "A Comparison of the Nariokotome Homo erectus with Juveniles from a Modern Human Population." *American Journal of Physical Anthropology* 110:81-94.

Clutton-Brock, T. H., and P. H. Harvey. 1977. "Species Differences in Feeding and Ranging Behaviour in Primates." In *Primate Ecology*, T. H. Clutton-Brock, ed., 557-580. London: Academic Press.

Cnotka, J., O. Güntürkün, G. Rehkämper, R. D. Gray, and G. R. Hunt. 2008. "Extraordinary Large Brains in Tool-Using New Caledonian Crows (*Corvus moneduloides*)." *Neuroscience Letters* 433:241-245.

Cohn, E. W. 1936. "In Vitro and In Vivo Experiments on the Digestibiloty of Heat-Treated Egg White." PhD diss., University of Chicago.

Collard, M., and B. A. Wood. 1999. "Grades Among the African Early Hominids." In *African Biogeography, Climate Change, and Early Hominid Evolution*, T. Bromage and F. Schrenk, eds., 316-327. New York: Oxford University Press.

Collier, J. F., and M. Z. Rosaldo. 1981. "Politics and Gender in Simple Societies." In *Sexual Meanings: The Cultural Construction of Gender and Sexuality*, S. B. Ortner and H. Whitehead, eds., 275-329. Cambridge, UK: Cambridge University Press.

Collin, F., D. Mattart, L. Pirnay, and J. Speckens. 1991 "L'obtention du feu par percussion: approche experimentale et traceologique." *Bulletin des Chercheurs de la Wallonie* 31:19-49.

Collings, P., C. Williams, and I. MacDonald. 1981. "Effects of Cooking on Serum Glucose and Insulin Responses to Starch." *British Medical Journal* 282:1032.

Combes, S., J. Lepetit, B. Darche, and F. Lebas. 2003. "Effect of Cooking Temperature and Cooking Time on Warner-Bratzler Tenderness Measurement and Collagen Content in Rabbit Meat." *Meat Science* 66:91-96.

Conklin-Brittain, N., R. W. Wrangham, and C. C. Smith. 2002. "A Two-Stage Model of Increased Dietary Quality in Early Hominid Evolution: The Role of Fiber." In *Human Diet: Its Origin and Evolution*, P. Ungar and M. Teaford, eds., 61-76. Westport, CT: Bergin & Garvey.

Connor, R. C. 2007. "Dolphin Social Intelligence: Complex Alliance Relationships in Bottlenose Dolphins and a Consideration of Selective Environments for Extreme Brain Size Evolution in Mammals." *Philosophical Transactions of the Royal Society of London Series B* 362:587-602.

Coon, C. S. 1962. *The History of Man: From the First Human to Primitive Culture and Beyond.*, 2nd ed. London: Jonathan Cape.

Coppinger, R., and L. Coppinger. 2000. *Dogs: A Startling New Understanding of Canine Origin, Behavior, and Evolution.* New York: Scribner.

Coqueugniot, H., J.-J. Hublin, F. Veillon, F. Houet, and T. Jacob. 2004. "Early Brain Growth in *Homo erectus* and Implications for Cognitive Ability." *Nature* 431:299-302.

Critser, G. 2003. *Fat Land: How Americans Became the Fattest People in the World.* Boston, MA: Houghton Mifflin.

Darwin, C. 1871 (2006). *The Descent of Man, and Selection in Relation to Sex. In From So Simple a Beginning: The Four Great Books of Charles Darwin*, E. O. Wilson, ed. New York: W. W. Norton, pp. 767-1254.

―――. 1888. *A Naturalist's Voyage. Journal of Researches into the Natural History and Geology of the Countries Visited During the Voyage of H.M.S. "Beagle" Round the World Under the Command of Capt. Fitzroy, R.N.*, 3rd ed. London: John Murray.

Davies, K. J. A., S. W. Lin, and R. E. Pacifici. 1987. "Protein Damage and Degradation by Oxygen Radicals. IV. Degradation of Denatured Protein." *Journal of Biological Chemistry* 262:9914-9920.

Dawson, J. 1881. *Australian Aborigines: The Languages and Customs of Several Tribes of Aborigines in the Western District of Victoria, Australia.* Melbourne, Australia: George Robertson.

de Araujo, I. E., and E. T. Rolls. 2004. "Representations in the Human Brain of Food Texture and Oral Fat." *Journal of Neuroscience* 24:3086-3093.

de Huidobro, F. R., E. Miguel, B. Blazquez, and E. Onega. 2005. "A Comparison Between Two Methods (Warner-Bratzler and Texture Profile Analysis) for Testing Either Raw Meat or Cooked Meat." *Meat Science* 69:527-536.

Dean, C., M. G. Leave, D. Reid, F. Schrenk, G. T. Schwartz, C. Stringer, and A. Walker. 2001. "Growth Processes in Teeth Distinguish Modern Humans from *Homo* Erectus and Earlier Hominins." *Nature* 414:628-631.

Deaner, R. O., K. Isler, J. Burkart, and C. van Schaik. 2007. "Overall Brain Size, and Not Encephalization Quotient, Best Predicts Cognitive Ability Across Non-Human Primates." *Brain, Behavior and Evolution* 70:115-124.

DeGusta, D., H. W. Gilbert, and S. P. Turner. 1999. "Hypoglossal Canal Size and Hominid Speech." *Proceedings of the National Academy of Sciences* 96:1800-1804.

DeVault, M. 1997. "Conflict and Deference." In *Food and Culture: A Reader*, C. Counihan and P. van Esterik, eds., 180-199. New York: Routledge.

Devivo, R., and A. Spors. 2003. *Genefit Nutrition*. Berkeley, CA: Celestial Arts.

Dominguez-Rodrigo, M. 2002. "Hunting and Scavenging by Early Humans: The State of the Debate." *Journal of World Prehistory* 16:1-54.

Donaldson, M. S. 2001. "Food and Nutrient Intake of Hallelujah Vegetarians." *Nutrition and Food Science* 31:293-303.

Doran, D. M., and A. McNeilage. 1998. "Gorilla Ecology and Behavior." *Evolutionary Anthropology* 6:120-131.

Driver, H. E. 1961. *Indians of North America*. Chicago: University of Chicago Press.

Dunbar, R. I. M. 1998. "The Social Brain Hypothesis." *Evolutionary Anthropology* 6:178-190.

Durkheim, E. 1933. *On the Division of Labor in Society*. George Simpson, trans. New York: Macmillan.

Dzudie, T., R. Ndjouenkeu, and A. Okubanjo. 2000. "Effect of Cooking Methods and Rigor State on the Composition, Tenderness and Eating Quality of Cured Goat Loins." *Journal of Food Engineering* 44:149-153.

Eastwood, M. 2003. *Principles of Human Nutrition*, 2nd ed. Oxford, UK: Blackwell.

Ellison, P. 2001. *On Fertile Ground*. Cambridge, MA: Harvard University Press.

Emmons, G. T. 1991. *The Tlingit Indians*. Seattle: University of Washington Press.

Engelen, L., R. A. de Wijk, A. van der Bilt, J. F. Prinz, A. M. Janssen, and F. Bosman. 2005a. "Relating Particles and Texture Perception." *Physiology and Behavior* 86:111-117.

Engelen, L., A. Fontijn-Tekamp, and A. van der Bilt. 2005b. "The Influence of Product and Oral Characteristics on Swallowing." *Archives of Oral Biology* 50:739-746.

Englyst, H. N., and J. H. Cummings. 1985. "Digestion of the Polysaccharides of Some Cereal Foods in the Human Small Intestine." *American Journal of Clinical Nutrition* 42:778-787.

———. 1986. "Digestion of the Carbohydrates of Banana (Musa paradisiaca sapientum) in the Human Small Intestine." *American Journal of Clinical Nutrition* 444:42-50.

———. 1987. "Digestion of Polysaccharides of Potato in the Small Intestine of Man." *American Journal of Clinical Nutrition* 45:423-431.

Evenepoel, P., D. Claus, B. Geypens, M. Hiele, K. Geboes, P. Rutgeerts, and Y. Ghoos. 1999. "Amount and Fate of Egg Protein Escaping Assimilation in the Small Intestine of Humans." *American Journal of Physiology (Endocrinol. Metabol.)* 277:G935-G943.

Evenepoel, P., B. Geypens, A. Luypaerts, M. Hiele, and P. Rutgeerts. 1998. "Digestibility of Cooked and Raw Egg Protein in Humans as Assessed by Stable Isotope Techniques."

Journal of Nutrition 128:1716-1722.

Felger, R., and M. B. Moser. 1985. *People of the Desert and Sea: Ethnobotany of the Seri Indians*. Tucson: University of Arizona Press.

Fernández-Armesto, F. 2001. *Food: A History*. London: MacMillan.

Fish, J. L., and C. A. Lockwood. 2003. "Dietary Constraints on Encephalization in Primates." *American Journal of Physical Anthropology* 120:171-181.

Fisher, J. R., and D. J. Bruck. 2004. "A Technique for Continuous Mass Rearing of the Black Vine Weevil, *Otiorhyncus Sulcatus*." *Entomologia Experimentalis et Applicata* 113:71-75.

Foley, R. 2002. "Adaptive Radiations and Dispersals in Hominin Evolutionary Ecology." *Evolutionary Anthropology* 11:32-37.

Fontana, B. L. 2000. *Trails to Tiburon: The 1894 and 1895 Field Diaries of W. J. McGee*. Tucson: University of Arizona Press.

Fontana, L., J.L. Shew, J. O. Holloszy, and D. T. Villareal. 2005. "Low Bone Mass in Subjects on a Long-Term Raw Vegetarian Diet." *Archives of Internal Medicine* 165:684-689.

Food Standards Agency. 2002. *McCance and Widdowson's The Composition of Foods: Sixth Summary Edition*. Cambridge, UK: Royal Society of Chemistry.

Frazer, J. G. 1930 (reprinted 1974). *Myths of the Origins of Fire*. New York: Hacker Art Books.

Fry, T. C., H. M. Shelton, and D. Klein. 2003. *Self Healing Power! How to Tap into the Great Power Within You*. Sebastopol, CA: Libing Nutrition.

Fuentes, A. 2000. "Hylobatid Communities: Changing Views on Pair Bonding and Social Organization in Hominoids." *Yearbook of Physical Anthropology* 43:33-60.

Fullerton-Smith, J. 2007. *The Truth About Food: What You Eat Can Change Your Life*. London: Bloomsbury.

Funston, P. J., M. G. L. Mills, H. C. Biggs, and P. R. K. Richardson. 1998. "Hunting by Male Lions: Ecological Implications and Socioecological Influences." *Animal Behavior* 56:1333-1345.

Galbraith, J. K. 1958. *The Affluent Society*. Boston: Houghton Mifflin.

Gaman, P. M., and K. B. Sherrington. 1996. *The Science of Food: An Introduction to Food Science, Nutrition and Microbiology*. Oxford, UK: Pergamon Press.

Gilby, I. C. 2006. "Meat Sharing Among the Gombe Chimpanzees: Harassment and Reciprocal Exchange." *Animal Behaviour* 71:953-963.

Gilby, I. C., L. E. Eberly, L. Pintea, A. E. Pusey. 2006. "Ecological and Social Influences on the Hunting Behaviour of Wild Chimpanzees, *Pan troglodytes schweinfurthii*." *Animal Behaviour* 72:169-180.

Gilby, I. C., and R. Wrangham. 2007. "Risk-Prone Hunting by Chimpanzees (*Pan troglodytes schweinfurthii*) Increases During Periods of High Diet Quality." *Behavioral Ecology and Sociobiology* 61:1771-1779.

Gilman, C. P. 1966 (1898). *Women and Economics: A Study of the Economic Relation Between Men and Women as a Factor in Social Evolution*. New York: Harper.

Gladwin, T., and S. B. Sarason. 1953. "Truk: Man in Paradise." *Viking Fund Publications in Anthropology* 29:1-655.

Goodall, J. 1986. *The Chimpanzees of Gombe: Patterns of Behavior.* Cambridge, MA: Harvard University Press.

———. 1982. *Cooking, Cuisine and Class: A Study in Comparative Sociology.* Cambridge, UK: Cambridge University Press.

Goren-Inbar, N., N. Alperson, M. E. Kislev, O. Simchoni, Y. Melamed, A. Ben-Nun, and E. Werker. 2004. "Evidence of Hominin Control of Fire at Gesher Benot Ya'aqov, Israel." *Science* 304, 725-727.

Gott, B. 2002. "Fire-Making in Tasmania: Absence of Evidence is Not Evidence of Absence." *Current Anthropology* 43:650-656.

Goudsblom, J. 1992. *Fire and Civilization.* New York: Penguin.

Gould, S. J. 2002. *The Structure of Evolutionary Theory.* Cambridge, MA: Harvard University Press.

Gowlett, J. A. J. 2006. "The Early Settlement of Northern Europe: Fire History in the Context of Climate Change and the Social Brain." *C. R. Palevol* 5:299-310.

Gowlett, J. A. J., J. Hallos, S. Hounsell, V. Brant, and N. C. Debenham. 2005. "Beeches Pit— Archaeology, Assemblage Dynamics and Early Fire History of a Middle Pleistocene Site in East Anglia, UK." *Journal of Eurasian Archaeology* 3:3-40.

Grant, P. R., and B. R. Grant. 2002. "Unpredictable Evolution in a 30-year Study of Darwin's Finches." *Science* 296:707-711.

Gregor, T. 1985. *Anxious Pleasure: The Sexual Lives of an Amazonian People.* Chicago: University of Chicago Press.

Grinker R. R. 1994. *Houses in the Rain Forest: Ethnicity and Inequality Among Farmers and Foragers in Central Africa.* Berkeley: University of California Press.

Gusinde, M. 1961. *The Yamana: The Life and Thought of the Water Nomads of Cape Horn.* Frieda Schutze, trans. New Haven, CT: Human Relations Area Files.

Haeusler, M., and H. M. McHenry. 2004. "Body Proportions of Homo Habilis Reviewed." *Journal of Human Evolution* 46:433-465.

Hagen, A. 1998. *A Handbook of Anglo-Saxon Food: Processing and Consumption.* Hockwold-cum-Wilton, Norfolk, UK: Anglo-Saxon Books.

Hames, R. 1993. *Ye'kwana Time Allocation.* New Haven, CT: Human Relations Area Files Inc.

Hamilton, A. 1987. "Dual Social System: Technology, Labour and Women's Secret Rites in the Eastern Western Desert of Australia." In *Traditional Aboriginal Society: A Reader,* W. H. Edwards, ed., 34-52. Melbourne, Australia: Macmillan.

Handy, E. S. C. 1923. "The Native Culture in the Marquesas." *Bernice P. Bishop Museum Bulletin* 9:1-358.

Hare, B., A. P. Melis, V. Woods, S. Hastings, and R. Wrangham. 2007. "Tolerance Allows

Bonobos to Outperform Chimpanzees on a Cooperative Task." *Current Biology* 17:619-623.

Hare, B., I. Plyusnina, N. Ignacio, O. Schepina, A. Stepika, R. Wrangham, and L. Trut. 2005. "Social Cognitive Evolution in Captive Foxes Is a Correlated By-Product of Experimental Domestication." *Current Biology* 15:1-20.

Harris, P. V., and W. R. Shorthose. 1988. "Meat Texture." In *Developments in Meat Science*, R. A. Lawrie, ed., 245-296. London: Elsevier.

Hart, C. W. M., and A. R. Pilling. 1960. *The Tiwi of North Australia*. New York: Holt, Rinehart and Winston.

Hawk, P. B. 1919. *What We Eat and What Happens to It: The Results of the First Direct Method Ever Devised to Follow the Actual Digestion of Food in the Human Stomach*. New York: Harper.

Hawkes, K., J. O'Connell, and N. Blurton-Jones. 1997. "Hadza Women's Time Allocation, Offspring Provisioning, and the Evolution of Long Menopausal Lifespans." *Current Anthropology* 38:551-577.

—————. 2001a. "Hadza Meat Sharing." *Evolution and Human Behavior*, 22, 113-142.

—————. 2001b. "Hunting and Nuclear Families: Some Lessons from the Hadza About Men's Work." *Current Anthropology* 42:681-709.

Hawkes, K., J. F. O'Connell, N. G. Blurton-Jones, H. Alvarez, and E. L. Charnov. 1998. "Grandmothering, Menopause, and the Evolution of Human Life Histories." *Proceedings of the National Academy of Sciences, USA* 95:1336-1339.

Headland, T. N., and L. A. Reid. 1989. "Hunter-Gatherers and Their Neighbors from Prehistory to the Present." *Current Anthropology* 30:27-43.

Heaton, K. W., S. N. Marcus, P. M. Emmett, and C. H. Bolton. 1988. "Particle Size of Wheat, Maize, and Oat Test Meals: Effects on Plasma Glucose and Insulin Responses and on the Rate of Starch Digestion In Vitro." *American Journal of Clinical Nutrition* 47:675-682.

Hernandez-Aguilar, R. A., J. Moore, and T. R. Pickering. 2007. "Savanna Chimpanzees Use Tools to Harvest the Underground Storage Organs of Plants." *Proceedings of the National Academy of Sciences* 104:19210-19213.

Heyerdahl, T. 1996. *The Kon-Tiki Expedition: By Raft Across the South Seas*. London: Flamingo.

Hiiemae, K. M., and J. B. Palmer. 1999. "Food Transport and Bolus Formation During Complete Feeding Sequences on Foods of Different Initial Consistency." *Dysphagia* 14:31-42.

Hladik, C. M., D. J. Chivers, and P. Pasquet. 1999. "On Diet and Gut Size in Non-Human Primates and Humans: Is There a Relationship to Brain Size?" *Current Anthropology* 40:695-697.

Hobbs, S. H. 2005. "Attitudes, Practices, and Beliefs of Individuals Consuming a Raw Foods Diet." *Explore* 1:272-277.

Hofferth, S. L., and J. F. Sandberg. 2001. "How American Children Spend Their Time." *Journal of Marriage and the Family* 63:295-308.

Hohmann, G., and B. Fruth. 2000. "Use and Function of Genital Contacts Among Female Bonobos." *Animal Behavior* 60:107-120.

Holekamp, K. E., S. T. Sakai, and B. L. Lundrigan. 2007. "Social Intelligence in the Spotted Hyena (Crocuta crocuta)." *Philosophical Transactions of the Royal Society of London, Series B* 362:523-538.

Holmberg, A. R. 1969. *Nomads of the Longbow: The Siriono of Eastern Bolivia*. Garden City, NY: Natural History Press.

Hough, W. 1926. *Fire as an Agent in Human Culture*. Washington, DC: U.S. Government Printing Office.

Howell, E. 1994. *Food Enzymes for Health and Longevity*. Twin Lakes, WI: Lotus Press.

Hrdy, S. B. 1999. *Mother Nature: A History of Mothers, Infants, and Natural Selection*. New York: Pantheon.

Hunt, K. D. 1991. "Positional Behavior in the Hominoidea." *International Journal of Primatology* 12:95-118.

Hunt, P. 1961. *Eating and Drinking: An Anthology for Epicures*. London: Ebury Press.

Hurtado, J. L. P. Montero, J. Borderias, and M. T. Solas. 2001. "Morphological and Physical Changes During Heating of Pressurized Common Octopus Muscle up to Cooking Temperature." *Food Science and Technology International* 7:329-338.

Isaacs, J. 1987. *Bush Food: Aboriginal Food and Herbal Medicine*. Sydney, Australia: New Holland.

Isler, K., and C. P. van Schaik. 2006 "Costs of Encephalization: The Energy Trade-Off Hypothesis Tested on Birds." *Journal of Human Evolution* 51:228-243.

James, S. R. 1989. "Hominid Use of Fire in the Lower and Middle Pleistocene: A Review of the Evidence." *Current Anthropology* 30:1-26.

Jenike, M. 2001. "Nutritional Ecology: Diet, Physical Activity and Body Size." In *Hunter-Gatherers: An Interdisciplinary Perspective*, C. Panter-Brick, R. H. Layton, and P. Rowley-Conwy, eds., 205-238. Cambridge, UK: Cambridge University Press.

Jenkins, D. J. A. 1988. "Nutrition and Diet in Management of Diseases of the Gastrointestinal Tract. (C) Small Intestine: (6) Factors Influencing Absorption of Natural Diets." In *Modern Nutrition in Health and Disease*, M. E. Shils and V. R. Young, eds., 1151-1166. Philadelphia: Lea and Febiger.

Jenness, D. 1922. *Report of the Canadian Arctic Expedition 1913-18. Volume XII: The Life of the Copper Eskimos*. Ottawa: F. A. Acland.

Johnson, A. 1975. "Time Allocation in a Machiguenga Community." *Ethnology* 14:301-310.

―――. 2003. *Families of the Forest: The Matsigenka Indians of the Peruvian Amazon*. Berkeley, CA: University of California Press.

Johnson, A., and O. R. Johnson. 1988. *Time Allocation Among the Machiguenga of Shimaa*.

New Haven, CT: Human Relations Area Files Inc.

Johnson, I.. R. 1994. *Physiology of the Gastrointestinal Tract*, 3rd ed. New York: Raven Press.

────────. 2001. *Gastrointestinal Physiology*, 6th ed. St. Louis, MO: Mosby.

Jolly, C., and R. White. 1995. *Physical Anthropology and Archaeology*. New York: McGraw-Hill.

Jones, M. 2007. *Feast: Why Humans Share Food*. New York: Oxford University Press.

Kaberry, P. M. 1939. *Aboriginal Woman: Sacred and Profane*. London: Routledge.

Kadohisa, M., E. T. Rolls, and J. V. Verhagen. 2004. "Orbitofrontal Cortex: Neuronal Representation of Oral Temperature and Capsaicin in Addition to Taste and Texture." *Neuroscience* 127:207-221.

────────. 2005a. "Neuronal Representations of Stimuli in the Mouth: The Primate Insular Taste Cortex, Orbitofrontal Cortex and Amygdala." *Chemical Senses* 30:401-419.

Kadohisa, M., J. V. Verhagen, and E. T. Rolls. 2005b. "The Primate Amygdala: Neuronal Representations of the Viscosity, Fat Texture, Temperature, Grittiness and Taste of Foods." *Neuroscience* 132:33-48.

Kaplan, H., K. Hill, J. Lancaster, and A. M. Hurtado. 2000. "A Theory of Human Life History Evolution: Diet, Intelligence and Longevity." *Evolutionary Anthropology* 9:156-185.

Kaplan, H. S., and A. J. Robson. 2002. "The Emergence of Humans: The Coevolution of Intelligence and Longevity with Intergenerational Transfers." *Proceedings of the National Academy of Sciences* 99:10221-10226.

Karlsson, M. E., and A. -C. Eliasson. 2003. "Effects of Time/ Temperature Treatments on Potato (*Solanum Tuberosum*) Starch: A Comparison of Isolated Starch and Starch *In Situ*." *Journal of the Science of Food and Agriculture* 83:1587-1592.

Kaufman, J. A. 2006. "On the Expensive Tissue Hypothesis: Independent Support from Highly Encephalized Fish." *Current Anthropology* 44:705-707.

Kay, R. F. 1975. "The Functional Adaptations of Primate Molar Teeth." *American Journal of Physical Anthropology* 42:195-215.

Kay, R. F., M. Cartmill, and M. Balow. 1998. "The Hypoglossal Canal and the Origin of Human Vocal Behaviour." *Proceedings of the National Academy of Sciences* 95:5417-5419.

Kelly, R. C. 1993. *Constructing Inequality: The Fabrication of a Hierarchy of Virtue Among the Etoro*. Ann Arbor: University of Michigan Press.

Kelly, R. L. 1995. *The Foraging Spectrum: Diversity in Hunter-Gatherer Lifeways*. Washington, DC: Smithsonian Institution.

Khaitovich, P., H. E. Lockstone, M. T. Wayland, T. M. Tsang, S. D. Jayatilake, A. J. Guo, J. Zhou, M. Somel, L. W. Harris, E. Holmes, S. Pääbo, and S. Bahn. 2008. "Metabolic Changes in Schizophrenia and Human Brain Evolution." *Genome Biology* 9: R124, 1-11.

King, J. E. 2000. *Mayo Clinic on Digestive Health*. Rochester, MN: Mayo Clinic.

Klein, R. G. 1999. *The Human Career: Human Biological and Cultural Origins*. Chicago: University of Chicago Press.

Knott, C. 2001. "Female Reproductive Ecology of the Apes: Implications for Human Evolution." In *Reproductive Ecology and Human Evolution*, P. Ellison, ed., 429-463. New York: Aldine.

Koebnick, C., A. L. Garcia, P. C. Dagnelie, C. Strassner, J. Lindemans, N. Katz, C. Leitzmann, and I. Hoffmann. 2005. "Long-Term Consumption of a Raw Food Diet Is Associated with Favorable Serum LDL Cholesterol and Triglycerides but Also with Elevated Plasma Homocysteine and Low Serum HDL Cholesterol in Humans." *Journal of Nutrition* 135:2372-2378.

Koebnick, C., C. Strassner, I. Hoffmann, and C. Leitzmann. 1999. "Consequences of a Longterm Raw Food Diet on Body Weight and Menstruation: Results of a Questionnaire Survey." *Annals of Nutrition and Metabolism* 43:69-79.

Kuhn, S. L., and M. C. Stiner. 2006 "What's a Mother to Do? The Division of Labor Among Neandertals and Modern Humans in Eurasia." *Current Anthropology* 47:953-963.

Kummer, H. 1995. *In Quest of the Sacred Baboon: A Scientist's Journey*. Princeton, NJ: Princeton University Press.

Kuzawa, C. W. 1998. "Adipose Tissue in Human Infancy and Childhood: An Evolutionary Perspective." *Yearbook of Physical Anthropology* 41:177-209.

Laden, G., and R. W. Wrangham. 2005. "The Rise of the Hominids as an Adaptive Shift in Fallback Foods: Plant Underground Storage Organs (USOs) and Australopith Origins." *Journal of Human Evolution* 49:482-498.

Lancaster, J., and C. Lancaster. 1983. "Parental Investment, the Hominid Adaptation." In *How Humans Adapt: A Biocultural Odyssey*, D. S. Ortner, ed., 33-56. Washington, DC: Smithsonian Institution Press.

Langkilde, A. M., M. Champ, and H. Andersson. 2002. "Effects of High-Resistant-Starch Banana Flour (RS2) on In Vitro Fermentation and the Small-Bowel Excretion of Energy, Nutrients, and Sterols: An Ileostomy Study." *American Journal of Clinical Nutrition* 75:104-111.

Lawrie, R. A. 1991. *Meat Science*, 5th ed. Oxford, UK: Pergamon Press.

Leach, E. 1970. *Lévi-Strauss*. London: Fontana.

Lee, R. B., and I. DeVore. 1968. *Man the Hunter*. Cambridge, MA: Harvard University Press.

Lee, R. B. 1979. *The !Kung San: Men, Women and Work in a Foraging Society*. Cambridge, UK: Cambridge University Press.

Lee, S. W., J. H. Lee, S. H. Han, J. W. Lee, and C. Rhee. 2005. "Effect of Various Processing Methods on the Physical Properties of Cooked Rice and on In Vitro Starch Hydrolysis and Blood Glucose Response in Rats." *Starch-Starke* 57:531-539

Leonard, W. R., and M. L. Robertson. 1997. "Comparative Primate Energetics and Hominid Evolution." *American Journal of Physical Anthropology* 102:265-281.

Leonard, W. R., J. J. Snodgrass, and M. L. Robertson. 2007. "Effects of Brain Evolution on Human Nutrition and Metabolism." *Annual Review of Nutrition* 27:311-327.

Lepowsky, M. 1993. *Fruit of the Motherland: Gender in an Egalitarian Society*. New York: Columbia University Press.
Letterman, J. B. 2003. *Survivors: True Tales of Endurance*. New York: Simon & Schuster.
Lévi-Strauss, C. 1969. *The Raw and the Cooked. Introduction to a Science of Mythology. I.* New York: Harper & Row.
Lewin, R., and R. A. Foley. 2004. *Principles of Human Evolution*. New York: Wiley-Blackwell.
Lieberman, D. E., G. E. Krovitz, F. W. Yates, M. Devlin, and M. St. Claire. 2004. "Effects of Food Processing on Masticatory Strain and Craniofacial Growth in a Retrognathic Face." *Journal of Human Evolution* 46:655-677.
Lieberman, D. E., B. M. McBratney, and G. Krovitz. 2002. "The Evolution and Development of Cranial Form in *Homo sapiens*." *Proceedings of the National Academy of Sciences* 99:1134-1139.
Livesey, G. 1995. "The Impact of Complex Carbohydrates on Energy Balance." *European Journal of Clinical Nutrition* 49:S89-S96.
―――. 2001. "A Perspective on Food Energy Standards for Nutrition Labelling." *British Journal of Nutrition* 85:271-287.
Low, B. 2000. *Why Sex Matters*. Princeton, NJ: Princeton University Press.
Lucas, P. 2004. *Dental Functional Morphology: How Teeth Work*. Cambridge, UK: Cambridge University Press.
Lucas, P. W., K. Y. Ang, Z. Sui, K. R. Agrawal, J. F. Prinz, and N. J. Dominy. 2006. "A Brief Review of the Recent Evolution of the Human Mouth in Physiological and Nutritional Contexts." *Physiology and Behavior* 89:36-38.
Mabjeesh, S. J., J. Galindez, O. Kroll, and A. Arieli. 2000. "The Effect of Roasting Nonlinted Whole Cottonseed on Milk Production by Dairy Cows." *Journal of Dairy Science* 83:2557-2563.
MacLarnon, A. M., R. D. Martin, D. J.Chivers, and C. M. Hladik. 1986. "Some Aspects of Gastro-Intestinal Allometry in Primates and Other Mammals." In *Definition et Origines de L'Homme*, M. Sakka, ed., 293-302. Paris: Editions du CNRS.
Mallol, C., F. W. Marlowe, B. M. Wood, and C. C. Porter. 2007. "Earth, Wind, and Fire: Ethnoarchaeological Signals of Hadza Fires." *Journal of Archaeological Science* 34:2035-2052.
Man, E. H. 1932 (1885). *On the Aboriginal Inhabitants of the Andaman Islands*. London: Royal Anthropological Institute of Great Britain and Ireland.
Mania, D. 1995. "The Earliest Ocupation of Europe: The Elbe-Saale Region (Germany)." In *The Earliest Occupation of Europe*, W. Roebroeks and T. van Kolfschoten, eds., 85-102. Leiden, Netherlands: European Science Foundation.
Mania, D., and U. Mania. 2005. "The Natural and Socio-Cultural Environment of Homo Erectus at Bilzingsleben, Germany." In *The Hominid Individual in Context:*

Archaeological Investigations of Lower and Middle Palaeolithic Landscapes, Locales and Artefacts, C. Gamble and M. Porr, eds., 98-114. London and New York: Routledge.

Marlowe, F. W. 2007. "Hunting and Gathering: The Human Sexual Division of Foraging Labor." *Cross-Cultural Research* 41:170-196.

―――. 2003. "A Critical Period for Provisioning by Hadza Men: Implications for Pair Bonding." *Evolution and Huma Behavior* 24:217-229.

Marshall, L. 1998 (1976). "Sharing, Talking, and Giving: Relief of Social Tensions Among the !Kung." In *Limited Wants, Unlimited Means: A Reader on Hunter-Gatherer Economics and the Environment*, J. M. Gowdy, ed., 65-85. Washington, DC: Island Press.

Marshall, W. E. 1873. *A Phrenologist Among the Todas, or the Study of a Primitive Tribe in South India: History, Character, Customs, Religion, Infanticide, Polyandry, Language*. London: Longmans, Green & Co.

Martin, R. D., D. J. Chivers, A. M. MacLarnon, and C. M. Hladik. 1985. "Gastrointestinal Allometry in Primates and Other Mammals." In *Size and Scaling in Primate Biology*, W. L. Jungers, ed., 61-89. New York: Plenum.

Mazza, P. P. A., F. Martini, B. Sala, M. Magi, M. P. Colombini, G. Giachi, F. Landucci, C. Lemorini, F. Modugno, and E. Ribechini. 2006. "A New Palaeolithic Discovery: Tar-Hafted Stone Tools in a European Mid-Pleistocene Bone-Bearing Bed." *Journal of Archaeological Science* 33:1310-1318.

McBrearty, S., and A. S. Brooks. 2000. "The Revolution That Wasn't: A New Interpretation of the Origin of Modern Human Behavior." *Journal of Human Evolution* 39:453-563.

McGee, H. 2004. *On Food and Cooking: The Science and Lore of the Kitchen*. New York: Scribners.

McHenry, H. M., and K. Coffing. 2000. "*Australopithecus* to *Homo*: Transforations in Body and Mind." *Annual Review of Anthropology* 29:125-146.

Medel, P., F. Baucells, M. I. Gracia, C. de Blas, and G. G. Mateos. 2002. "Processing of Barley and Enzyme Suppleentation in Diets for Young Pigs." *Animal Feed Science and Technology* 95:113-122.

Medel, P., M. A. Latorre, C. de Blas, R. Lazaro, and G. G. Mateos. 2004. "Heat Processing of Cereals in Mash or Pellet Diets for Young Pigs." *Animal Feed Science and Technology* 113:127-140.

Megarry, T. 1995. *Society in Prehistory: The Origins of Human Culture*. New York: New York University Press.

Mehlman, P. T., and D. M. Doran. 2002. "Factors Influencing Western Gorilla Nest Construction at Mondika Research Center." *International Journal of Primatology* 23:1257-1285.

Melis, A. P., B. Hare, and M. Tomasello. 2006a. "Engineering Cooperation in Chimpanzees: Tolerance Constraints on Cooperation." *Animal Behavior* 72:275-286.

―――. 2006b. "Chimpanzees Recruit the Best Collaborators." *Science* 311:1297-1300.

Merrill, A. L., and B. K. Watt. 1955. *Energy Value of Foods—Basis and Derivation. USDA Handbook No. 74*. Washington, DC: U.S. Department of Agriculture.

Meyer, J. H., J. Dressman, A. S. Fink, G. L. Amidon. 1985. "Effect of Size and Density on Canine Gastric Emptying of Nondigestible Solids." *Gastroenterology* 89:805-813.

Meyer, J. H., J. Elashoff, V. Porter-Fink, J. Dressman, and G. L. Amidon. 1988. "Human Postprandial Gastric Emptying of 1-3-millimeter Spheres." *Gastroenterology* 94:1315-1325.

Mill, J. S. 1966 (1869). "The Subjection of Women." In *Three Essays by J. S. Mill*. London: Oxford University Press.

Millett, K. 1970. *Sexual Politics*. New York: Doubleday.

Milton, K. 1987. "Primate Diets and Gut Morphology: Implications for Hominid Evolution." In *Food and Evolution: Towards a Theory of Human Food Habits*, M. Harris and E. B. Ross, eds., 93-115. Philadelphia: Temple University Press.

———. 1993. "Diet and Primate Evolution." *Scientific American* 269:86-93.

———. 1999. "A Hypothesis to Explain the Role of Meat-Eating in Human Evolution." *Evolutionary Anthropology* 8:11-21.

Milton, K., and M. W. Demment. 1988. "Chimpanzees Fed High and Low Fiber Diets and Comparison with Human Data." *Journal of Nutrition* 118:1082-1088.

Mitani, J. C., D. P. Watts, and M. N. Muller. 2002. "Recent Developments in the Study of Wild Chimpanzee Behavior." *Evolutionary Anthropology* 11:9-25.

Moggi-Cecchi, J. 2001. "Questions of Growth." *Nature* 414:596-597

Mora, R., and I. de la Torre. 2005. "Percussion Tools in Olduvai Beds I and II (Tanzania): Implications for Early Human Activities." *Journal of Anthropological Archaeology* 24:179-192.

Muir, J. G., A. Birkett, I. Brown, G. Jones, and K. O'Dea. 1995. "Food Processing and Maize Variety Affects Amounts of Starch Escaping Digestion in the Small Intestine." *American Journal of Clinical Nutrition* 61:82-89.

Mulder, M. B., A. T. Kerr, and M. Moore. 1997. *Time Allocation Among the Kipsigis of Kenya*. New Haven, CT: Human Relations Area Files Inc.

Munroe, R. H., R. L. Munroe, J. A. Shwayder, and G. Arias. 1997. *Newar Time Allocation*. New Haven, CT: Human Relations Area Files Inc.

Munroe, R. L., and R. H. Munroe. 1990a. *Black Carib Time Allocation*. New Have, CT: Human Relations Area Files Inc.

———. 1990b. *Samoan Time Allocation*. New Haven, CT: Human Relations Area Files Inc.

———. 1991. *Logoli Time Allocation*. New Heven, CT: Human Relations Area Files Inc.

Murakami, K., S. Sasaki, Y. Takahashi, K. Uenishi, M. Yamasaki, H. Hayabuchi, T. Goda, J. Oka, K. Baba, K. Ohki, T. Kohri, K. Muramatsu, and M. Furuki. 2007. "Hardness (Dificulty of Chewing) of the Habitual Diet in Relation to Body Mass Index and Waist

Circumference in Free-Living Japanese Women Aged 18-22 y." *American Journal of Clinical Nutrition* 86:206-213.

Murdock, G. P., and C. Provost. 1973. "Factors in the Division of Labor by Sex: A Cross-Cultural Analysis. *Ethnology* 12:203-225.

Murgatroyd, S. 2002. *The Dig Tree*. London: Bloomsbury.

Nagalakshmi, D., V. R. B. Sastry, and D. K. Agrawal. 2003. "Relative Performance of Fattening Lambs on Raw and Processed Cottonseed Meal Incorporated Diets." *Asian-Australian Journal of Animal Science* 16:29-35.

Nishida, T., H. Ohigashi, and K. Koshimizu. 2000. "Tastes of Chimpanzee Plant Foods." *Current Anthropology* 41:431-465.

Noah, L., F. Guillon, B. Bouchet, A. Buleon, C. Molis, M. Gratas, and M. Champ. 1998. "Digestion of Carbohydrate from White Beans (*Phaseolus vulgaris* L.) in Healthy Humans." *Journal of Nutrition* 128:977-985.

Nunn, C. L., P. Lindenfors, E. R. Pursall, and J. Rolff. 2008. "On Sexual Dimorphism in Immune Function." *Philosophical Transactions of the Royal Society of London, Series B*, 364:61-69.

O'Connell, J. F., K. Hawkes, K. D. Lupo, and N. G. Blurton-Jones. 2002. "Male Strategies and Plio-Pleistocene Archaeology." *Journal of Human Evolution* 43:831-872.

O'Dea, K. 1991. "Traditional Diet and Food Preferences of Australian Aboriginal Hunter-Gatherers." *Philosophical Transactions of the Royal Society of London, Series B* 334:223-241.

Oakley, K. P. 1955. "Fire as a Paleolithic Tool and Weapon." *Proceedings of the Prehistoric Society* 21:36-48.

———. 1963. "On Man's Use of Fire, with Comments on Tool-Making and Hunting." In *Social Life of Early Man*, S. L. Washburn, ed., 176-193. London: Methuen.

———. 1962. "The Earliest Tool-Makers." In *Evolution und Hominisation*, G. Kurth, ed., 157-169. Stuttgart, Germany: Geburtstage von Gerehard Heberer.

Oka, K., A. Sakuarae, T. Fujise, H. Yoshimatsu, T. Sakata, and M. Nakata. 2003. "Food Texture Differences Affect Energy Metabolism in Rats." *Journal of Dental Research* 82:491-494.

Olkku, J., and C. Rha. 1978. "Gelatinisation of Starch and Wheat Flour Starch—A Review." *Food Chemistry* 3:293-317.

Onoda, H. 1974 (1999). *No Surrender: My Thirty Year War*. Annapolis, MD: U.S. Naval Institute Press.

Oosterwal, G. 1961. *People of the Tor: A Cultural-Anthropological Study on the Tribes of the Tor Territory (Northern Netherlands New-Guinea)*. Assen, Netherlands: Van Gorcum.

Owen, J. B. 1991. *Cattle Feeding*. Ipswich, UK: Farming Press.

Pagel, M., and W. Bodmer. 2003. "A Naked Ape Would Have Fewer Parasites." *Proceedings of the Royal Society of London B (Suppl.)* 270:S117-S119.

Palmer, D. J., M. S. Gold, and M. Makrides. 2005. "Effect of Cooked and Raw Egg Consumption on Ovalbumin Content of Human Milk: A Randomized, Double-Blind, Cross-Over Trial." *Clinical and Experimental Allergy* 35:173-178.
Palmer, K. 2002. "Raw Food Best for Pets? Some Say Yes; Many Vets Say No." *Minneapolis Star Tribune*, August 5, 2002.
Pálsson, G. 2001. *Writing on Ice: the Ethnographic Notebooks of Vilhjalmur Stefansson*. Hanover, NH, and London: University Press of New England.
Panter-Brick, C. 2002. "Sexual Division of Labor: Energetic and Evolutionary Scenarios." *American Journal of Human Biology* 14:627-640.
Paolisso, M. J., and R. D. Sackett. 1988. *Time Allocation Among the Yukpa of Yurmutu*. New Haven, CT: Human Relations Area Files Inc.
Pastó, I., E. Allué, and J. Vasllverdú. 2000. "Mousterian Hearths at Abric Romaní, Catalonia (Spain)." In *Neanderthals on the Edge*, C. Stringer, R. Barton, and J. Finlayson, eds., 59-67. Oxford, UK: Oxbow Books.
Pate, D. 2006. "Hunter-Gatherer Social Complexity at Roonka Flat, South Australia." In *Social Archaeology of Indigenous Societies*, B. David, I. J. McNiven, and B. Barker, eds., 226-241. Canberra, Australia: Aboriginal Studies Press.
Pattanaik, A. K., V. R. B. Sastry, and R. C. Katiyar. 2000. "Effect of Thermal Processing of Cereal Grain on the Performance of Crossbred Calves Fed Starters Containing Protein Sources of Varying Ruminal Degradability." *Asian-Australian Journal of Animal Sciences* 13:1239-1244.
Perlès, C. 1979. "Les origines de la cuisine: L'acte alimentaire dans l'histoire de l'homme." *Communications* 31:4-14.
———. 1999. "Feeding Strategies in Prehistoric Times." In *Food: A Culinary History from Antiquity to the Present*, J.-L. Flandrin, and M. Montanari, eds., 21-31. New York: Columbia University Press.
Pettit, J. 1990. *Utes: the Mountain People*. Boulder, CO: Johnson Books.
Philbrick, N. 2000. *In the Heart of the sea: The Tragedy of the Whaleship Essex*. New York: Viking.
Pleau, M. J., J. E. Huesing, G. P. Head, and D. J. Feir. 2002. "Development of an Artificial Diet for the Western Corn Rootworm." *Entomologia Experimentalis et Applicata* 105:1-11.
Plummer, T. 2004. "Flaked Stones and Old Bones: Biological and Cultural Evolutio at the Dawn of Technology." *Yearbook of Physical Anthropology* 47: 118-164.
Pollan, M. 2008. *In Defense of Food: An Eater's Manifesto*. New York: Penguin.
Polo, M. 1926. *The Travels of Marco Polo (The Venetian)*. New York: Boni & Liverwright.
Pond, C. M. 1998. *The Fats of Life*. Cambridge, UK: Cambridge University Press.
Pontzer, H., and R. W. Wrangham. 2004. "Climbing and the Daily Energy Cost of Locomotion in Wild Chimpanzees: Implications for Hominoid Locomotor Evolution." *Journal of Human Evolution* 46:315-333.

Potts, R. 1998. "Environmental Hypotheses of Hominin Evolution." *Yearbook of Physical Anthropology* 41:93-138.

Preece, R. C., J. A. J. Gowlett, S. A. Parfitt, D. R. Bridgland, and S. G. Lewis. 2006. "Humans in the Hoxnian: Habitat, Context and Fire Use at Beeches Pit, West Stow, Suffolk, UK." *Journal of Quanternary Science* 21:485-496.

Prince Peter, of Greece and Denmark. 1955. "The Todas: Some Additions and Corrections to W. H. R. Rivers's Book, Observed in the Field." *Man (N.S.)* 55:89-93.

Pruetz, J. D., and P. Bertolani. 2007. "Savanna Chimpanzees, *Pan troglodytes verus*, Hunt with Tools." *Current Biology* 17:1-6.

Pullen, A. G. 2005. "Fire and Cognition in the Paleolithic." Ph.D. diss., University of Cambridge.

Pusey, A. E., G. W. Oehlert, J. Williams, and J. Goodall. 2005. "Influence of Ecological and Social Factors on Body Mass of Wild Chimpanzees." *International Journal of Primatology* 26:3-31.

Radcliffe-Brown, A. 1922. *The Andaman Islanders: A Study in Social Anthropology*. Cambridge, UK: Cambridge University Press.

Raffaele, P. 2006. "Speaking Bonobo." *Smithsonian Magazine* 37:74.

Ragir, S. 2000. "Diet and Food Preparation: Rethinking Early Hominid Behavior." *Evolutionary Anthropology* 9:153-155.

Ragir, S., M. Rosenberg, and P. Tierno. 2000. "Gut Morphology and the Avoidance of Carrion Among Chimpanzees, Baboons, and Early Hominids." *Journal of Anthropological Research* 56:477-512.

Rao, M. A., and D. B. Lund. 1986. "Kinetics of Softening Foods: A Review." *Journal of Food Processing and Preservation* 10:311-329.

Read, P. P. 1974. *Alive: the Story of the Andes Survivors*. Philadelphia and New York: Lippincott.

Reznick, D. N., M. J. Bryant, D. Roff, C. K. Ghalambor, and D. E. Ghalambor. 2004. "Effect of Extrinsic Mortality on the Evolution of Senescence in Guppies." *Nature* 431:1095-1099.

Riches, D. 1987. "Violence, Peace and War in 'Early' Human Society: The Case of the Eskimo." In *The Sociology of War and Peace*, C. Creighton and M. Shaw, eds., 17-36. London: Macmillan.

Rightmire, G. P. 1998. "Human Evolution in the Mid Pleistocene: The Role of Homo heidelbergensis." *Evolutionary Anthropology* 6:218-227.

———. 2004. "Brain Size and Encephalization in Early to Mid-Pleistocene *Homo*." *American Journal of Physical Anthropology* 124:109-123.

Ribers, W. H. R. 1906. *The Todas*. London: Macmillan.

Roach, R. 2004. "Splendid Specimens: The History of Nutrition in Bodybuilding." *Wise Traditions* 5.

Robertson, D. 1973. *Survive the Savage Sea*. New York: Praeger.

Robinson, G. A. 1846. *Brief Report of an Expedition to the Aboriginal Tribes of the Interior ... March to August 1846*. Melbourne, Australia: Manuscript in National Museum.

Rolff, J. 2002. "Bateman's Principle and Immunity." *Proceedings of the Royal Society of London, Series B* 269:867-872.

Rolls, E. T. 2005. "Taste, Olfactory, and Food Texture Processing in the Brain, and the Control of Food Intake." *Physiology and Behavior* 85:45-56.

Rombauer, I. S., and M. R. Becker. 1975. *Joy of Cooking*. New York: Bobbs-Merrill.

Rose, F. G. G. 1960. *Classification of Kin, Age Structure and Marriage Among the Groote Eylandt Aborigines: A Study in Method and a Theory of Australian Kinship*. Berlin: Akademie-Verlag.

Rosell, M., P. Appleby, and T. Key. 2005. "Height, Age at Menarche, Body Weight and Body Mass Index in Life-Long Vegetarians." *Public Health Nutrition* 8:870-875.

Rowlett, R. M. 1999. "'Comment' on Wrangham et al. (1999)." *Current Anthropology* 40:584-585.

Ruiz de Huidobro, F., E. Miguel, B. Blazquez, E. Onega. 2005. "A Comparison Between Two Methods (Warner-Bratzler and Texture Profile Analysis) for Testing Either Raw Meat or Cooked Meat." *Meat Science* 69:527-536.

Ruskin, J. 1902 (1865). *Sesame and Lilies*. New York: Homewood.

Rutherfurd, S. M., and P. J. Moughan. 1998. "The Digestible Amino Acid Composition of Several Milk Proteins: Application of a New Bioassay." *Journal of Dairy Science* 81:909-917.

Sannaveerappa, T., K. Ammu, and J. Joseph. 2004. "Protein-Related Changes During Salting of Milkfish (Chanos chanos)." *Journal of the Science of Food and Agriculture* 84:863-869.

Savage-Rumbaugh, S., and R. Lewin. 1994. *Kanzi: The Ape at the Brink of the Human Mind*. New York: Wiley.

Sawyer, G. J., V. Deak, E. Sarmiento, and R. Milner. 2007. *The Last Human: A Guide to Twenty-Two Species of Extinct Humans*. New Haven, CT: Yale University Press.

Schulze, L. G. 1891. "The Aborigines of the Upper and Middle Finke River: Their Habits and Customs, with Introductory Notes on the Physical and Natural-History Features of the Country." *Transactions and Proceedings and Reports of the Royal Society of South Australia* 14:210-246.

Secor, S. M. 2003. "Gastric Function and Its Contribution to the Postprandial Metabolic Response of the Burmese Python *Python molurus*." *Journal of Experimental Biology* 206:1621-1630.

———. 2009. "Specific Dynamic Action: A Review of the Postprandial Metabolic Response." *Journal of Comparative Physiology B*, in press.

Secor, S. M., and A. C. Faulkner. 2002. "Effects of Meal Size, Meal Type, Body Temperature, and Body Size on the Specific Dynamic Action of the Marine Toad, *Bufo marinus*." *Physiological and Biochemical Zoology* 75:557-571.

See, R., S. M. Abdullah, D. K. McGuire, A. Khera, M. J. Patel, J. B. Lindsey, S. M. Grundy, and J. A. De Lemos. 2007. "The Association of Differing Measures of Overweight and Obesity with Prevalent Atherosclerosis—The Dallas Heart Study." *Journal of the American College of Cardiology* 50:752-759.

Sergant, J., P. Crombé, and Y. Perdaen. 2006. "The 'Invisible' Hearths: A Contribution to the Discernment of Mesolithic Non-Structured Surface Hearths." *Journal of Archaeological Science* 33:999-1007.

Shelley, M. W. 1982 (1818). *Frankenstein or, The Modern Prometheus.* Chicago: University of Chicago Press.

Sherman, P. W., and J. Billing. 2006. "Darwinian Gastronomy: Why We Use Spices." *BioScience* 49:453-463.

Shultz, S., and R. I. M. Dunbar. 2007. "The Evolution of the Social Brain: Anthropoid Primates Contrast with Other Vertebrates." *Proceedings of the Royal Society of Lodon, Series B* 274:2429-2436.

Silberbauer, G. B. 1981. *Hunter and Habitat in the Central Kalahari Desert.* Cambridge, UK: Cambridge University Press.

Sims, E. A., and E. J. Danforth. 1987. "Expenditure and Storage of Energy in Man." *Journal of Clinical Investigation* 79:1019-1025.

Sizer, F. S., and E. Whitney. 2006. *Nutrition: Concepts and Controversies.* Belmont, CA: Thomson/Wadsworth.

Smith, B. H. 1991. "Dental Development and the Evolution of Life History in Hominidae." *American Jaurnal of Physical Anthropology* 86:157-174.

Smith, C. S., W. Martin, and K. A. Johansen. 2001. "Sego Lilies and Prehistoric Foragers: Return Rates, Pit Ovens, and Carbohydrates." *Journal of Archaeological Science* 28:169-183.

Smith, G. 1995. *Time Allocation Among the Madurese of Gedang-Gedang.* New Haven, CT: Human Relations Area Files Inc.

Smith, M. E., and D. G. Morton. 2001. *The Digestive System: Basic Science and Clinical Conditions.* London: Harcourt.

Smith, R. J., and W. L. Jungers. 1997. "Body Mass in Comparative Primatology." *Journal of Human Evolution* 32:523-559.

Southgate, D. A. T. 1981. *The Relationship Between Food Composition and Available Energy. Provisional Agenda Item 4.1.3, Joint FAO/WHO/UNU Expert Consultation on Energy and Protein Requirements, Rome, 5 to 17 October 1981.* Norwich, UK: A.R.C. Food Research Institute.

Southgate, D. A. T., and J. V. G. A. Durnin. 1970. "Calorie Conversion Factors—An Experimental Reassessment of the Factors Used in the Calculation of the Energy Value of Human Diets." *British Journal of Nutrition* 24:517-535.

Spencer, B. 1927. *The Arunta: a Study of a Stone Age People.* London: Macmillan.

Speth, J. D. 1989. "Early Hominid Hunting and Scavenging: The Role of Meat as an Energy Source." *Journal of Human Evolution* 18:329-343.

Sponheimer, M., B. H. Passey, D. J. de Ruiter, D. Guatelli-Steinberg, T. E. Cerling, and J. A. Lee-Thorp. 2006. "Isotopic Evidence for Dietary Variability in the Early Hominin *Paranthropus robustus*." Science 314:980-982.

Spoor, F., M. G. Leakey, P. N. Gathogo, F. H. Brown, S. C. Antón, I. McDougall, C. Kiarie, F. K. Manthi, and L. N. Leakey. 2007. "Implications of New Early *Homo* Fossils from Ileret, East of Lake Turkana, Kenya." *Nature* 448:688-691.

Stahl, A. B. 1989. "Comment on James (1989)." *Current Anthropology* 30:18-19.

Stanford, C. B. 1999. *The Hunting Apes: Meat Eating and the Origins of Human Behavior*. Princeton, NJ: Princeton University Press.

Stanford, C. B., and H. T. Bunn. 2001. *Meat-Eating and Human Evolution*. Oxford, UK: Oxford University Press.

Stead, S. M., and L. Laird. 2002. *Handbook of Salmon Farming*. London: Springer.

Stedman, H. H., B. W. Kozyak, A. Nelson, D. M. Thesier, L. T. Su, D. W. Low, C. R. Bridges, J. B. Shrager, N. Minugh-Purvis, and M. A. Mitchell. 2004. "Myosin Gene Mutation Correlates with Anatomical Changes in the Human Lineage." *Nature* 428:415-418.

Steele, J., and S. Shennan. 1996. "Darwinism and Collective Representations." In *The Archaeology of Human Ancestry: Power, Sex and Tradition*, J. Steele and S. Shennan, eds., 1-42. London: Routledge.

Stefansson, V. 1913. *My Life with the Eskimo*. New York: Macmillan.

———. 1944. *Arctic Manual*. New York: Macmillan.

Steward, J. H., and L. C. Faron. 1959. *Native Peoples of South America*. New York: McGraw-Hill.

Subias, S. M. 2002. "Cooking in Zooarchaeology: Is This Issue Still Raw?" In *Consuming Passions and Patterns of Consumption*, P. Miracle and N. Milner, eds., 7-16. Oxford, UK: Oxbow.

Svihus, B., A. K. Uhlen, and O. M. Harstad. 2005. "Effect of Starch Granule Structure, Associated Components and Processing on Nutritive Value of Cereal Starch: A Review." *Animal Feed Science and Technology* 122:303-320.

Symons, M. 1998. *A History of Cooks and Cooking*. UrBana and Chicago: University of Hillinois Press.

Tanaka, J. 1980. *The San Hunter-Gatherers of the Kalahari: a Study in Ecological Anthropology*. Tokyo: University of Tokyo Press.

Tanaka, T., A. Mizumoto, N. Haga, and Z. Itoh. 1997. "A New Method to Measure Gastric Emptying in Conscious Dogs: A Validity Study and Effects of EM 523 and L-NNA." *American Journal of Physiology-Gastrointestinal and Liver Physiology* 272:G909-G915.

Teaford, M. F., P. S. Ungar, and F. E. Grine. 2002. "Paleontological Evidence for the Diets of African Plio-Pleistocene Hominins with Special Reference to Early *Homo*." In *Human*

Diet: Its Origin and Evolution, P. S. Ungar and M. F. Teaford, eds., 143-166. Westport, CT: Bergin & Garvey.

Tester, R. F., X. Oi, J. Karkalas. 2006. "Hydrolysis of Native Starches with Amylases." *Animal Feed Science and Technology* 130:39-54.

Thieme, H. 1997. "Lower Palaeolithic Hunting Spears from Germany." *Nature* 385:807-810.

—————. 2000. "Lower Palaeolithic Hunting Weapons from Schöningen, Germany—The Oldest Spears in the World." *Acta Anthropologica Sinica* 19 (supplement): 140-147.

—————. 2005. "The Lower Paleolithic Art of Hunting." In *The Hominid Individual in Context: Archaeological Investigations of Lower and Middle Paleolithic Landscapes, Locales and Artefacts*, C. S. Gamble and M. Parr, eds., 115-132. London: Routledge.

Thomas, E. M. 1959. *The Harmless People*. New York: Vintage Press.

Thompson, M. E., S. M. Kahlenberg, I. C. Gilby, and R. W. Wrangham. 2007. "Core Area Quality Is Associated with Variance in Reproductive Success Among Female Chimpanzees at Kanyawara, Kibale National Park." *Animal Behaviour* 73:501-512.

Tindale, N. B. 1974. *Aboriginal Tribes of Australia: Their Terrain, Environmental Controls, Distribution, Limits, and Proper Names. With an Appendix on Tasmanian Tribes by Rhys Jones*. Berkeley: University of California Press.

Tornberg, E. 1996. "Biological Aspects of Meat Toughness." *Meat Science* 43:S175-S191.

Toth, N., and K. Schick. 2006. *The Oldowan: Case Studies into the Earliest Stone Age*. Gosport, IN: Stone Age Institute Press.

Turnbull, C. 1962. *The Forest People*. New York: Simon & Schuster.

—————. 1965. *Wayward Servants: The Two Worlds of the African Pygmies*. Westport, CT: Greenwood Press.

—————. 1974 (1972). *The Mountain People*. London: Picador.

Tylor, E. B. 1870 (1964). *Researches into the Early History of Mankind*. Chicago: University of Chicago Press.

Ungar, P. 2004. "Dental Topography and Diets of *Australopithecus afarensis* and Early *Homo*." *Journal of Huma Evolution* 46:605-622.

Ungar, P. S., F. E. Grine, and M. F. Teaford, 2006. "Diet in Early Home: A Review of the Evidence and a New Model of Dietary Versatility." *Annual Review of Anthropology* 35:209-228.

U.S. Department of Agriculture, Agricultural Research Service. 2007. *USDA National Nutrient Database for Standard Reference, Release 21*. Nutrient Data Laboratory home page, www.ars.usda.gov/nutrientdata.

Valero, H., and E. Biocca. 1970. *Yanoáma: The Narrative of a White Girl Kidnapped by Amazonian Indians*. New York: E. P. Dutton.

Vlassara, H., W. Cai, J. Crandall, T. Goldberg, R. Oberstein, V. Dardaine, M. Peppa, and E. J. Rayfield. 2002. "Inflammatory Mediators Are Induced by Dietary Glycotoxins, a Major Risk Factor for Diabetic Angiopathy." *Proceedings of the National Academy of Sciences*,

USA 99:15596-15601.
Wade, N. 2007. *Before the Dawn: Recovering the Lost History of Our Ancestors*. London: Penguin.
Waguespack, N. 2005. "The Organization of Male and Female Labor in Foraging Societies: Implications for Early Paleoindian Archaeology." *American Anthropologist* 107:666-676.
Waldron, K. W., M. L. Parker, and A. C. Smith. 2003. "Plant Cells Walls and Food Quality." *Comprehensive Reviews in Food Science and Food Safety* 2:101-119.
Walker, A., and P. Shipman. 1996. *The Wisdom of the Bones: In Search of Human Origins*. New York: Alfred A. Knopf.
Wandsnider, L. 1997. "The Roasted and the Boiled: Food Composition and Heat Treatment with Special Emphasis on Pit-Hearth Cooking." *Journal of Anthropological Archaeology* 16:1-48.
Ward, C. V. 2002. "Interpreting the Posture and Locomotion of *Australopithecus afarensis*: Where Do We Stand?" *Yearbook of Physical Anthropology* 45:185-215.
Washburn, S. L., and C. S. Lancaster. 1968. "The Evolution of Hunting." In *Man the Hunter*, R. B. Lee and I. De Vore, eds., 293-303. Cambridge, MA: Harvard University Press.
Watts, D. P., and J. C. Mitani. 2002. "Hunting Behavior of Chimpanzees at Ngogo, Kibale National Park, Uganda." *International Journal of Primatology* 23:1-28.
Weil, J. 1993. *Time Allocation Among Bolivian Quechua Coca Cultivators*. New Haven, CT: Human Relations Area Files Inc.
Weiner, J. 1994. *The Beak of the Finch: A Story of Evolution in Our Time*. New York: Knopf.
Wells, J. C. K. 2006. "The Evolution of Human Fatness and Susceptibility to Obesity: An Ethological Approach." *Biological Reviews* 81:183-205.
Werdelin, L., and M. E. Lewis. 2005. "Plio-Pleistocene Carnivora of Eastern Africa: Species Richness and Turnover Patterns." *Zoological Journal of the Linnean Society* 144:121-144.
Werner, D. 1993. *Mekranoti Time Allocation*. New Haven, CT: Human Relations Area Files Inc.
Westra, C. 2004. *How to Do the Raw Food Diet with Joy for Awesome Health and Success*. Published privately at www.IncreasedLife.com.
Wheeler, P. 1992. "The Influence of the Loss of Functional Body Hair on Hominid Energy and Water Budgets." *Journal of Human Evolution* 23:379-388.
White, T. D., B. Asfaw, D. DeGusta, H. Gilbert, G. D. Richards, G. Suwa, and F. C. Howell. 2003. "Pleistocene *Homo sapiens* from Middle Awash, Ethiopia." *Nature* 423:742-747.
Wiessner, P. 2002. "Huting, Healing, and Hxaro Exchange: A Long-Term Perspective on !Kung (Ju/'hoansi) Large-Game Hunting." *Evolution and Human Behavior* 23:407-436.
Williams. J. M., A. E. Pusey, J. V. Carlis, B. P. Farm, and J. Goodall. 2002. "Female Competition and Male Territorial Behavior Influence Female Chimpanzees' Ranging Patterns." *Animal Behaviour* 63:347-360.
Wittig, R. M., and C. Boesch. 2003. "Food Competition and Linear Dominance Hierarchy

Among Female Chimpanzees of the Tai National Park." *International Journal of Primatology* 24:847-867.

Wobber, V., B. Hare, and R. Wrangham. 2008. "Great Apes Prefer Cooked Food." *Journal of Human Evolution* 55:343-348.

Wolpoff, M. H. 1999. *Paleoanthropology*, 2nd ed. Boston: McGraw-Hill.

Wood, B., and D. Strait. 2004. "Patterns of Resource Use in Early Homo and Paranthropus." *Journal of Human Evolution* 46:119-162.

Wood, B. A., and M. Collard. 1999. "The Human Genus." *Science* 284:65-71.

Wood, W., and A. Eagly. 2002. "A Cross-Cultural Analysis of the Behavior of Women and Men: Implications for the Origins of Sex Differences." *Psychological Bulletin* 128:699-727.

Woodhead-Galloway, J. 1980. *Collagen: The Anatomy of a Protein*. London: Edwin Arnold.

Wrangham, R. 1977. "Feeding Behaviour of Chimpanzees in Gombe National Park, Tanzania." In *Primate Ecology*, T. H. Clutton-Brock, ed., 503-538. London: Academic Press.

———. 2006. "The Cooking Enigma." In *Early Hominin Diets: The Known, the Unknown, and the Unknowable*, P. Ungar, ed., 308-323. New York: Oxford University Press.

Wrangham, R. W., and N. L. Conklin-Brittain. 2003. "The Biological Significance of Cooking in Human Evolution." *Comparative Biochemistry and Physiology, Part A* 136:35-46.

Wrangham, R. W., J. H. Jones, G. Laden, D. Pilbeam, and N. L. Conklin-Brittain. 1999. "The Raw and the Stolen: Cooking and the Ecology of Human Origins." *Current Anthropology* 40:567-594.

Wrangham, R. W., and D. Pilbeam. 2001. "African Apes as Time Machines." In *All Apes Great and Small. Volume 1: Chimpanzees, Bonobos, and Gorillas*, B. M. F. Galdikas, N. Briggs, L. K. Sheeran, G. L. Shapiro, and J. Goodall, eds., 5-18. New York: Kluwer Acadeic/Plenum.

Wrangham, R. W., M. L. Wilson, and M. N. Muller. 2006. "Comparative Rates of Aggression in Chimpanzees and Humans." *Primates* 47:14-26.

Yanigasako, S. J. 1979. "Family and Household: The Analysis of Domestic Groups." *Annual Review of Anthropology* 8:161-205.

Yeakel, J. D., N. C. Bennett, P. L. Koch, and N. J. Dominy. 2007. "The Isotopic Ecology of African Mole Rats Informs Hypotheses on the Evolution of Human Diet." *Proceedings of the Royal Society of London B* 274:1723-1730.

Zimmer, C. 2005. *Smithsonian Intimate Guide to Human Origins*. New York: HarperCollins.

옮긴이 후기

인간이 고기를 먹도록 진화했다는 것은 놀라운 일이다. 턱은 씹는 힘이 약하고 치아는 뭉툭하며 입 크기는 작기 때문이다. 이를 근거로 인간은 본래 채식을 하도록 만들어졌다고 주장하는 사람들도 있다. 혹은 우리의 옛 조상들처럼 생식을 하는 것이 진화적으로 걸맞은 행태라는 주장을 펴는 사람도 있다. 하지만 이 책의 저자인 리처드 랭엄은 전혀 다른 관점을 제시한다. 우리는 요리하는 유인원이며 불의 피조물이라는 것이다. 그에 따르면 우리의 직계 조상인 직립 원인이 등장할 수 있었던 것은 음식을 불에 익혀 먹은 덕분이다.

직립 원인의 계보 인류가 침팬지와의 공통 조상으로부터 갈라져 나온 시기는 약 600만 년 전인 것으로 추정된다. 그 후 인류의 조상이 진화해 온 계보는 오스트랄로피테쿠스(약 400만 년 전 출현) → 하빌리스(약

327

250만 년 전) → 직립 원인(약 190만 년 전)이었다. 오스트랄로피테쿠스는 직립 보행을 할 수 있었다는 점 외에는 뇌 용량을 비롯한 대부분의 특징이 침팬지와 흡사했다. 그 후손인 하빌리스는 원시적인 돌칼을 사용했으며 뇌 용량이 침팬지의 2배에 이른다. 하지만 나머지 특징은 침팬지 비슷해서 나무를 타기에 알맞은 긴 팔과 앞쪽으로 돌출된 얼굴을 지니고 있었다. 그 후손으로 추정되는 직립 원인은 오늘날 옷가게에서 맞는 옷을 쉽게 찾을 수 있을 정도로 신체 구조가 우리와 흡사하다. 다만 오늘날의 우리보다 뇌가 작고 이마가 납작하기 때문에 호모 사피엔스가 아니라 호모 에렉투스, 즉 직립 원인으로 분류된다. 직립 원인에서 현생 인류(호모 사피엔스 사피엔스)까지 진화하는 데는 약 170만 년이 걸렸지만 뇌 용량이 커진 것 외에는 신체 구조가 그다지 달라지지 않았다. 직립 원인은 현생 인류의 신체적 형태의 원류다.

문제는 이것이다. 무엇이 하빌리스로부터 직립 원인이 진화해 나오도록 만들었는가? 랭엄의 아이디어는 '일부 하빌리스가 불을 사용해 음식을 익혀 먹게 되면서 직립 원인으로 진화하게 됐다.'는 것이다. 이것이 바로 '화식(火食) 가설'이다.

화식 가설의 탄생 아프리카의 야생 침팬지를 연구하던 랭엄은 침팬지가 먹는 열대 과일과 덩이뿌리를 시식해 본 일이 있다. 이것들은 섬유질 때문에 대단히 질겨서 씹어 삼키기가 고역이었을 뿐더러 맛이 매우 썼다. 일부 과일은 먹고 나면 속이 뒤틀렸다. 그는 결론을 내렸다. 이런 것들을 주식으로 하면서 오랜 기간 생존할 수 있는 인간은 없다. 인간은 침팬지에 비해 턱의 씹는 힘이 약하고 이빨은 조그맣고 창자도 작다. 이런 열매를 침팬지처럼 먹을 수도 없고 소화시켜서 충분한 칼로리를 얻어 낼 수도 없다.

1997년 어느 가을날 그는 벽난로를 바라보며 '무엇이 인류의 진화를 촉발했는가'를 곰곰 생각하고 있었다. 그러다 침팬지가 먹는 열매나 덩이뿌리, 날고기(침팬지는 원숭이 등을 사냥해 잡아먹는다.)를 떠올렸다. 이런 것들을 불에 익혀 먹으면 연해져서 씹기도 쉽고 소화도 잘 시킬 수 있을 것 아닌가. 침팬지 비슷했던 우리의 조상은 음식을 불에 익혀 먹으면서 급속히 진화한 것이 아닐까. 그러면 창자의 크기가 줄어들고 커다란 창자를 유지하는 데 쓰이는 에너지도 아낄 수 있다. 무엇보다 같은 양을 먹어도 소화를 훨씬 더 잘 시켜서 더 많은 칼로리를 얻을 수 있게 된다. 그 덕분에 뇌 용량이 증대하고 덩치도 더 키울 수 있게 된 것은 아닐까. 그는 '화식이 인류를 진화시킨 원동력'이라는 아이디어를 떠올렸던 것이다.

그로부터 10년간 그는 수많은 증거를 수집했다. 침팬지 비슷했던 선행 인류를 인류 비슷한 족속으로 진화시키는 데 꼭 필요한 것은 무엇인가? 답이 나왔다. 불을 손에 넣어서 음식을 익혀 먹는 것이다. 여기에 딱 들어맞는 사례가 직립 원인이었다. 직립 원인은 그 선조인 하빌리스보다 뇌 용량이 50퍼센트 컸다. 치아의 크기는 인류 역사상 가장 큰 폭으로 작아졌다. 불에 익혀 먹는 데 따른 신체의 해부학적 변화를 예상한다면 그에 딱 들어맞는 현상이었다.

직립 원인의 출현을 설명하는 전통적 이론은 '사냥꾼 인간' 가설이다. 사냥을 효율적으로 하는 능력이 생기면서 고기를 많이 먹을 수 있게 되어 뇌가 커질 수 있었다는 것이다. 하지만 이것으로는 직립 원인의 턱이 허약하고 치아 크기가 작다는 사실을 설명하지 못한다. 랭엄은 스스로의 가설에 믿음을 가지고 증거를 모으기 시작했다.

수많은 간접 증거 랭엄의 조사에 따르면 전 세계의 수렵 채집인들 중 생식을 하는 부족은 하나도 없었다. 인간은 익힌 음식을 먹는 데 잘 적응한 것으로 보인다. 그리고 현대 인류는 다량의 고품질 칼로리를 필요로 한다. 무엇보다 뇌 조직은 같은 양의 근육에 비해 22배에 이르는 에너지를 소비한다. 거칠고 섬유질이 많은 과일과 구근을 날로 먹어서는 충분한 에너지를 얻을 수 없다. 랭엄과 그의 동료들의 계산에 따르면 직립 원인이 생식을 하면서 살아남으려면 하루에 약 12파운드의 익히지 않은 식물성 음식이나 6파운드의 날고기와 6파운드의 익히지 않은 식물성 음식을 먹어야 했다. 설사 침팬지처럼 씹는 능력이 좋다고 할지라도 시간당 400칼로리밖에 얻지 못했을 것이다. 따라서 하루치 에너지 필요량을 채우려면 5.6~6.2시간을 씹는 데 보내야 했을 것이다. 식량을 구하는 시간을 제외한 나머지 시간의 거의 모두를 씹는 데 써야 한다는 말이다. 하지만 불에 익혀 먹는다면 사정이 달라진다. 단백질과 전분이 훨씬 더 소화시키기 쉬운 상태로 변하기 때문이다.

직접 증거가 없다는 약점 화식 가설에는 한 가지 큰 문제가 있다. 인간이 약 190만 년 전에 불을 이용했다는 증거가 빈약한 것이다. 많은 연구자들은 50만 년 전 이전에는 인류가 화식을 하지 않았다고 믿는다. 화식을 지속적으로 했다는 징후는 네안데르탈인이 빙하기에 적응했을 때에서야 나타난다. 이들은 흙으로 만든 오븐에 음식을 익혀 먹었다. 이것은 불과 몇십만 년도 되지 않은 시기의 일이라고 미시간 대학교의 인류학자 로링 브레이스는 말한다. 그는 화식이 아니라 에너지가 풍부하고 부드러운 동물성 식품을 먹은 덕분에 직립 원인의 큰 뇌와 작은 치아가 가능했다는 이론을 제시한다. 동물의 뇌와 뼈 속의 골수에서 풍부한 영양을 얻게 됐다는 것이다.

이에 대해 랭엄은 직립 원인이 실제로 불을 길들였다고 해석될 수 있는 흔적을 제시한다. 케냐의 쿠비 포라에서 발견된 불에 그슬린 흙은 약 160만 년 전의 것으로 확인됐다. 흙 속에서 불에 탄 나무 부스러기들이 나왔는데 불탄 뿌리는 그 자리에 없는 것으로 보아 벼락을 맞은 흔적은 아닌 것으로 보인다. 의도적으로 불을 피운 흔적일 것으로 생각되는 이유다. 하지만 대부분의 연구자들은 직립 원인의 유적지들에서 이들이 불을 이용했었다는 증거가 규칙적으로 확인되지 않는 한 화식 가설에 계속 의심을 품을 것이라고 말한다. 그럼에도 불구하고 랭엄의 이론은 인류 진화론 분야를 송두리째 흔들 만큼의 파괴력을 지닌다고 생각하는 학자도 있다. 인류학 연구를 지원하는 웨너그렌 재단의 레슬리 아이엘로 회장이 대표적 인물이다. 그는 "랭엄은 매우 흥미로운 오리지널 데이터를 갖고 있으며 그런 이유에서 우리는 그의 말을 경청해야 한다."고 말한다.

번역의 어려움 2009년 출간된 원서의 제목은 'Catching fire: How cooking made us human'이다. '불 피우기: 화식은 어떻게 해서 우리를 인간으로 만들었는가'라는 뜻이다. 다만 한국어판 제목은 출판사와 협의의 끝에 '요리 본능'으로 결정됐다. 이는 원서에 수백 차례 등장하는

'cook'이란 단어를 우리말로 옮기는 어려움을 상징하는 사례이기도 하다.

영영사전은 'cook'을 "먹을 수 있는 상태가 될 때까지 열을 가해서 음식을 익히다."로 풀이하고 있다. 하지만 영한사전은 'cook'을 그냥 "요리하다."로 옮기고 있다. 표준국어대사전은 '요리'를 "여러 조리 과정을 거쳐 음식을 만듦. 또는 그 음식. 주로 가열한 것을 이른다."고 풀이한다. 그러니 가열하지 않은 생선회나 육회, 야채샐러드, 삭힌 고기나 생선 등도 요리에 포함된다. 문제는 이런 것들이 영어의 'cook'과는 무관한 음식이라는 점이다. 부득이 'cook'과 관련된 단어들은 요리 행위를 지칭할 때는 요리나 불로 요리하기, 그 결과물을 의미할 때는 익힌 음식이나 화식, 그 진화적 영향을 논할 때는 화식, 익혀 먹기 등으로 각기 달리 옮겨야 했다.

'food'란 단어도 옮기기 까다로웠다. '음식'이나 '식량'은 모두 사람에게 국한되는 단어이기 때문이다. 음식은 "사람이 먹을 수 있도록 만든, 밥이나 국 따위의 물건"이고 식량이나 양식은 "생존을 위하여 필요한 사람의 먹을거리"다. 하지만 영어의 food는 가축의 사료나 야생동물의 먹을거리를 두루 아우르는 표현이다. '먹을거리'란 표현으로 통일하면 좋으련만 그러면 "먹을거리를 먹는다."는 식의 어색한 쓰임이 등장한다. 특히 저자는 끊임없이 'cooked food'와 'raw food'를 대비하면서 논지를 풀어 나가고 있다. 고심 끝에 전자는 화식, 불에 익힌 음식, 익힌 사료, 익힌 먹을거리 등으로, 후자는 생식, 날것, 날 사료, 익히지 않은 먹을거리 등으로 맥락에 따라 달리 표현하는 길을 택했다. cook이나 food 같은 평범한 단어를 우리말로 옮기는 게 이토록 어려울 줄이야. 이것이 역자의 어휘력이나 식견이 부족한 탓만은 아닐 터이다. 제대로 된 영한사전이 하루 빨리 등장하기를 소망한다.

사진 저작권

23쪽 ⓒ🛈 ilkerender

30쪽 ⓒ🛈 ff137

43쪽, 46쪽 ⓒ🛈◎ Harsha K R

66쪽, 231쪽 ⓒ🛈 William Warby

71쪽 ⓒ🛈⊜ Tambako the Jaguar

86쪽 ⓒ🛈 Ludovic Bertron

102쪽 ⓒ🛈 The Pocket

111쪽 ⓒ🛈◎ Rainer Ebert

119쪽 ⓒ🛈◎ Mike Petrucci

122쪽, 207쪽 ⓒ🛈◎ Woodlouse

130쪽 ⓒ🛈 Martin Börjesson

131쪽 ⓒ🛈 ◎ Derek Keats

138쪽 ⓒ🛈 Clydehurst

146쪽 ⓒ🛈 Dylan Walters

166쪽 ⓒ🛈◎ Ed Brambley

178쪽 ⓒ🛈⊜ Marc Veraart

186쪽, 246쪽 ⓒ🛈 ◎ kiwiexplorer

195쪽 ⓒ🛈 pclvv

211쪽 ⓒ🛈 Wagner T. Cassimiro "Aranha"

223쪽 ⓒ🛈 Neil Liddle

239쪽 ⓒ🛈 David Barrie

250쪽 ⓒ🛈◎ Ricardo Liberato

262쪽 ⓒ🛈 Andy Arthur

옮긴이 **조현욱**

부산에서 태어나 서울 대학교 정치학과를 졸업하고 농 대학원을 수료했다. 1985년부터 2009년까지 《중앙일보》 기자로 있으면서 국제부장, 문화부장, 논설위원을 역임했으며 2009년 한국 외국어 대학교 언론 정보학부 초빙 교수를 지냈다. 건강 의학 포털 '코메디 닷컴'의 미디어 콘텐츠 본부장을 역임했으며, 현재 '과학과 소통' 대표로 재직하고 있다. 옮긴 책으로 『메모리 바이블』, 『싱크』, 『최종 이론은 없다』, 『이성적 낙관주의자』, 『의사, 인간을 어루만지다』, 『사피엔스』 등이 있다.

Catching Fire
요리 본능

1판 1쇄 펴냄 2011년 10월 14일
1판 10쇄 펴냄 2022년 12월 15일

지은이 리처드 랭엄
옮긴이 조현욱
펴낸이 박상준
펴낸곳 (주)사이언스북스

출판등록 1997. 3. 24.(제16-1444호)
(우)06027 서울특별시 강남구 도산대로1길 62
대표전화 515-2000, 팩시밀리 515-2007
편집부 517-4263, 팩시밀리 514-2329
www.sciencebooks.co.kr

한국어판 ⓒ 사이언스북스, 2011. Printed in Seoul, Korea.

ISBN 978-89-8371-580-7 03400